刘乔周【主编】

易经全集

最神秘的处世哲学

家藏御書房

最透彻、最实用、最好读的国学典藏。融汇古今名家批注、传承千年文化精华的国学经典

古吴轩出版社

祖
宗右文之緒祗遹
燕謀日奉
慈極萬幾餘閒博求載籍
推迹道統之傳自伏羲迄
于孟子凡達而在上其道
行窮而在下其教明採其
大指各為之贊雖未能探
賾精微姑以寓尊其所聞
之意云爾
宓犧
繼天立極　為百王先
法度肇建　道德純全
八卦成文　三墳不傳
無言而化　至治自然

【前言】

易经的奥秘

◎易经的起源

关于《易经》的起源，有“人更三圣，世历三古”的说法。传说《易经》经历了上古、中古、下古三个时代，由伏羲、文王和孔子三个圣人完成。

传统认为，《易经》最早起源于河图、洛书。相传远古时，黄河出现了背有图形的龙马，洛水出现了背有文字的灵龟。三皇之首的伏羲氏因此而画出了先天八卦。殷商末年，周文王姬昌被商纣王囚禁于羑里。他根据伏羲的先天八卦演绎出了后天八卦，并进一步推演出六十四卦，作卦辞和爻辞。春秋时期，孔子又作《易传》，对《易经》进行解读。

据说，历史上《易经》共有三种，即所谓“三易”：神农时代的《连山易》，黄帝时代的《归藏易》，以及周文王的《周易》。三易皆有八卦。《连山易》首先从“艮卦”开始，象征“山之出云，连绵不绝”；

《归藏易》从“坤卦”开始，象征“万物莫不归藏于其中”，表示万物皆生于地，终又归藏于地；而《周易》则从“乾”“坤”两卦开始，表示天地之间，以及“天人之际”的学问不同。也有人对三易产生的年代提出了异议。东汉大儒郑玄认为，《连山易》出于夏朝，《归藏易》出于商朝，《周易》出于周朝。不过，《连山易》与《归藏易》早已失传，我们现在能看到的《易经》只有《周易》一种了。

◎八卦符号

《易经》中有六十四卦，每一卦又都有最基本的八卦中的两卦构成。八卦是我国古代的一套有象征意义的符号。用“—”代表阳，用“- -”代表阴，用三个这样的符号，组成八种形式，叫做八卦。最初的八卦为伏羲所画，故称伏羲八卦，也叫先天八卦；而文王时所演绎的八卦，称为文王八卦，又称后天八卦。八卦的八组符号象征着不同的意义。

卦名	卦象	属性	自然	性情	家族	身体	动物	方位	五行
乾	☰	阳	天	健	父	首	马	西北	金
坤	☷	阴	地	顺	母	腹	牛	西南	土
震	☳	阴	雷	动	长男	足	龙	东	木
巽	☴	阳	风	入	长女	股	鸡	东南	木
坎	☵	阴	水	陷	中男	耳	豕	北	水
离	☲	阳	火	丽	中女	目	雉	南	火
艮	☶	阴	山	止	少男	手	狗	东北	土
兑	☱	阳	泽	说	少女	口	羊	西	金

◎推演六十四卦的周文王姬昌

◎易经的结构

《易经》包括《经》和《传》两部分内容。

《经》分为《上经》和《下经》。《上经》三十卦，《下经》三十四卦，一共六十四卦。每一卦有卦画、标题、卦辞、爻辞组成。

六十四卦是由八卦重叠演变而来的。每个卦画都有六爻，爻分阴阳，阳性称为“九”，阴性称为“六”。从下向上排列成六行，依次叫做初、二、三、四、五、上。六十四个卦画共有三百八十四爻。标题与卦辞、爻辞的内容有关。卦辞在爻辞之前，一般起说明题义的作用。爻辞是每卦内容的主要部分，根据有关内容按六爻的先后层次安排。

《传》一共有七种十篇，分别是:《彖》上下篇、《象》上下篇、《文言》、《系辞》上下篇、《说卦》、《杂卦》和《序卦》。古人把这十篇“传”叫做“十翼”，意思是说“传”是附属于“经”的羽翼，即用来解说“经”的内容的。

《彖》是专门对《易经》卦名和卦辞的注释。

《象》是对《易经》卦名及爻辞的注释。

《文言》是对乾、坤二卦作了进一步的解释。

《系辞》是《易经》的哲学纲领，其内容博大精神，是学易的必读之篇。《系辞》是易传十篇中最重要、最有代表性的文字。它是我国古代第一部对易

◎作《易传》的孔子

的产生、原理、意义及易卦占法等的全面、系统的说明。它阐发了许多从易经本文中看不到的思想。《系辞》与《彖》《象》不同，它不是对易经的卦辞、爻辞的逐项注释，而是对易经的整体评说。

《说卦》是对八卦卦象的具体说明。是研究术数的理论基础之一。

《杂卦》是将六十四卦以相反或相错的形态排成两两相对的综卦和错卦，从卦形中看卦与卦之间的联系。

《序卦传》则简述了六十四卦的排列次序。

总体来看，《传》的作者的主要目的是借解说经文来表达自己的思想观点。

◎生生为易

《系辞》中说："生生谓之易。""易"就是"生"，而"生生"是一个连续不断的生成过程，其表现就是宇宙的生生化化。宇宙从混沌未分的"太极"发生出来；然后生成"两仪"，即"阴"和"阳"；再由阴阳两种性质分化出太阴、太阳、少阴、少阳四象；四象分化为八卦；再由八卦分出六十四卦。六十四卦之后仍可继续展开，所以六十四卦的最后两卦为"既济"和"未济"，这说明事物发展到最后必然有一个终结，但是一个终结又是下一个新的开始。

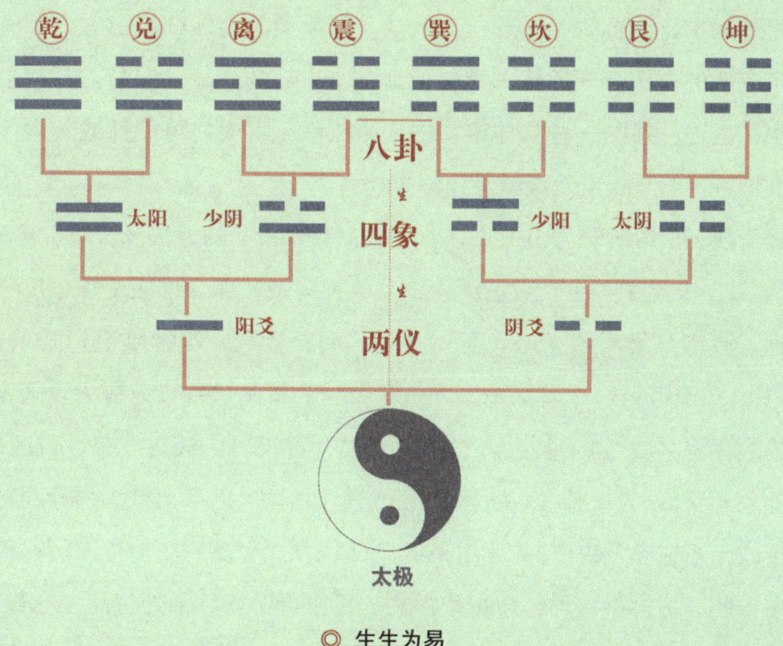

◎ 生生为易

◎上下经卦名次序歌

乾坤屯蒙需讼师，比小畜兮履泰否。
同人大有谦豫随，蛊临观兮噬嗑贲。
剥复无妄大畜颐，大过坎离三十备。
咸恒遁兮及大壮，晋与明夷家人睽。
蹇解损益夬姤萃，升困井革鼎震继。
艮渐归妹丰旅巽，兑涣节兮中孚至。
小过既济兼未济，是为下经三十四。

◎占卜之术

从古至今,《易经》常被用于占卜。它是以周易阴阳、八卦象数理论为指导,结合干支五行学说,创造了一套独特而神奇的预测方法。周易预测是一套独立、完整的筮占系统和易占理论，这一系统有一套独特的起卦方法，有独特的以体卦用卦为主，结合阴阳、五行、八卦、卦象参断吉凶的筮占方法，有独立的确定应期的方法，并把筮占学说推到一个崭新的高度。周易卜卦就是以数来参悟、描述、预测一些具体事物的未来成败，得失之可能性或其大体过程的发展趋势，卜卦的出发点就是预测事物。

据清朝王洪绪所著《占卜正宗》记载，具体占卜的方法及步骤主要为：

“以钱三文熏于炉上，致敬而祝曰：天何言哉，叩之即应；神之灵矣，感而遂通。今有某姓有事关心，不知休咎，罔释厥疑，唯神唯灵，若可若否，望垂昭报。祝毕掷钱，一背为单画‘━’，二背为拆画‘╍’，三背为重画‘○’，三字为交画‘×’。自下装上。三掷内卦成，再祝曰：某宫三象，吉凶未判，再求外象三爻，以成一卦，以决忧疑。祝毕复如前法，再掷，合成一卦而断吉凶，至敬至诚无不感应。诀曰：两背由来拆，双眉本是单，浑眉交定位，总背是重安；单单单曰乾，拆拆拆曰坤，单拆单曰离，拆单拆曰坎，余卦仿此。三背为重，三字为交，交重之爻谓之发动。重作单属阳，交作拆属阴。凡动爻有变，重变拆，交变单。余爻仿此。”

象曰：天行健，君子以自强不息

《易经全集》阅读指南

- 全面完整、权威的国学大全集。
- 彩色插图及全文双色印刷，既保持经典本色，又保证轻松阅读。
- 装帧独特别致，雅俗共赏。

最神秘的处事哲学

- 编排灵活，内容丰富，旁征博引的阅读延伸，具有很强的阅读趣味。
- 囊括古人注解和现代名家对国学精辟理解的经典。
- 实用的分析解读，帮您将国学智慧迅速转化为世事洞明的人生指南。

能开创化生万物，并使之元始、亨通。地以承天，阴以阳为主。坤德在于“柔顺”、“居后”。因此，抢先居首会失败，守持正固随主之后必利。

古注

子夏《子夏易传》：“坤，顺也，承于干而成乾之化也。臣禀命于君，而致君之治也。”

阅典笔记

本卦赞美地的纯正、柔顺、谨言慎行、谦逊、坚守中庸的原则。强调了柔的法则，本能逢凶化吉。“阳阳为朋”，异性相吸，阴阳相互作用是万物运动、变化、发展的源泉，阴阳两个方面都十分重要。

大地是人们赖以生存的根基。它虽然没有上天那么高高在上、神圣而神秘，却让人感到实在、亲切。“坤”卦几乎涉及到了人们在大地上所从事的衣、食、住、行等全部重要活动，不由得让我们体验到古人凭直感贴近大地的那种亲切而深情的眷念，因而从大地占得的征兆都是吉祥顺意的。这样一种认识和现念，简直可以说是一首大地母亲的颂歌。

象

象曰：至哉坤元[①]，万物资生，乃顺承天[②]。坤厚载物，德合无疆[③]。含弘光大[④]，品物咸亨[⑤]。牝马地类[⑥]，行地无疆。柔顺利贞[⑦]。君子攸行[⑧]，先迷失道，后顺得常[⑨]。西南得朋[⑩]，乃与类行；东北丧朋，乃终有庆。安贞之吉，应地无疆。

注释

① 至：朱熹说：“至，极也。”坤：大地。元：始，创始。② 承：《说文》“承，奉也。”乃顺承天，犹言大地顺承天道的变化而变化。③ 德：《易经》常用以表示事物的形态性质的一个哲理性概念。合：借为迨。《方言》：迨。及也。”④ 含：蕴藏。弘：深厚。光：借为广。⑤ 品：品类。品物，犹言各种物类。咸：皆。亨：通泰。这里是生长顺畅的意思。⑥ 牝马：母马，阴性之物，与地同类。⑦ 柔：柔和。顺：温顺。利：便捷。贞：贞正，犹

卦　文

- 对每卦的具体解读，深刻权威，简明易懂。

古　注

- 精选古代名家批注，看古代大师讲解古文典籍。

阅典笔记

- 将前人的思想与今人的智慧相结合，启发对经典的领悟。

目录

目

目录

易经上

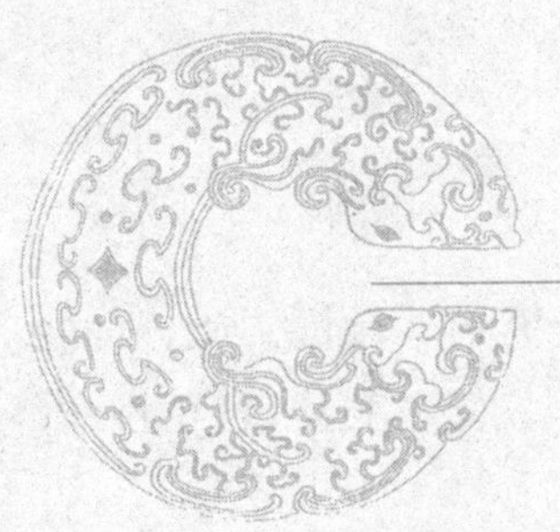

卦一 乾

纯阳刚正，万物如生

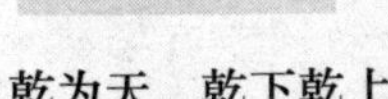

乾为天 乾下乾上

卦辞

乾[1]：元，亨，利，贞[2]。

注释

① 乾：乾卦。② 元：大。亨：顺利通达。利：适合、适宜。贞：贞固。

译文

乾卦：大吉大利，吉利的贞卜。

卦义

此卦有纯阳之性，乾象征天，为《易经》六十四卦之首，纯阳刚健。以阳气始生万物，而得之始，亨顺，和谐、贞正坚固。

古注

《子夏易传》："夫天者，位也、质也。乾者，人也、精神也，有其人然后定其位，精神道明然后统其质，故能云行雨施、生类继续。"

阅典笔记

对天顶礼膜拜，这是中国古人的思维习惯。大凡自然界和人类社会中超出人们想象力和理解力的事物，都可以按这种“天人感应”的思路来解释。“吉人自有天相”就是这样来的。

彖

彖(tuàn)[①]曰：大哉乾元[②]，万物资[③]始，乃统天。云行雨施，品物流形[④]。大明终始[⑤]，六位时成，时乘六龙以御天[⑥]。乾道变化，各正性命。保合大和乃利贞[⑦]，首出庶物，万国咸宁[⑧]。

注释

①彖：断也，断定一卦之义，所以名为彖也。古人以《彖》上下、《象》上下、《系辞》上下凡六篇和《文言》、《说卦》、《序卦》、《杂卦》凡四篇，合称十翼。用十翼以释经，故又称《易传》。②乾：天。元：始。③资：凭借，依赖。④品：品类。这里用如动词，有繁殖意。品物：繁殖万物。流：这里引申为赋予。流形：赋予形体。⑤大明：日也。终：谓日入。始：谓日出。⑥御：行也。⑦保：保持。合：调整。大和：大读为太。太和：指自然界的一种普遍调顺谐和的关系。利：施利。贞：中正。《彖》《象》释贞多用此意，与经意有出入。⑧庶：众。庶物，犹言万物。首出庶物：当指天的功德超出万种物类。咸：皆、周遍。

译文

《彖辞》说：伟大啊，上天的开创之功。万物依赖它获得生命的胚胎，它们统统属于上天。云在飘行，雨在降洒，繁殖万物，赋予形体。太阳运行，升上降下，出东没西，向南朝北，六方位置，依太阳的轨迹而得以确定。太阳驾驶着六条飞龙在空中有规律的运行。这种运行变化，形成季节气候，万物从而在大自然中找到适合生存的地位。天的运行，保持、调整着全面和谐的关系，于是达到普利万物，正常循环的境界。天的功德超出万种物类，给万国带来普遍的康宁。

古注

《子夏易传》：“天者，位也、质也。干者，人也、精神也，有其人然后定其位，精神通明然后統其质，故能云行雨施、生类继续。大明终始而分其六位，乘其隐见而得其变化，故得生成而性命正矣。是以圣人之当位也，保合于干元太和之道乃利而终正也。故能首出庶物万国保其安也。”

阅典笔记

古人认为国家安定在于上天的恩赐，在基本生存条件难以保证的古代，的确不无道理，但是国家长治久安，在天更在人。

象

象[①]曰：天行健，君子以自强不息[②]。

注释

①《象》，易传名，十翼之一。它主要是依据卦象、爻位对卦辞、爻辞进行解释，评价，推衍。其内容贯穿着儒家政治伦理思想。②行：道也。君子：指德才兼备的人。《象辞》释卦辞，通常将卦象所表示的自然现象与人的品德行为联系起来加以阐发。

译文

《象辞》说：天道刚健，运行不已。君子观此卦象，从而以天为法，自强不息。

古注

《子夏易传》：“健而不息，天之运也。自强而成，德者君子之事也。”

阅典笔记

天人合一，天道即人道，品格高尚人当应天而自强。

爻辞

初九[①]：潜龙，勿用[②]。象曰：潜龙勿用，阳在下也。

注释

① 初九：爻题。易卦的爻题，以“九”标示阳爻，以“六”标示阴爻。② 潜龙勿用：比喻君子压抑于下层，不能有所作为。

译文

初九：潜藏的龙，无法施展。《象辞》说：潜藏的龙，无法施展，因为初九阳爻处在内卦的下位，所以压抑难伸。

古注

京房《京氏易传》：“建子起潜龙。”

阅典笔记

君子应厚积薄发，尤其是在逆境中更应韬光养晦。

九二：见 (xiàn) 龙在田，利见大人①。象曰：见龙在田，德施普也。

注释

① 见：现，出现。见龙，系“龙见”的倒装，犹言龙出现。在田：犹言出现在大地上。本卦阳爻，由初爻而升到上位，爻辞以龙在地下、人间、天空各个层次的变化来比拟这一爻象，从而附会出人在人生的不同际遇中的自我作用和命运。见龙在田，爻辞以龙出潜在田，表示初九阳爻升进一步，居于下卦中位。

译文

九二：龙出现在大地上，有利于会见贵族王公。《象辞》说：龙出现在大地上，喻指君子走出了压抑的低谷，正开始谋取能够广泛施予德泽的社会地位。

古注

《子夏易传》：“阳气生物始见于田也，稼者可以乘其时也，惟大人学之成德可以普天下所利，见明其道也。”

阅典笔记

君子挣脱了压抑的处境，开始步入社会生活，阳刚渐增，头角初露。

九三：君子终日乾乾①，夕惕若厉，无咎②。象日：终日乾乾，反复道也。

注释

① 乾乾：勤奋努力。② 惕：警惕。若：助词，无义。厉：危险。无咎：没有灾难。本爻为阳位，居下卦之极。

译文

九三：君子始终是白天勤奋努力，夜晚戒惧反省，虽然处境艰难，但终究没有灾难。《象辞》说：君子整日里勤奋努力，意思是反复行道，坚持不舍。

古注

《子夏易传》：“君子能通天下之志，体天下之变，屈舒用舍，唯时进退者也。故当知终之地守知至之机，有庇人之大德，事君之小心，虽在上位反而复守其卑。健于德、敬于人、勤于事上，终日而不懈夕。犹惕然此其道也。虽危，何咎君子所以修其德而后其身也。”

阅典笔记

君子处于凶险的处境之中，能倍加勤勉戒惧，才可免遭祸害。

九四：或跃在渊[①]，无咎。象曰：或跃在渊，进无咎也。

注释

① 或跃在渊：九四阳爻居上卦下位，根据《系辞》“二与四，同功而异位，其善不同。二多誉，四多惧”的理论，可见本卦九四之爻，象征着处于进可取誉，退可免难的转折时期。

译文

九四：龙也许跳进深潭，没有灾难。《象辞》说：龙也许跳进深潭，表示可以有所作为而没有灾难。

古注

《子夏易传》：“官人者人望其咎也。位高者，主畏其逼也，位革于下也，可无惧乎？位上公也、逼帝王也、可进而谦让恤患，以勤百姓将务时，以进其道也。而犹自疑德之薄，而位之下，而卑以自守，故曰在渊无咎也。”

阅典笔记

进退有据，潜跃由心。君子处境从容，故可以无灾难。

九五：飞龙在天，利见大人[①]。象曰：飞龙在天，大人造也[②]。

注释

① 飞龙在天：喻君子处尊贵之位。② 造：朱熹说：“造，犹作也。”大人造，犹言，（九五爻象表明）尊贵的君子大有所为，大有造化。

译文

九五：龙飞腾在空中，有利于会见贵族王公。《象辞》说：龙飞腾在空中，意味着君子大有所为。

古注

《子夏易传》：“阳升而万物相见也，以圣人之大德而为乎天下，明以周之、神以化之，而莫见其状，则智惘辨其处，万物咸仰其宜，利见大人而赖其治也。”

阅典笔记

君子与上天同心同德，事业如日中天。应居安思危，以备不测。

上九：亢龙有悔[①]。象曰：亢龙有悔，盈不可久也。

注释

①亢：极也。悔：《系辞》："悔吝者，忧虞之象也。"

译文

上九：升腾到极限的龙会有灾祸之困。《象辞》说：升腾到极限的龙会有灾祸之困，这是警戒人们崇高、盈满是不可能长久保持的。

古注

京房《京氏易传》："建巳至极主亢位。"

阅典笔记

这一爻一方面比喻身居崇高地位的统治者，脱离臣民，孤高无辅，必遭灾祸；另一方面，也可以看作是物极必反，盛极必衰的事物发展规律。

用九①：见群龙无首，吉。象曰：用九，天德不可为首也。

注释

①用九：《乾》卦特有的爻题。汉帛书《周易》作"迥九"。迥：通。用九即为通九，犹言六爻皆九。属阳性，表示全阳爻将尽变为阴爻。

译文

用九：群龙出现在天空，看不出首领，吉利。《象辞》说：六爻全阳，纯阳纯刚正是天道之性，至高无上，不可能再有别的首领。

阅典笔记

天德至高无上，却不愿居于首功。君子与天同道，自然应自谦而不争功。

文言

"元"者，善之长也；"亨"者，嘉之会也；"利"者，义之和也；"贞"者，事之干也。君子体仁足以长人，嘉会足以合礼，利物足以和义，贞固足以干事。君子行此四德者，故曰："乾、元、亨、利、贞。"初九曰："潜龙勿用。"何谓也？子曰："龙德而隐者也，不易乎世，不成乎名，遯世无闷，不见是而无闷，乐则行之，忧则违之，确乎其不可拔，潜龙也。"九二曰："见龙在田，利见大人。"何谓也？子曰："龙德而正中者也。庸言之信，庸行之谨，闲邪存其诚，善世而不伐，德博而化，《易》曰'见龙在田，利见大人'。君德也。"九三曰："君子终日乾乾，夕惕若厉，无咎。"何谓也？

子曰："君子进德修业。忠信所以进德也。修辞立其诚，所以居业也。知至至之，可与几也。知终终之，可与存义也。是故居上位而不骄，在下位而不忧，故乾乾因其时而惕，虽危无咎矣。"九四曰："或跃在渊，无咎。"何谓也？子曰："上下无常，非为邪也。进退无恒，非离群也。君子进德修业，欲及时也，故无咎。"九五曰："飞龙在天，利见大人。"何谓也？子曰："同声相应，同气相求。水流湿，火就燥。云从龙，风从虎。圣人作而万物睹。本乎天者亲上，本乎地者亲下。则各从其类也。"上九曰："亢龙有悔。"何谓也？子曰："贵而无位，高而无民，贤人在下位而无辅，是以动而有悔也。"

"潜龙勿用"，下也；"见龙在田"，时舍也；"终日乾乾"，行事也；"或跃中渊"，自试也；"飞龙在天"，上治也；"亢龙有悔"，穷之灾也；乾元"用九"，天下治也。"潜龙勿用"，阳气潜藏；"见龙在田"，天下文明；"终日乾乾"，与时偕行；"或跃在渊"，乾道乃革；"飞龙在天"，乃位乎天德；"亢龙有悔"，与时偕极；乾元"用九"，乃现天则。乾"元"者，始而亨者也；"利贞"者，性情也。乾始能以美利利天下，不言所利，大矣哉，大哉乾乎，刚健中正，纯粹精也。六爻发挥，旁通情也，时乘六龙，以御天也。云行雨施，天下平也。君子以成德为行，日可见之行也。"潜"之为言也，隐而未见，行而未成，是以君子弗用也。君子学以聚之，问以辩之，宽以居之，仁以行之。《易》曰："见龙在田，利见大人。"君德也。九三重刚而不中，上不在天，下不在田，故乾乾因其时而惕，虽危"无咎"矣。九四重刚而不中，上不在天，下不在田，中不在人，故"或"之，或之者，疑之也。故"无咎"。夫"大人"者，与天地合其德，与日月合其明，与四时合其序，与鬼神合其吉凶。先天而天弗违，后天而奉天时，天且弗违，而况于人乎！况于鬼神乎！"亢"之为言也，知进而不知退，知存而不知亡，知得而不知丧，其唯圣人乎！知进退存亡而不失其正者，其唯圣人乎！

卦二　坤

柔而能刚，厚德载物

坤为地　坤下坤上

卦辞

坤[①]：元，亨，利牝马之贞。君子有攸往，先迷后得主，利。西南得朋，东北丧朋[②]。安贞，吉。

注释

①坤：卦名。本卦是同卦相叠（坤下坤上）六画都是阴爻，用以象地。代表纯阴柔顺之事物，以及与此相关联的人伦义理概念。②朋：李镜池说："朋，朋贝。货币起先用贝，贝十枚一串为朋。"

译文

坤卦：大吉大利。占问雌马得到吉兆。君子前去旅行，先迷失路途，后来找到主人，吉利。西南行获得财物，东北行丧失财物。占问定居，得到吉兆。

卦义

坤以地为象，以顺为义，故能像雌马一样守持正固，与"天"很好的配合，能开创化生万物，并使之元始、亨通。地以承天，阴以阳为主。坤德在于"柔顺"、"居后"。因此，抢先居首会失败，守持正固随主之后必利。

古注

《子夏易传》："坤，顺也，承于干而成乾之化也。臣禀命于君，而致君之治也。"

阅典笔记

本卦赞美地的纯正、柔顺、谨言慎行、谦逊、坚守中庸的原则，强调了柔的法则能逢凶化吉。

"坤"卦几乎涉及到了人们在大地上所从事的衣、食、住、行等全部重要活动，不由得让我们体验到古人凭直感贴近大地的那种亲切而深情的眷念，因而从大地占得的征兆都是吉祥顺意的。

彖

彖曰：至哉坤元[①]，万物资生，乃顺承天[②]。坤厚载物，德合无疆[③]。含弘光大[④]，品物咸亨[⑤]。牝马地类[⑥]，行地无疆。柔顺利贞[⑦]。君子攸行[⑧]，先迷失道，后顺得常[⑨]。西南得朋[⑩]，乃与类行；东北丧朋，乃终有庆。安贞之吉，应地无疆。

注释

① 至：朱熹说："至，极也。"坤：大地。元：始，创始。② 承：《说文》"承，奉也。"乃顺承天，犹言大地顺承天道的变化而变化。③ 德：《易经》常用以表示事物的形态性质的一个哲理性概念。合：借为迨。《方言》："迨。及也。"④ 含：蕴藏。弘：深厚。光：借为广。⑤ 品：品类。品物，犹言各种物类。咸：皆。亨：通泰。这里是生长顺畅的意思。⑥ 牝马：母马，阴性之物，与地同类。⑦ 柔：柔和。顺：温顺。利：便捷。贞：贞正，犹言执着。此四字讲牝马之性。所解"利贞"与经意有异。⑧ 攸：所。⑨ 常：常道，正路。⑩《彖辞》以"类"字释"朋"，取"同类为朋"之意，与经意不合。凡传意与经意不合之处，译文中显加区别，不另出注。

译文

《彖辞》说：崇高啊！大地的开创之功。万物依赖它获得生命的基础。它顺承着天道的变化。大地厚实，承载万物，大地美德，广大无垠。它蕴藏深厚，地面辽阔，各种物类皆得其所。"牝马"阴性，与地同类，善于在无边无际的大地上奔跑，生性柔和、温顺、便捷、执着。"君子"外出，迷失路途，后来顺利地找到归宿。"西南得朋"，于是与志同道合的友人同行。"东北丧朋"，不过最后还是吉庆的。"安贞"的"吉"，则无往而不吉利，正如大地随处伸展不穷一样。

古注

《子夏易传》："有大通始生之德焉，万物由之得焉。万物由之而形也，无有远迩而奉顺之勤。不敢怠柔，不失正牝，马之贞也。臣道也，待君而后成也。君子攸行，初离乎族，迷而失道，后保其所，乃其常也。西南同类，安无成也。东北丧朋，出而得正，终有庆也。地承天而体方，臣奉君而为正，远无不至，多无不能，无疆之德。故君子定其分，行其事，则叶。夫无疆之永也。"

阅典笔记

世事的推移，人间的沧桑，就在天、地、人的交融感应中显现出来。

象

象曰：地势坤①，君子以厚德载物。

注释

① 坤：《释名·释地》："坤，顺也，上顺乾也。"

译文

《象辞》说：大地的形势平铺舒展，顺承天道。君子观此卦象，取法于地，以深厚的德行来承担重大的责任。

古注

《子夏易传》："地无不载，势顺而上，承于天。君子修博其德，而当承上之事也。"

阅典笔记

君子当自强不息，厚德载物。

爻辞

初六：履霜，坚冰至。象曰：履霜坚冰①，阴始凝也。驯致其道②，至坚冰也。

注释

①《象》传以'阴始凝'释'履霜'二字，非释'坚冰'二字。若'坚冰'则是阴已大凝，不得云'阴始凝'。"履：践踏。② 驯，犹顺也。致：推进。驯致其道，犹言遵循自然规律而发展推进。

译文

初六：践踏着薄霜，可以推断坚厚的冰层快要冻结成了。《象辞》说："履霜，坚冰"，可以推断坚厚的冰层快要冻结成了。这表明阴冷之气开始凝聚了，遵循自然规律的推进，坚厚的冰层快要冻结而成了。

古注

京房《京氏易传》："初六起履霜，至于坚冰。阴虽柔顺，气亦坚刚，为无邪气也。"

阅典笔记

顺天应时，冰霜渐成。大地虽然广博，却也不韪。

六二：直，方，大。不习[①]无不利。

象曰：六二之动，直以方也。不习无不利，地道光也[②]。

注释

① 习：熟习。② 光：借为广。

译文

六二：平直、方正、辽阔是大地的特点。前往陌生的地方，也没有什么不利的。《象辞》说：六二的爻象是平直而且方正，即使前往陌生的地方，也没什么不利的，因为道路宽广。

古注

《子夏易传》："静然而待其天气，直也。物得宜而遂生，方也。无不载焉，大也。地道之上，居体之中，尽地之理，无私而生成也。承命而化之，动无不中，何习之有乎，故无不利也。"

阅典笔记

天地宽广，柔顺中正，坤德至厚，正方向前，总能找到属于自己的路。

六三：含章[①]可贞[②]。或从王事[③]，无成有终[④]。象曰：含章可贞，以时发也。或从王事，知光大也[⑤]。

注释

①含：克也，战胜也。章：当读为商，殷商也。②可：称心。可贞：称心的占卜。③王事：李镜池说："王事，指战争。王训大，王事即大事。古代国家以战争和祭祀为大事。这里说大事，就是指战争。"④终：古人讲终，多指好的结局。⑤知：读为智。光大：广大。

译文

六三：战胜殷商，称心的占卜。有人服役于战争，没有取得战绩，但结局还是好的。《象辞》说："含章可贞"说明能抓住时机采取行动。"或从王事"，（没有取得战绩而有好的结局），因为他才智广大。

古注

《子夏易传》："体顺也，为下之长，守臣之分也。内含其明而不敢遂，故可因时而发，不失其正。王或有命，则从之也。不果首成，代终而以知之，光大能全其道也。"

阅典笔记

蕴含美德，谨守本职，虽然不成功，结局也不会差。

六四：括囊①，无咎无誉。《象》曰：括囊无咎，慎不害也。

注释

①括：收束，扎紧。囊：布袋。

译文

六四：扎紧了口袋，如缄口不言，没有指责，也没有赞誉。《象辞》说："括囊无咎"，就是谨慎才没有祸害。

古注

《子夏易传》："纯阴之升，无阳以明之，则阴不能独化也。下体地也。上又非阳，无天无君之象也。天地不交之道也。贤人何由明乎敬慎而怀其道，包括而不敢发，可以无咎誉也。戒其位于上行也。"

阅典笔记

为人处事，谨言慎行，虽然不能获得人人认可，但也可避祸趋利。

六五：黄裳①，元吉。象曰：黄裳，元吉，文在中也②。

注释

① 黄：中之色也。裳：下之饰也，即裙、裤。周人以黄裳为吉祥、尊贵之物。② 文：饰也。

译文

六五：黄色的裙裤，大吉大利。《象辞》说："黄裳。元吉"，象征着人内在的美德。

古注

《子夏易传》："黄，中之文也。裳，下之饰也。柔以文治，中而能通，贵而体正，不敢违背，致君之化也。为臣以之尽道矣。故大吉也。"

阅典笔记

美德由内而外，君子自然有天佑。

上六：龙战于野，其血玄黄[①]。象曰：龙战于野，其道穷也。

注释

① 玄黄：血流貌，借为泫潢。谓血流得多。

译文

上六。龙在大地上争斗，血流遍野。《象辞》说："龙战于野"，比喻人走到了穷困的绝境。

古注

《子夏易传》："阴之极而阳战之，曰龙战也。战则两伤矣。阴道极，极斯穷，穷则伤，将复壮，因万物而见焉，故曰于野。则柔脆者枯死，而坚强者内生也。"

阅典笔记

人到困境，固然伤感。然而天将降大任于斯人，必先苦其心智。坚持不懈，终会否极泰来，阴极返阳。

用六[①]：利永贞。象曰：用六永贞[②]，以大终也。

注释

① 用六：《坤》卦特有的爻题。汉帛书《周易》作"迥六"。迥：通。用六即通六，犹言六爻皆六。属阴性，表示全阴爻将尽变为阳爻。② 爻辞"贞"为卜问之义。《象辞》释为中正、正直。与经意有别。

译文

用六：占问得长久的吉利。《象辞》说："用六"利在永远贞正，于此则德业广大。

古注

《子夏易传》："柔戒于邪，长正乃利也。故君子之用六也，顺上而保其正，合其刚大而终也。"

阅典笔记

永远坚持正固，目光远大，才会有利。

文言

坤至柔而动也刚，至静而德方，后得主而有常，含万物而化光。坤道其顺乎，承天而时行。积善之家必有余庆，积不善之家必有余殃。臣弑其君，子弑其父，非一朝一夕之故，其所由来者渐矣。由辩之不早辩也。《易》曰："履霜，坚冰至。"盖言顺也。"直"其正也，"方"其义也。君子敬以直内，义以方外，敬义立而德不孤。"直方大，不习无不利。"则不疑其所行也。阴虽有美，"含"之以从王事，弗敢成也。地道也，妻道也，臣道也。地道"无成"而代"有终"也。天地变化，草木蕃，天地闭，贤人隐。《易》曰："括囊，无咎无誉。"盖言谨也。君子"黄"中通理，正位居体，美在其中，而畅于四支，发于事业，美之至也！阴疑于阳必战，为其嫌于无阳也。故称"龙"焉犹未离其类也，故称"血"焉。夫"玄黄"者，天地之杂也，天玄而地黄。

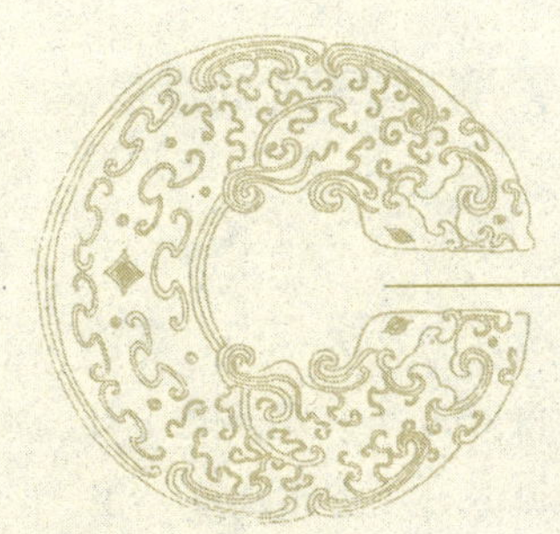

卦三 屯

破土初生，充满艰难

水雷屯 震下坎上

卦辞

屯[1]：元，亨，利，贞。勿用，有攸往。利建侯。

注释

① 屯：卦名。本卦是异卦相叠（震下坎上）。震：表示雷。坎：表示雨。雷雨并作，环境险恶，故卦名为屯。屯：《说文》："屯，难也。"

译文

屯卦。大吉大利，吉利的占卜。不利于出门。有利于建国封侯。

卦义

事物初生，正值成长。像种子萌芽，破土而出，多有艰难。所以有"难"之义。告诫人应当面临初创之时，坚根固本，不可轻动，人微言轻之时，应该多听多想，巩固根基之后再谋发展。

古注

《子夏易传》："刚生于柔，动在险中，屯也。"

阅典笔记

创业虽艰，但若能把握发展的正确规律，前途自然光明。

彖

彖曰：屯，刚柔始交而难生[1]。动乎险中[2]，大亨贞。雷雨之动满盈。天造草昧[3]，宜建侯而不宁。

注释

①刚柔句：此释卦名。古人认为刚柔相交，阴阳激荡则产生雷雨，雷雨并作，险象环生，即为屯卦之象。②动手险中：屯之内卦为震，震为动；外卦为坎，坎为险。所以屯卦之象，又是“动乎险中”。③草昧：章炳麟说：“草昧，借为草木。”

译文

《彖辞》说：屯的意思是，阴阳之气始相交接，从而险象就产生了。一切生机产生于艰难之中。它具有广大、通泰、贞坚的品德。（屯的下卦为震，震为雷；上卦为坎，坎为雨。）雷雨交加，充满宇宙，于是生成草木。这种卦象表明，宜于建国封侯，但是危险而不安宁。

古注

《子夏易传》：“天地之道，交而生物。君民之道，交而生事。物者得治后生也，事者经之而后遂也。难而营之，动于险中而获于大通以正也。非智者不能善其道也。阳震，春四时之首也。雷雨动而满盈，造物之始也。犹除草而为居也。始于冥昧未见也。险在于前矣，何所往哉。安而立已，勤而力民，协其力也。”

阅典笔记

大胆前行，勇敢追求，在不断耕耘的过程中去收获。

象

象曰：云，雷，屯，君子以经纶[1]。

注释

①经纶：《礼·中庸》朱熹注：“经者，理其绪而分之；纶者，比其类而合之也。《象辞》以治丝之事，比喻规画大事。”

译文

《象辞》说：云行于上，雷动于下，是屯卦的卦象。君子观此卦象，取法于云雷，用云的恩泽，雷的威严来治理国事。

古注

《子夏易传》:“云，畜雨者也。雷，下震之，将降而满盈也。君子务时经纶而可大也。”

阅典笔记

恩威并施，赏罚得当，国家才能大治。

爻辞

初九:磐桓[①]。利居贞,利建侯。象曰:虽磐桓,志行正也。以贵下贱,大得民也。

注释

① 磐:陆德明说:“磐，本亦作盘，又作槃。马云:‘槃桓，旋也。’”犹徘徊。

译文

初九：徘徊难进。这是有利于居住的卜问。占卜时遇此爻，有利于建国封侯。《象辞》说：虽然“磐桓”，但志行贞正。初九居六二阴爻之下，象征以尊贵而俯顺于低贱，因而大得民心。

古注

《子夏易传》:“刚居屯初，造化经始之时也。险在前，民思其安也。君子知其时而不决进，故盘桓。于下，居所用正，正则民安归下，则众所服，故动于下，建侯封也。”

阅典笔记

自古得民心者得天下。最基层的也是最根本的。

六二：屯(zhūn)如邅(zhān)如[①]，乘马班如[②]，匪寇婚媾，女子贞不字[③]，十年乃字。象曰：六二之难，乘刚也[④]。十年乃字，反常也。

注释

① 屯(谆)如邅(沾)如:屯邅表示艰难的连绵词。如:形容词词尾。② 班:借为般，回旋。③ 贞：卜问。字：妊娠。④ 乘：凌驾。六二阴爻处于初九阳爻之上，是为柔乘刚之象。

译文

六二：逡巡不前，行路踌躇。驾着马车原地回旋，不是前来抢劫，而是迎娶新娘。占得这个女子不能孕育，十年才能怀孕。《象辞》说：六二之爻预示艰难，因为处在初九阳爻之上。“十年乃字”，这是反常现象。

古注

京房《京氏易传》：“土木应象见吉凶，与震为飞伏。世上见，大夫应。至尊阴阳得位，君臣相应，可以定难于草昧之世。”

阅典笔记

道路坎坷，前途光明，厚积薄发，终成正果。

六三：既鹿无虞[①]，惟入于林中[②]。君子几[③]，不如舍。往，吝[④]。象曰：既鹿无虞，以从禽也。君子舍之，往吝穷也。

注释

① 既，就也。虞：掌管山林之官。② 惟：考虑，思忖。③ 几：借为机，机智。④ 吝：贞兆辞，表示艰难。

译文

六三：追捕野鹿，没有充当向导的官员。思忖着鹿逃入山林。君子机灵，认为不如放弃。深入山林，认为会有危险。《象辞》说：“即鹿无虞”，意在追逐走兽。君子放弃那野鹿，知道深入山林会有危险，因而除此别无他法。

古注

《子夏易传》：“远于阳，欲依于五，五与二也。将来得乎是无谋度器备以从禽也，故获于林中。君子知几不如舍之，往则吝也。”

阅典笔记

知难而进，固然勇气可嘉，但要量力而行；适时放弃，不失为明智之举。

六四：乘马班如，求婚媾。往吉无不利。象曰：求而往，明也。

译文

六四：驾着马车原地回旋，这是寻求婚姻。放胆前进，必定吉利。《象辞》说：“求而往”，因为其人深明形势。

古注

《子夏易传》：“时之屯，阴求阳之深也。之其应者，皆乘马备饰而待于行，两意求之而遂往，明得其情，吉无不利也。”

阅典笔记

知己知彼，熟知形势，自然勇于进取，水到渠成。

九五：屯其膏[①]，小贞吉，大贞凶。象曰：屯其膏，施未光也。

注释

①屯：借为囤，囤积。膏：肥肉。

译文

九五：屯积肥肉。占卜时遇此爻，问小事则吉，问大事则凶。《象辞》说："屯其膏"，意思是施舍不广。

古注

《子夏易传》："屯动于险中，非常之时也。有非常之才而后可以济之矣。五守中，而独应，无膏泽以及天下也。小以自守可也，将以大正，凶之道也。施岂光乎。"

阅典笔记

谨慎行事，小恩小惠，广及亲朋，否则离凶险也就不远了。

上六：乘马班如，泣血涟如[①]。象曰：泣血涟如，何可长也?

注释

①泣血：泪尽而继之以血。涟如：犹涟然。形容血泪长流不断。

译文

上六：驾着马车原地回旋，血泪长流不断。《象辞》说："泣血涟如"，这种情景怎能长久下去。

古注

《子夏易传》："屯难而后者也，以柔居极，屯道穷也。乘马班如，将何行乎，故泣血涟如，凶可知也，不能久也。"

阅典笔记

悲伤虽然有利于发泄心中的抑郁情绪，但是尽早从悲伤中走出才是正确的选择。

卦四　蒙

启蒙发智

山水蒙　坎下艮上

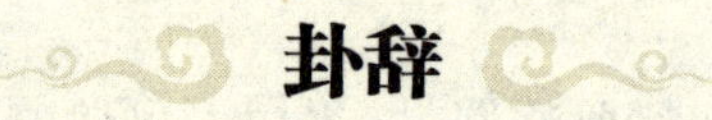

卦辞

蒙[①]：亨。匪我求童蒙[②]，童蒙求我。初筮告，再三渎[③]，渎则不告，利贞。

注释

① 蒙：卦名。本卦是异卦相叠（下坎上艮）。本卦上卦为艮，艮为山；下卦为坎，坎为险。山下有险，草木丛生，故卦名为蒙。② 我：筮人自称。童蒙：蒙昧愚蠢之人，指求筮之人。③ 渎：轻侮不敬，这是指亵渎占筮。

译文

蒙卦：通泰。不是我有求于幼稚愚昧的人，而是幼稚愚昧的人有求于我。第一次占筮，神灵告诉了他。轻慢不敬地再三占筮，神灵就不会告诉他。但还是吉利的卜问。

卦义

事物发展的初期，必然蒙昧，但此时如进取求学、启蒙发智，则会享顺发展、成长，学习教育是成长、发展的当务之急。

古注

《子夏易传》："山下有险，而止，昧于所从，蒙也。"

阅典笔记

向神灵请教，要诚心诚意；割草伐木开荒，要脚踏实地；诚心娶妻成家，要以礼相待。一个"诚"字，道出了为人处世、建功立业的秘诀。

彖

彖曰：蒙，山下有险，险而止，蒙，亨，以亨行时中也[①]。匪我求童蒙，童蒙求我，志应也。初筮告，以刚中也。再三渎，渎则不告，渎蒙也。蒙以养正，圣功也。

注释

① 蒙，亨，以亨行时中也：犹言在蒙茫之中，以通达的态度处置进止，既得时宜，又中事机。蒙，蒙昧、茫然。亨，通泰、通达。以，因为。

译文

《彖辞》说：蒙昧，犹如高山下有险阻，遇到危险而停止，蒙昧不明。蒙卦象征通往亨通顺利，把握时机非常重要。不是我要去求那些蒙昧的学童接受启蒙，而应该学童求教于我，这样才能志趣相应。启蒙施教那些最初心诚的学童，因为他们心存刚毅符合中庸之理，拒绝那些心存多变亵渎神灵的学童，这是亵渎了启蒙的初衷，而启蒙是为了培养纯正无邪的崇高品质，是造就圣人的成功之路。

古注

京房《京氏易传》："二象摽正，天下通也。击暗释疑，阳道行也。内实外正，暗得明，阴附于阳，稚道亨也。故曰，蒙，养正。"

阅典笔记

诚心可以感天动地，所以古人说"精诚所至，金石为开"。

象

象曰：山下出泉，蒙。君子以果行育德[①]。

注释

①果：《集解》引包曰："果，谓果敢决断也"。

译文

《象辞》说：山下有泉，泉水喷涌而出，这是蒙卦的卦象。君子观此卦象，取法于一往无前的山泉，从而以果敢坚毅的行动来培养自身的品德。

古注

《子夏易传》："水泉出，而未通止所也。德不博不能及于物，浅学之蒙也。君子以之克己而果行，广学以育德而后能通也。"

阅典笔记

要培养高尚的品德，需要有果敢坚毅的内心，因为诱惑无处不在。

爻辞

初六：发蒙[1]，利用刑人。用说桎梏[2]，以往吝。象曰：利用刑人[3]，以正法也。

注释

①发：借为伐。蒙，这里指山上蒙茸的草木。发蒙：犹言割草垦荒。②用：因为。说：同脱。桎梏：枷锁。③刑：为动词，惩罚。

译文

初六：伐山垦荒，可以利用服罪的犯人。因为解除他们的桎梏前往，结果招来灾难。《象辞》说："利用刑人"，可以以此来整肃法纪。

古注

《子夏易传》："承于阳而发蒙也。阴奉阳而始明，全德以及物也。刑者失而后治之道也。虽阴至明可以刑人，而说桎梏正法而已，长用之，则吝也。"

阅典笔记

人处世应当时常心怀敬畏，才不会做出越轨的行为。

九二：包蒙[1]吉。纳妇吉。子克家[2]。象曰：子克家，刚柔接也。

注释

①包：打包捆扎。蒙：荒草。②克：成。克家：犹言成家。

译文

九二：包捆割倒的荒草，这是吉兆。占卜时遇此爻，娶迎妻子，吉利。男女能相配成家。《象辞》说："子克家"，表示阴阳刚柔相交会。

古注

《子夏易传》："阳刚也，明也。初奉之而求其辨，三附之而委其质，比初之蒙而无情系于三，故吉也。居中而正配于五，婚姻之吉也。家道大者莫先于正夫妇也。居中贵而委身于卑，能接之以礼者也。子能克家，莫过是也。"

阅典笔记

夫妻合睦，无乃包容！朋友等相处之道又何尝不易？

六三：勿用取女[①]，见金夫[②]不有躬[③]。无攸利。象辞曰：勿用取女，行不顺也。

注释

① 娶：取也。有"拿"、"取得"之意，但无"抢夺"之引申意。② 指美男：手执武器的男子，武夫。③ 躬：身体。不有躬：犹言丧失性命。

译文

六三：不要迎娶那位女子，她见到漂亮的男子，就不弯身恭敬你了，没有长远利益。《象辞》说："勿用取女"，象征着以女虐男，她行为不温顺啊。

古注

《子夏易传》："乘于阳而说之，失位而不顾其应者，蒙也。不能自保而为不顺，曷用娶之，无所利也。"

阅典笔记

面对诱惑，应当守身自重。

六四：困蒙[①]，吝。象曰：困蒙之吝，独远实也[②]。

注释

① 困：困怠。蒙：犹上文伐蒙之意。《象辞》释困为困扰，蒙为蒙昧，与经意有异。② 实：社会生活，社会交往。

译文

六四：困怠子伐山垦荒，将遇险。《象辞》说："困蒙"的"吝"，因为离群索居，远离生活。

古注

《子夏易传》："迭于阳也。困何以明。守位而困，可惜者也。"

阅典笔记

与人多交流也是提升自己智慧的捷径。多结交朋友也是提升自己，为自己发展铺路的有效手段。

六五：童蒙[①]，吉。象曰：童蒙之吉，顺以巽也[②]。

注释

① 童：借为撞，撞击，砍伐。《象辞》释"童蒙"，为幼稚蒙昧之义。② 顺：柔顺。巽：谦逊，服从。

译文

六五：砍伐山木，吉利。《象辞》说："童蒙"的"吉"，是因为柔顺服从。

古注

京房《京氏易传》："六五阳中积阴入巽，见阴中阳，二气相荡，不可盈望，次降入风水涣卦。"

阅典笔记

不思进取固然很少犯错，但也难有建树。

上九：击蒙[①]。不利为寇，利御寇。象曰：利用御寇，上下顺也。

注释

① 击蒙：意同撞蒙，犹言伐木开荒。

译文

上九：割草伐木。不利于充当盗寇，而有利于防御盗寇。《象辞》说：防御盗寇之举，获得众人支持，必能胜利。

古注

《子夏易传》："三已应也。苟悦于三，击而取之，动不妄干，为寇也，击而归之。应下以顺上，保终无间，故利用寇也。"

阅典笔记

与有肝胆人相处，小人之心不可不防。

卦五　需

耐心等待，顺理待时

水天需　乾下坎上

卦辞

需①：有孚②，光亨，贞吉③。利涉大川。

注释

①需：卦名。本卦为异卦相叠（乾下坎上）。需的下卦为乾，乾为天，上卦为坎，坎为云。天空浮云积聚，正是降雨在即之象。所以卦名为需。需，等待。需，从雨从而。而是天字的隶变。需从天雨亦与卦象相吻合。②孚：俘的本字。《周易》多处"有孚"，多指抓到俘虏。③光：借为广。光亨，贞吉：贞兆辞。

译文

需卦：抓到俘虏。大吉大利，吉利的卜问。有利于涉水渡河。

卦义

事物发展过程中，当耐心等待，只要时机成熟，必能克服艰难，光明亨通。需卦乾下坎上，乾为天，坎为云，云气上集于天，待时降雨。

古注

《子夏易传》："需，待也。"

阅典笔记

古人出行客居，自然与今人游山玩水、消闲遣闷、联络友情不同，而是有具体的实用目的，主要是求官、经商或征战、求婚等。因而，自然山川风光，季候物象变幻与内在心境的共鸣，似乎被视而不见。在道路阻隔、交通工具简陋的情况下，首先让人关心的是顺利与否，出行前就必定要卜问神灵。出行中有泥泞坎坷风雨霜雪等天然险阻，有强盗出没抢钱害命等人祸，当然也有路途坦荡、酒足饭饱睡香的愉悦畅快。透过这幅吉凶交织、苦乐掺杂的出行客居图，我们在驰骋的想象中完全可以领悟到，这是漫漫人生旅途的缩影。

彖

彖曰：需[1]，须也。险在前也，刚健而不陷，其义不困穷矣。需。有孚，光亨，贞吉[2]，位乎天位[3]，以正中也。利涉大川，往有功也。

注释

①需：《彖辞》释为须，犹待也。②《彖辞》释“孚”为忠信，光为正大，亨为通达，贞为中正。与经意有别。③位乎天位：《彖辞》此解依九五爻象、爻位为据。需的下卦为乾，乾为天，九五居上卦中位，处天之上，故曰位乎天位。

译文

《彖辞》说：需，意思是等待。危险在前，人有刚健之德，不会贸然陷入危险之中，照理也不至于困窘穷迫。“需，有孚，光享，贞吉”，因为九五之爻处在上卦的中位，具备至中至正的本性。适合远行，所往必有功。

古注

《子夏易传》：“刚居于尊，安于险之道也。能制下，健以为用，君子待命而已，不可自任，则刚健终不陷也。君子观其为而动之，其义岂穷哉。五以险德而位于天，虽非坦道，强毅而制下也。刚中而有孚也。获刚健之臣而不敢不说，则不劳而待其功矣。故光通而贞吉，复何险之有哉。是以利涉大川，而无险不济也。文王君人也，得九五之位。仲尼位下也，居君子之事合，两而待之，则上待下之能，下待上之命。观是需之情可见矣。”

阅典笔记

小心谨慎，不轻易涉险。

象

象曰：云上于天，需。君子以饮食宴乐。

译文

《象辞》说：(需的上卦为坎，表示云；下卦为乾，表示天。) 云浮聚于天上，待时降雨是需卦的卦象。君子观此卦象，可以宴饮安乐，待时而动。

古注

《子夏易传》："泽来矣，君子待命而不劳于虑，而得其治也，饮食宴乐而已。"

阅典笔记

君子有才，也要相机而动。

爻辞

初九：需于郊[①]。利用恒[②]，无咎。《象》曰：需于郊，不犯难行也。利用恒，无咎，未失常也。

注释

① 需：等待，停驻。② 用：于。利用恒：犹言利于长久等待。

译文

初九：在郊外等侯，应该照旧等待下去，没有危险。《象辞》说：在郊外等候，不能冒险前进。"利用恒，无咎"，这是因为待机而动没有违反正常的原则。

古注

《子夏易传》："郊远者也，未履其位，行不犯难也。用其常不失其素矣。"

阅典笔记

看准了机会再出手，不要急于一时，以致捡了芝麻丢了西瓜。

九二：需于沙，小有言[①]，终吉。象曰：需于沙，衍在中也[②]。虽小有言，以终吉也。

注释

① 沙：沙地。沙地难行。言：借为愆，错误。② 衍：借为愆。中：这里指自身。

译文

九二：在沙地上等待，稍微有过错，最后还是吉利的。《象辞》说："需于沙"，将有延误事机之失，这过失在自身。虽然"小有言"，最后的结果还是好的。

古注

《子夏易传》："行远也，沙，远乎水，刚履其位，敌对于五，五非敌也。可以待也。君子之道，无执也。与时而行也。得其中者，虽小有言，吉终而已矣。"

阅典笔记

准备工作做足，静待不躁，稍有错误，也不会影响最后的成功。

九三：需于泥[①]。致寇至[②]。《象》曰：需于泥，灾在外也。自我致寇，敬慎不败也[③]。

注释

① 泥：泥淖之地。② 致：招致，招惹。③ 敬：郑重。

译文

九三：在泥淖中等待，把强盗招引过来。《象辞》说：泥淖污秽，环境险恶，灾难就在附近。自己招致敌人，郑重谨慎，随机应变，就可不受损伤。

古注

《子夏易传》："上险可犯也。刚以在上，待命于泥，逼难而濡难，犹外矣。我致之，而寇至，敬慎之，不败也。"

阅典笔记

如果已经面临困难，最好临危不惧，随机应变。

六四：需于血[①]，出自穴。象曰：需于血，顺以听也。

注释

① 血：血污之地。需于血：喻指人身陷万死之地。

译文

六四：起初在血泊中滞留，后来从凶险的陷阱中逃脱出来。《象辞》说：坐等不测的命运降临，只得顺从强者，听从摆布。

古注

《子夏易传》："刚险居上，而承之难，从事者也。动而见伤矣。坎阴处下，幽穴之物，而今升之，待阳之运而出，难也。则不可不顺以听之。"

阅典笔记

受胯下之辱的未必就是懦夫，时也，势也。

九五：需于酒食[①]，贞吉。象曰：酒食，贞吉，以中正也。

注释

① 酒食：这里指酒宴之上。比喻人处境优容，升腾待时。

译文

九五：在酒宴上等待，这是吉利的占兆。《象辞》说："酒食，贞吉"，自能择善而居，处优容之境。

古注

《子夏易传》："刚德中正，施令而治者也。治事已获众之奉，待其酒食而已。"

阅典笔记

有才之人需要机遇，但是机遇需要自己争取。

上六：入于穴，有不速之客三人来[①]，敬之，终吉。象曰：不速之客来，敬之终吉。虽不当位[②]，未大失也。

注释

① 速：召请，延请。② 虽不当位：居阴位。

译文

上六：进入地穴式的房屋，有三位不速之客来到，恭敬地接待他们，结果是吉利的。《象辞》说："不速之客"来了，结果是吉利的。虽然处的位置不是合乎时宜，但不会有大的失误。

古注

《子夏易传》："需坎上也，道之终则反复也，入于穴矣。干覆其上，三爻来而不假待也。知道之终能固其所，而敬为主，虽不得其位能吉其终也。"

阅典笔记

善于等待，给自己留条后路。

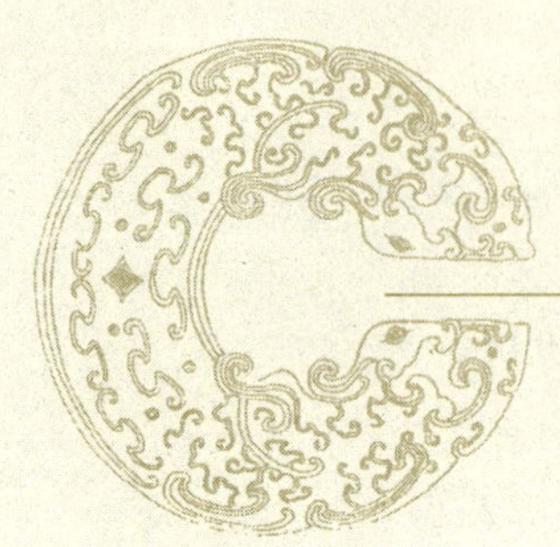

卦六 讼

止讼免争，持中不偏

天水讼 坎下乾上

卦辞

讼[1]：有孚[2]，窒，惕[3]，中吉。终凶。利见大人，不利涉大川。

注释

① 讼：卦名。本卦是异卦相叠（坎下乾上）。讼卦上卦为乾，乾为天；下卦为坎，坎为水。此言以物象而喻人事，如果人与人相舛，必生争讼。② 孚：古俘字。③ 窒：借为恎。窒，惕：犹言惧警惕。

译文

讼卦：虽有利可图（获得俘虏），但要警惕戒惧。其事中间吉利，后来凶险。占筮得此爻，有利于会见贵族王公，不利于涉水渡河。

卦义

讼卦坎下乾下，与需卦相反，象征人与人之之间彼此不和争辩。当事情不易和解时，容易导致诉讼纷争，因此须提高警惕，避免穷争不息。更应避免逞强斗胜，使事情恶化。

古注

京房《京氏易传》：“生不绝之谓道。六位不居，返为游魂。离宫八卦以讼为反四。天与水违曰讼。”

阅典笔记

凡是有人的地方，总免不了有纠纷，古今中外，概莫能外。

彖

彖曰：讼，上刚下险，险而健讼。讼。有孚[①]窒，惕中吉，刚来而得中也[②]。终凶，讼不可成也。利见大人，尚中正也。不利涉大川，入于渊也。

注释

①《彖辞》释“孚”为诚信。② 刚：指九二，九五之爻，阳性，为刚，所居分别为下卦中位，上卦中位，故又曰“得中”，喻人有刚健之性而得中正之道。

译文

《彖辞》说：讼卦，上卦为乾，乾为刚，下卦为坎，坎为险。为人外刚健而内阴险，这是喜斗好争之性，亦是讼的卦象。因九五、九二之爻居于上下卦的中位，象征刚健之人得中正之道。“终凶”，因为九五、九二之爻象表明其人得中正之道，有利于会见贵族王公。不利于远行，恐怕坠入深渊。

古注

《子夏易传》：“讼之者，其昧于先乎，两其情，则上刚而下险，兼其象，则中心险而行健，得无讼乎。讼之所由兴于二也，内刚险也。居中理可信也，不中塞也，上健可惧也。直可申也，故中吉。人不与讼也，故终凶。大人志尚中正者，利而见之辨也。陷于下矣，又好争焉，故可涉于险也。”

阅典笔记

讼不可报，禄不可争。

象

象曰：天与水违行，讼，君子以作事谋始。

译文

《象辞》说：天水隔绝，流向相背，君子观此卦象，以杜绝争讼为意，从而在谋事之初必须慎之又慎。

古注

《子夏易传》："相違而與處事，訟之象也。君子見其未著，防其未形，則远訟也。"

阅典笔记

与其出了问题打官司，不如事先多想想，防微杜渐才是上策。

爻辞

初六：不永所事[①]，小有言，终吉。象曰：不永所事，讼不可长也。虽小有言，其辩明也。

注释

①永：久，持久。

译文

初六：做事不能持之以恒，稍有过错，最后还是吉利的。《象辞》说：官司不可能长久打下去。虽然稍有过错，争讼双方的是非曲直终将辨别清楚。

古注

《子夏易传》："柔非勇于讼也，上迫而至讼。讼初有言，辨明而通，其志不长，其讼得于终吉之道也。讼之长，凶之咎也。其吉于初已乎。"

阅典笔记

公道自在人心，对待中伤恶言，避退守正，最好的反击就是沉默。

九二：不克讼[①]，归而逋，其邑人三百户[②]，无眚[③]。象曰：不克讼，归而逋，窜也。自上讼下，患至掇也[④]。

注释

①克：成功，胜利。不克：犹言失败。②逋：逃亡。邑人：指邑中奴隶。③眚：灾祸。④掇：借为辍，止。

译文

九二：讼事失败，归到采邑，三百户奴隶逃亡，没有大的灾祸。《象辞》说：小官与大官争讼，败讼而归，势在必然。幸好灾难没有进一步扩大。

古注

《子夏易传》:"为下讼上，讼可得乎，自贻其患也。不可而退，还窜其邑，自守其寡，不敢上敌，犹无眚也。"

阅典笔记

下与上争必然先制，应尽量平和处理。

六三：食旧德[①]，贞厉[②]，终吉。或从王事，无成。象曰：食旧德，从上吉也[③]。

注释

①旧德：先人遗业。食旧德：喻指失势贵族依赖先人遗业过活。②贞厉：贞兆辞。贞，卜间。厉，艰难。③上：先人，祖上。

译文

六三：依赖先人遗业过活，卜问得险兆，但最后是吉利的。但是，如果服务于王事，却不会成功。《象辞》说："食旧德"，犹言只有凭借祖上余荫才获吉利。

古注

《子夏易传》:"处下之上，从乎刚阳，而讼通矣，食其德矣。乘刚而待之，危也。从上得附，故终吉矣。夫以柔附上，非听其讼亦，为上忤矣。故至有命，则行之不敢自成也。夫不争于外者，善矣夫。"

阅典笔记

蒙祖上荫庇，确实可以较少付出努力，但是要想在某一行做得长久，还是要靠自己的实力。

九四：不克讼，复即命，渝[①]安贞[②]，吉。象曰：复即命，渝安贞，吉，不失也。

注释

①复：返回。即：服从。渝：当读为谕。②安贞：贞安之倒装。犹言卜向平安。

译文

九四：讼事失败，败讼回家，服从判决。卜问平安，得吉利之兆。《象辞》说："复即命，渝安贞，吉"，不失正道。

古注

京房《京氏易传》："进退见于九四。"

阅典笔记

失败的教训和成功的经验同样重要。

九五：讼，元吉。象曰：讼，元吉，以中正也。

译文

九五：争讼，占卜时遇此爻，大吉大利。《象辞》说："讼，元吉"，因为九五之爻居上卦的中位，像人守中正之道。

古注

《子夏易传》："中正上行，虽讼而吉大也。"

阅典笔记

刚健中正，是为人根本。

上九：或锡之鞶(pán)带[①]，终朝三褫(chǐ)之[②]。象曰：以讼受服，亦不足敬也。

注释

①鞶(盘)带：皮革制成的腰带，大夫以上的官员始得系之。②终朝：犹言终日，即一整天。褫(齿)：剥夺。

译文

上九：王侯赐予人以皮鞋腰带，但不满一天，三次赐予三次剥夺。《象辞》说：某人因为讼事而得到赐予皮革腰带的殊荣，这不是值得尊敬的事。

古注

京房《京氏易传》："吉凶宗于上九。"

阅典笔记

纠纷会占用大量的精力和时间，我们应当谨慎，息讼于初。

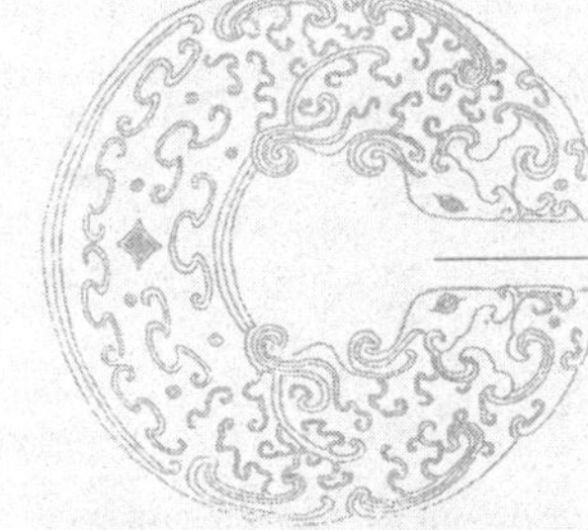

卦七　师

兵者凶器，化干戈为玉帛

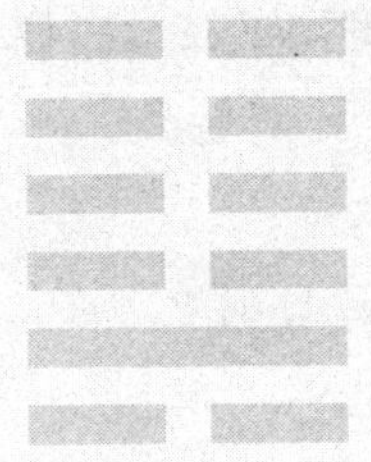

地水师　坎下坤上

卦辞

师[1]：贞，丈人[2]吉无咎。

注释

①师：卦名。本卦是异卦相叠。本卦下卦为坎，坎为水；上卦为坤，坤为地。地下有水，数量无穷，水流所向，随势而行。这正是军旅之象，所以卦名日师。②丈：古文作从手持杖形，执杖指挥。

译文

师卦：占问总指挥的军情，没有灾祸。

卦义

师卦：坎下坤上，坤为地，坎为水，地中有水。师者，兵众也。用兵之道的前提是“正”，能兴“仁义之师”，“师出有名”，再者胜负关键在于择将选帅，能化干戈为玉帛是上策，实在难免一战则应遵守出师之道，才能获得好的结果。

古注

《子夏易传》：“五天位也，而以非阳居之，或有战争之事。”

京房《京氏易传》:“变离入阴，阳于正道，复本归坎，阳在其中矣。处下卦之中，为阴之主，利于行师。”

阅典笔记

战争被古人看作严重的事情之一。

彖

象曰:师众也。贞正也。能以众正,可以王矣。刚中而应[①],行险而顺,以此毒天下[②]，而民从之，吉又何咎矣。

注释

① 性刚，而居下卦中位，故曰刚中。应，和应。② 毒，治也。

译文

《象辞》说:师，是众多的意思。贞，是正的意思。能够使正人归于正道，就可以成就王业。九二之爻居于下卦中位，叫做“刚中”，其余五阴爻和应一刚爻，叫做“应”，(下卦为坎，坎表示险，上卦为坤，坤表示顺，所以又)有“行险而顺”之象。以卦象所喻示的道理督治天下，百姓就会服从。这是吉祥之象，哪有什么灾祸呢？

古注

京房《京氏易传》:“众阴而宗于一,一阳得其贞，正也。”

阅典笔记

战争或人际之间的干戈总有胜负，因此事前应该严肃认真地对待。

象

象曰：地中有水，师。君子以容民畜众[①]。

注释

① 容民畜众：同义异文，犹言收容、蓄养大众。

译文

《象辞》说：地中有水，这是师卦。君子观此卦象，收容和畜养大众。

古注

《子夏易传》:“地中有水，故能有得其润，而保其广地之用也。盖象乎君子也。则能得其情而获其治道，出于民也。故君子以容而畜之，显仁以藏用也。”

阅典笔记

尽量减少征战和过份的争端，要把重心放在积蓄力量上。

爻辞

初六：师出以律[①]，否臧[②]凶。象曰：师出以律，失律凶也。

注释

①师：师旅，军队。律：纪律。②否：作“不”。否臧：犹言不遵守纪律。

译文

初六：整军出战全凭纪律，不遵守纪律就会有凶险。《象辞》说：整军出战全凭纪律，失去纪律的约束就会带来凶险。

古注

《子夏易传》：“春秋传言：执事顺成，为臧逆，为否理。有必然之胜者，师出而谋合之。为臧，乃其律也。失之，是以凶也。夫律者，军事之命也。师之兴，主君不能亲之，是以授其命而不授其事。名曰专征。此古师之道也。军志曰：军之所承于君者，师之可战，君曰无战，必战可也。师不可战，君曰战之，无战可也。故进不求其名，退不避其罪，本乎社稷之卫也。或以听君主之制为律，岂足是哉。慎诸，其在授人以律乎。”

阅典笔记

有纪律的部队才是能打胜仗的部队。

九二：在师中，吉，无咎。王三锡命[①]。象曰：在师中，吉，承天宠也[②]。王三锡命，怀万邦也[③]。

注释

①锡：借为赐。赐命：即颁命嘉奖。②承：接受。天宠：上天的眷爱保佑。③怀：来。邦：国。

译文

九二：主帅身在军中，吉利，没有灾难。君王三次颁命嘉奖。《象辞》说：“在师中，吉”，因为得到上天的宠爱。“王三锡命”，主帅能怀徕万国。

古注

《子夏易传》:“刚中而应，行险而顺。受命而能正众也。吉何咎哉。王者以天下为心，用兵非以怒也，平之非喜杀也。三锡命非私也，安万邦而已矣。”

京房《京氏易传》:“地下有水，复本位，六五居阴处阳位，九二贞正，能为众之王，不溃于众。”

阅典笔记

主帅与士兵同在，将士才能用命。

六三：师或舆尸[①]，凶。象曰：师或舆尸，大无功也。

注释

①舆：车辆。这里用动词，意车载。

译文

六三：军队出征，有人载尸而归，这是凶险之兆。《象辞》说：军中载尸，这是前方吃了败仗。

古注

《子夏易传》:“师之出也，任于一人。刚中者也。多则或矣。非其任也。何功之有，吉。二刚也。而以阴柔乘其上，是兼其领也。舆师之凶也。宜哉。无君上之命，则免矣。故曰或也。”

阅典笔记

战争没有完胜的一方。

六四：师左次[①]，无咎。象曰：左次，无咎，未失常也。

注释

①次：驻扎。左次：犹言较长时间内将军队驻扎在左边。

译文

六四：军队在左边扎营，没有危险。《象辞》说：“左次，无咎”，（因为军队驻扎或左或右，唯视地理环境、敌我形势而定，）并没有违背行军常道。

古注

《子夏易传》:“左者不用之地，待其师命而已，未失常也。”

阅典笔记

当守则守，当攻则攻，进退自如是能置于不败之地的法宝。

六五:田有禽[1]。利执言[2],无咎。长子帅师,弟子舆尸。贞凶。象曰:长子帅师,以中行也[3]。弟子舆尸,使不当也。

注释

① 田:通畋,打猎。禽:鸟兽总名。② 言:当读为讯。执言:犹执讯,即执俘。③ 以中行:犹依循正道行事。中,正道。

译文

六五:打猎时获得猎物,作战中捕获俘虏,没有灾祸。长子指挥军队,次子驾车运尸体,这是凶险的贞兆。《象辞》说:"长子帅师",这是依正道行事。"弟子舆尸",这是差遣不当。

古注

《子夏易传》:"居尊虽柔,待而有获也。何以利乎,柔不能临众也。执命而授德人,则无咎矣。二刚中而继体于五,其长子乎。命授一人,帅师可也。三柔弟子也。命不可二也。其舆尸也。"

阅典笔记

择将选帅应任用德才兼备的人。

上六:大君有命,开国承家[1],小人勿用。象曰:大君有命,以正功也。小人勿用,必乱邦也。

注释

① 大君:国君。承家:即分封大夫,使有采邑。家,卿大夫采邑。

译文

上六:国君颁发命令,有人被封为诸侯,享有封国,有人被封为大夫,享有采邑。但是不要重用无才无德的小人。《象辞》说:"大君有命",这是论功行赏。"小人勿用",因为小人必定覆国乱邦。

古注

《子夏易传》:"师之终复于大君者,居天下而无私。故誓师曰:用命赏于祖,不用命戮于社。功存社稷之公也,天下共之有。开国而封之者,承家而食之者,此功之分也。王执而正之,非惠之私也。小人不原于天命,不足于贵位,故至乱邦。此易之终戒也,而失于用也。"

阅典笔记

欲王天下者,精通战争艺术应是第一课。

比卦八

和平共处，择善而从

水地比　坤下坎上

卦辞

比[①]：吉。原筮[②]。元永贞[③]，无咎。不宁方来[④]，后夫凶[⑤]。

注释

① 比：卦名。本卦是异卦相叠（坤下坎上）。上卦为坎，坎为水；下卦为坤，坤为地。水附大地，地纳江海，这是互相依赖亲密之象，所以卦名比。比，密也。② 原筮：一称并筮，即同时再占。原，再也。古时占卜之法，有三人同占者，则取决于多数。③ 元下当有亨字。元（亨）永贞，皆贞兆辞。④ 方：邦国。不宁方：犹言不愿臣服的邦国。⑤ 后夫：这里指迟迟不来的诸侯。

译文

比卦：吉利。同时再卜筮，仍然大吉大利。卜问长时期的吉凶，也没有灾祸。不愿臣服的邦国来朝，迟迟不来者有难。

卦义

比者，辅也，密也。故比象征亲密比辅。但重要的是应慎重选择比辅对象，应当比辅于守持正固而有德的比者；亲比之时应择善依附，不可迟疑。

古注

《子夏易传》："众畏险民，咸其安也。"

阅典笔记

讲了战争，紧接着讲团结、外交。

彖

象曰：比，吉也。比，辅也，下顺从也。原筮元永贞，无咎，以刚中也[①]。不宁方来，上下应也[②]。后夫凶，其道穷也。

注释

① 以刚中也，此以九五爻象、爻位为据。九五为阳爻，为刚，居上卦中位，所以说刚中。② 上下应也：群阴应刚，上下相应。

译文

《象辞》说：比卦吉利。比，意思是辅佐，下属顺从上司。因九五之爻居于上卦中位，像君王有中正之德。因为众阴爻围绕一阳爻，象征众诸侯拥赞王朝。迟迟不来亲附归顺的人凶险，是因为会无路可走。

古注

《子夏易传》："辅其正而获吉也。刚位于尊也。本其阳之德行，仁也。居中可以长正也。长正可以宁方也。筮而比之，亦何咎也，则不宁，辅而安矣。后夫道穷，虽求辅，凶也。"

京房《京氏易传》："比亲于物，物亦附焉。原筮于宗，归之于众，诸侯列土，君上崇之。奉于宗祧，盟契无差，邦必昌矣。"

阅典笔记

分封制中，诸侯拥戴是国家长治久安的唯一保证。

象

象曰：地上有水，比。先王以建万国，亲诸侯。

译文

《象辞》说：下卦为坤，上卦为坎，地上有水，这是比卦的卦象。先王观此卦象，取法于水附大地，地纳江河之象，封建万国，亲近诸侯。

古注

京房《京氏易传》:"臣之附君,比道成也。归魂复本,阴阳相成,万物生也。"

阅典笔记

没有永远的敌人,也没有永远的朋友。

爻辞

初六:有孚,比之[1],无咎。有孚盈缶[2]。终来有它[3],吉。象曰:比之初六,有它吉也。

注释

①孚:古俘字。比:亲近,安抚。②缶:瓦盆、瓦罐之类。盈缶:这是装满酒给俘虏吃。③来:当作未。它:意外,变故。

译文

初六:捕获俘虏,安抚他们,没有灾难。捕获俘虏,满盆满罐的酒饭招待他们。虽然可能有意外之患,但最后是吉利的。《象辞》说:占卜时遇初六之爻,虽有意外之患,但最后是吉利的。

古注

《子夏易传》:"众各保其所居也。能初以求比,是以吉也。知乎几,辨乎微,为天下首。比必自诚信盈于素分也。素分盈,则主恩及,而他吉来矣。"

阅典笔记

优待俘虏,品德在邻国也得到赞颂,最终两国迎来和平才有可能,百姓才能安居乐业。

六二:比之自内[1],贞吉。象曰:比之自内,不自失也。

注释

①比:团结。比之自内:内部团结统一。

译文

六二:内部和睦团结,吉兆。《象辞》说:内部和睦团结,自己没有失误啊。

古注

《子夏易传》:"为五内比,应而相合,承其私也。为众所觀也。能自守中正,故保其吉也。"

阅典笔记

国内和平、团结，外力是极难破坏的。

六三：比之匪人。象曰：比之匪人，不亦伤乎！

译文

六三：跟败类狼狈为奸。《象辞》说："比之匪人"，岂不是很可悲啊！

古注

《子夏易传》："不正，不能辨，其去就，而辅于上，无首也。可比非其人乎，不亦伤矣。"

阅典笔记

"谈笑有鸿儒，往来无白丁"，古今能几人？

六四：外[1]比之，贞吉。象曰：外比于贤，以从上也。

注释

① 外：外部，指邻国，邻邑等。

译文

六四：跟外邦联盟亲善，卜问得吉兆。《象辞》说：外部亲附于贤明的国君，像臣下服从君上。

古注

《子夏易传》："比于尊，刚承上，辅贤，得正，吉也。"

阅典笔记

依附相亲尊主，当然吉祥。

九五：显[1]比。王用三驱，失前禽[2]。邑人不诫[3]，吉。象曰：显比之吉，位正中也。舍逆取顺，失前禽也[4]。邑人不诫，上使中也[5]。

注释

① 显：外表，这里意为广泛，普遍。②"王用"二句：君王命卫队从左右后三方将野兽驱赶集中，只留下前面一条路，让野兽奔逃。③ 邑人：这里指猎区的老百姓。诫：借为骇。④"舍逆"二句：舍，放弃。取，猎取。逆，背向。顺，面向。⑤ 上：君上。使：役使，差遣。中：正当、合理。

译文

九五：普遍的和洽。君王采用三面包围的方法狩猎，网开一面，有意放走逃奔的野兽。老百姓对君王狩猎毫不惊惧，吉利。《象辞》说：和洽是吉利的，人守中正之道。放走向前奔逃的，猎取迎面奔窜的，这就是“失前禽”的缘故。“邑人不诫”，因为君王平时行事端正。

古注

《子夏易传》：“为天下王也，背之以来，皆吾人也。则可以安天下矣。独守其中，而私其应，为众所观，非显其私欤。疾其背，而爱其向也。则失其不来者矣。邑有家者也，私也，岂王者显私也。偏其私，故邑人不诫，王所使之，然也。虽显，其吉。正其位而尊也。”

阅典笔记

围城有缺，可以瓦解敌人的斗志。网开一面，凡事不做绝，为以后留条后路。

上六：比之无首[①]，凶。象曰：比之无首，无所终也。

注释

①比之无首：互相阿比，但勾心斗角，谁也不服谁。

译文

上六：小人朋比为奸，勾心斗角，这是非常危险的事。《象辞》说：“比之无首”，当然没有终结。

古注

《子夏易传》：“无诚于附，道穷，而比，戮，斯及矣，何终哉。”

阅典笔记

因时制宜，因地制宜，因人制宜，才能立于不败之地。

卦九 小畜

积蓄力量，极力克制

风天小畜 乾下巽上

卦辞

小畜①：亨，密云不雨，自我西郊。

注释

① 小畜：卦名。本卦为异卦相叠（乾下巽上）。本卦下卦为乾，乾为天；上卦为巽，巽为风。有和风满天，风调雨顺之象，所以卦名为小畜。兹，益也。又解为“草木多益也”。

译文

小畜卦：吉利。在西郊一带浓云密布，但雨没有下来。

卦义

小畜卦乾下巽上，乾为天，巽为风，风飘行天上，微畜而未下行，畜兼右富聚，畜养、畜止之义。物能以小畜大，以下济上，则有利于刚大者之行，事情顺利。小畜之义就像阴气从西（阴）方开起，聚阳甚微，不足以和阳交会成雨。

古注

《子夏易传》：“小畜，阴上得位，而阳皆应之也，柔畜，刚也。大为小所畜，其畜不能全。”

阅典笔记

事农劳动的生活平淡而琐碎，今天身处现代化大都市钢筋水泥丛林中的我们，难以想象其中滋味。生动的体验，早已被抽象的文字符号扼杀和深埋起来了。唯有想象力，才能透过冰冷的文字符号，深入到真切具体的古人生存的事实中去，即使仍是以我们今天的感性体验作为基础的。

彖

彖曰：小畜，柔得位而上下应之[①]，曰小畜。健而巽，刚中而志行，乃亨[②]。密云不雨，尚往也[③]。自我西郊，施未行也。

注释

①“柔得位”句：此以六四爻象、爻位为据。六四阴爻为柔而居阴位，是为柔得位。本卦其余五爻为阳爻，为刚，围绕六四，所以说上下应之。②“健而巽”三句：此以全卦卦象为据。九二阳爻为刚，居下卦中位，九五阳爻为刚，亦居上卦中位，所以说“刚中”。③ 尚：读为止。尚往：犹言上行、上升。

译文

《彖辞》说：小畜，六四之爻居阴位，其余五阳爻和应着它，称为“小畜”。下卦为乾，乾表示刚健，上为巽，巽表示谦逊。九二、九五居下卦、上卦中位，像君子有刚健、谦逊、正中之德因而获得志通意行之境，于是说“亨”。“密云不雨”，说明云气正上升聚积，“自我西郊”，说明雨水尚停蓄未降。

古注

《子夏易传》：“小畜而已也，故健而巽，刚下柔也。刚居中，巽柔而从其畜。志得而后通也。雨者，阴阳和，阴行其道，则盛而为雨。小畜，志于上，往也，自得其位而已。使阳而巽，其泽不足，以下济也。则密云而不雨也。云自西郊而东也，阴消而退未能行施也。小人来，居上位，非中正之德，君子无所承也。其何足光哉，不能畜君子之大也。”

阅典笔记

谦虚、谨慎，是君子的基本素质。

象

象曰：风行天上，小畜。君子以懿文德[1]。

注释

①懿：美也。

译文

《象辞》说：上卦为巽，巽为风；下卦为乾，乾为天，和风拂地，草木低昂，勃勃滋生，这是小畜的卦象。君子观此卦象，取法催发万物的和风，自励风范，推行德教。

古注

《子夏易传》："风行天上，而不能畜大也。言行德之大也。文德者，德之小也。君子之道，无所备也。畜其文德，与时行也。"

阅典笔记

严于律己，然后育人。

爻辞

初九：复自道[1]，何其咎？吉。象曰：复自道，其义吉也。

注释

①复：回归。

译文

初九：原路返回，有什么灾祸？吉利。《象辞》说："复自道"，其含义是吉利。

古注

京房《京氏易传》："初九元士居世"

阅典笔记

新的道路就意味着机遇与风险并行。

九二：牵复。吉。象曰：牵复在中[1]，亦不自失也。

注释

①在中：此以九二爻位为据。九二居下卦中位，是得位处中。

译文

九二：牵引着返回，吉利。《象辞》说："牵复"在中位，（吉利，像人操行中正，）自然不会有错失。

古注

《子夏易传》："志乎畜而不能全也。虽与我而非应，可以牵，而巽之自复其道。得时之中，故吉也。"

阅典笔记

操行中正，固然不会出错，但有可能最终变得死气沉沉啊。

九三：舆说辐[①]，夫妻反目[②]。象曰：夫妻反目，不能正室也[③]。

注释

① 舆：车辆。说：同脱。辐：车轮上连接车辋与车毂的直条，这里指车轮。② 夫妻反目：犹言夫妻口角。③ 正：用如动词，使之端正。室：家庭。

译文

九三：车子坏了一个轮子。夫妻互相口角。《象辞》说："夫妻反目"，说明不能治理家庭。

古注

《子夏易传》："阴之微，不能大畜，其亦已矣。故初应二，牵巽志而行，自复其道，至于三，斯极之矣。上飞制下，终于小畜，理固然也。思不能行，行脱其辐也。阳不制阴，夫不正室也。"

阅典笔记

夫妻龃龉，再正常不过，不必在意，不过要善于经营家族，家和方能事兴。

六四：有孚，血去惕出[①]，无咎。象曰：有孚，惕出，上合志也[②]。

注释

① 孚：古俘字。血：借为恤，忧患。惕：警惕。② 上：读为尚，尚且。合：统一。志：思想，意志。

译文

六四：捕获了俘虏，战争危险暂时消除了，但仍须保持警惕，才能没有灾难。《象辞》说："有孚，惕出"，说明尚能统一意志。

古注

京房《京氏易传》："六四诸侯在应。一阴居六四，建子入阳宫，推其休咎，处吉凶，刚健立阳爻，阴凝在巽体。易云，舆说輹，夫妻反目。"

阅典笔记

居安思危。

九五：有孚挛如[①]，富以其邻。象曰：有孚挛如，不独富也。

注释

①孚：古俘字。挛：拘系，捆绑。如：形容词词尾。挛如：拘系相联的样子。

译文

九五：捕获俘虏，串连捆缚，这些财物与邻邑分享。《象辞》说："有孚挛如"，（财物与邻邑同享，）并非一人独享。

古注

《子夏易传》："卦唯一阴，邻而奉已，已亦交爱，有孚挛如，资货与同，不独自厚，巽而行志者也。"

阅典笔记

是为一人得志，勿忘亲朋。

上九：既雨既处，尚德载[①]。妇贞厉。月几望[②]，君子征凶。象曰：既雨既处，德积载也[③]。君子征凶，有所疑也。

注释

①处：停止。德：借为得。载：借为栽。②月望：夏历每月十五日。几：接近。③德：得，能够。载：即运载。

译文

上九：久雨新停，还赶得上栽种作物。妇女占得此爻则凶险。夏历某月十四日君子离家出行也有危险。《象辞》说："既雨既处"，未误农时，当能丰登满载。"君子征凶"，因为对充满危险的旅途缺乏了解。

古注

《子夏易传》："小畜，畜其余未始于道，小不能畜，阳得行其志，上不可全无。下无所遂志，故其终焉。既雨，得行其道也，既处安其所也。尚德载阳为所畜也，阴专于阳危之道也。月近望，阴盈盛也。君子征凶，阳疑而不敢进也。以爻语之，则得志以体。言之，则小畜：此言巽，阴之终而不系于爻也。"

阅典笔记

生存的现实是严峻的，活下去是人生的首要问题。

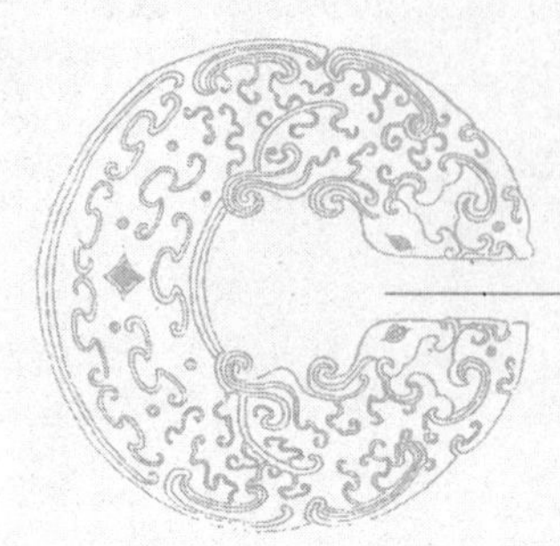

卦十　履

谦虚谨慎，循礼而行

天泽履　兑下乾上

卦辞

履[①]：虎尾，不咥（dié）人[②]，亨。

注释

①履：卦名。本卦是异卦相叠。上卦为乾，乾为天；下卦为兑，兑为泽。上天下泽，尊卑显别，从而以天喻君，以泽喻民，君民有别，这是封建社会礼节的重要体现，也是统治阶级强制人民要履行的社会原则，所以卦名为履。履：即鞋，名词，这里用如动词，意践履。②咥（碟）：噬，俗语说咬。

译文

履卦：踩着虎尾巴，老虎不咬人，吉利。

卦义

履卦兑下乾上，乾为天，兑为泽，天在上，泽在下，为上下之正理。又乾为刚健，兑为和悦，有和悦应合刚健之象。履象征慎行，循礼慎行，即有危也无害，诸事顺利。

古注

《子夏易传》："履，一阴而履于阳，为下之长，众之趋焉。是以危而履虎尾也。"

阅典笔记

实践理想，履行责任，尽量避免无谓的摩擦。

彖

彖曰：履，柔履刚也①。说而应乎乾②，是以履虎尾，不咥人。亨。刚中正，履帝位而不疚③，光明也。

注释

①柔履刚也：此以六三爻像、爻位为据。六三阴爻，为柔，处于九二，初九阳爻之上，所以说柔履刚。②“说而”句：此以上下卦象为据。下卦为兑，兑义谦逊，喻软弱无势之人；上卦为乾，乾义刚键，喻指强暴有势力的人。③疚：此处当指心病，即愧疚；或说疚，灾害。

译文

《彖辞》说：履，意为六三之爻居于九二之上，是为柔履刚。兑处乾下，意义是以和悦的态度对待强暴之人，所以卦辞说踩着虎尾巴，老虎也不咬人，吉利。因为九五之爻居于上卦中位，像其人有刚健中正之德。卦象还显示：上卦为乾，乾为天，九五居乾卦中位，即天位，像君王品德正大，因而身居帝王之位而心安理得，自然前途光明。

古注

《子夏易传》：“语其上下，则下承上也。言其情，则说而奉于乾也。失其所履而全其所承，是以不咥人，亨。情之所归，则三也。故以卦命之。其于履，则刚中正，履帝位而不疚。其义也能制其度，得其光明也。阴者阳之求，而履之阳不竞者，以阴失位而凶阳，抑其情而不乱上之正，而咸得其履也。”

阅典笔记

才能固然重要，品德也不可或缺，否则终无亨利。

象：上天下泽，履。君子以辨上下，定民志。

译文

《象辞》说：上天下泽，尊卑显别，这是履卦的卦象。君子观此卦象，从而分别上下尊卑，使人民循规蹈矩，安分守纪。

阅典笔记

各守本分，即是在各自的阶层做好自己的事，然而都各守本分了，社会又如何进步？对自己社会身份不满足才是社会变化的动力。

爻辞

初九：素履[①]，往[②]，无咎。象曰：素履之往，独行愿也。

注释

①素：白色。履：用于名词，行为。②往：进入（社会）。

译文

初九：以朴素坦白的态度处世，没有灾害。《象辞》说："素履之往"，是说能独行其志愿。

古注

《子夏易传》："履得其所履，吉也。过之则咎。以刚志而守下，不求其阴，进之不以为荣，独履素，行之节是以，无过咎也。"

阅典笔记

心无杂念，纯朴善良，循礼慎行，这样不会有过失。

九二：履道[①]坦坦，幽人贞吉[②]。象曰：幽人贞吉，中不自乱也。

注释

①履道：履行道义。②幽人：这里指隐居不仕者。贞：正。

译文

九二：行道之人，胸怀坦荡；隐居之人，长逢吉兆。《象辞》说："幽人贞吉"，因为他们秉性中正，不被世俗所惑。

古注

京房《京氏易传》："九二大夫合应象。"

阅典笔记

君子坦荡荡，小人长戚戚。

六三：眇(miǎo)能视[①]，跛能履。履虎尾，咥人，凶。武人为于大

君[2]。象曰：眇能视，不足以有明也；跛能履，不足以与行也。咥人之凶，位不当也[3]。武人为于大君，志刚也。

注释

①眇：目盲。能：读为而。②大君：国君。③位不当也：此以六三爻象、爻位为据，六三，阴爻而居阳位（第三爻为阳位）是所处不当。

译文

六三：瞎了眼睛却要看物，跛了脚却要行走，这是勉为其难，犹如踩着虎尾巴，终将为虎所伤，这是凶险之事。武人篡政称君。《象辞》说："眇能视"，其视力不足以辨物。"跛能履"，其脚力不足以行路。"咥人"的凶险，因为六三阴爻而居于阳位，所处不当。"武人为于大君"，他志向刚强啊。

古注

《子夏易传》："卦皆无诸，阴而三，自以为己任。眇目能视，跛足能履，岂足恃哉。僭履非位，咥其宜也。而志拟于刚，欲为武人，大君之行凶之灾也。"

阅典笔记

明知不可而强为之，不量力量势而动，必定遭受众多坎坷凶险。

九四：履虎尾，愬(sù)愬[1]终吉。象曰：愬愬终吉，志行也。

注释

①愬愬：恐惧的样子。

译文

九四：踩着虎尾巴，但能遇险知惧，最后仍吉利。《象辞》说："愬愬终吉"，说明（虽历磨难，但）志愿得行。

古注

《子夏易传》："三以不顺，为众同弃而已，近也。慎于难履者也，心惧不足相与，在乎守卑以承于上，为上所任。果获其志得其终，吉也。"

阅典笔记

道路艰难，上下求索。

九五：夬(guài)履[1]，贞厉。象曰：夬履贞厉，位正当也。

注释

①夬：快的本字。如决等字，大都含有快速的意思。

译文

九五：行为急躁莽撞，卜其行事有危险之象。《象辞》说："夬履贞厉"，（但九五阳爻居上卦中位，）正当其位。（因而虽险不凶。）

古注

京房《京氏易传》："九五得位为世身。"

阅典笔记

戒骄戒躁，沉着冷静方能成事。

上九：视履[①]考祥，其旋[②]元吉。象曰：元吉在上[③]，大有庆也。

注释

①视履：犹言行为审慎。视：察看，审慎。履：行为。②考祥考察周密。其：犹而。旋：犹反复。③元吉在上：此以上九之爻位为据。上九居一卦之首，像人身居高位，登高招远，意得志行。

译文

上九：行为审慎，遇事周密面反复地考虑，大吉。《象辞》说："元吉在上"，（因为上九之爻居全卦之首。）预兆其人将有重大喜庆之事。

古注

《子夏易传》："积善之家，必有余庆。归其本也。不顾其邪，自履其所得履之终也。则可以心视其往之履，而考其善应也。积其行，得其终，归其有庆者矣。旋其元吉哉。"

阅典笔记

一个有教养的人应当行为清正纯洁，胸怀坦荡，光明磊落。

卦十一 泰

阴阳交合，安泰享通

天地泰 乾下坤上

卦辞

泰[①]：小往大来，吉亨。

注释

① 泰：卦名。本卦是异卦相叠（乾下坤上）。本卦上卦为坤，为地，地属阴气；下卦为乾，为天，天为阳气。阴气凝重而下沉，阳气清明而上升，阴阳交感，万物纷纭，所以卦名曰泰。

译文

泰卦。由小而大，由微而盛，吉利，亨通。

卦义

卦乾下坤上，乾为天，坤为地，天气下降，地气上升，天地阴阳交合，万物生养之道畅通。泰者，通也，扬大道之时也。

古注

《子夏易传》：“易者，象也，神之用也。”

阅典笔记

天地道泰，但不可只享安逸，应居安思危。

象

象曰：泰，小往大来，吉亨，则是天地交而万物通也；上下交而其志同也；内阳而外阴①，内健而外顺②。内君子而外小人③，君长道长，小人道消也。

注释

①"内阳'句：泰的内卦为乾，乾为阳；外卦为坤，坤为阴。可见泰卦的卦象是阳气入于宇内，而阴气退出宇外，所以说"内阳外阴'。②"内健"句：泰的内卦为乾，乾义为健；外卦为坤，坤义为顺。像人内秉刚健之德，外抱柔顺之态。③"内君子"句：泰的内卦为乾，乾喻君子；外卦为坤，坤喻小人。

译文

《象辞》说："泰，小往大来，吉亨"，表示天地交感，万物各畅其生。君臣交感，志趣和同。内卦为阳，外卦为阴，预示阳气充实而阴气消散。君子在朝，小人在野。君子得势其道盛长，小人失势其道消退。

古注

京房《京氏易传》："于天地，长于品彙。阳气内进，阴气升降，升降之道，成于泰象。"

阅典笔记

通则畅，畅则和，和则万物兴旺繁盛。

象

象曰：天地交泰。后以财成天地之道①，辅相天地之宜，以左右民②。

注释

① 后：后，君也。财：当借作裁，裁度。② 辅：相，助也。左右：犹言支配。

译文

《象辞》说：天地交感，是泰卦的卦象。君子观此卦象，裁度天地运行的规律，辅助天地的造化，从而支配天下万民。

古注

《子夏易传》："天地合其时以养物也，圣人兴其财以丰人也。结网罟，作耒耜，能辅相天地之宜，成天地之道。因时而通利，而左右其民也。"

阅典笔记

君子顺天而行方能治国，何为天？不过民心罢了。

爻辞

初九：拔茅茹[①]，以其彚[②]。征吉。象曰：拔茅，征吉，志在外也。

注释

① 茹：茅根。② 以：犹及也。彚：种类。

译文

初九：连根拨掉茅草，及其同类。征伐敌人，吉利。《象辞》说："拔茅，征吉"，说明志在讨伐敌国。

古注

《子夏易传》："拔茅而连出也，君子道长，上下交志，以其类，征吉。离内以之外，志求其成也。"

阅典笔记

彻底征服敌国就要以攻心为上。

九二：包荒[①]，用冯(píng)河[②]，不遐遗[③]。朋亡[④]，得尚于中行[⑤]。象曰：包荒[⑥]，得尚于中行，以光大也。

注释

① 包：借为匏。荒：空。包荒：犹言将匏瓜挖空。② 用：以，即用来。冯（凭），与溯声通。③ 不遐：不至于。遗，坠，沉。④ 朋：朋贝。古人以贝为币，十枚贝为一朋。朋亡，犹言钱币丢失。⑤ 尚：帮助。中行：半道、中途。⑥《象辞》释"包"为包含，指人的度量。荒：广大。

译文

九二：用挖空的瓠瓜绑在身上渡河，不至于沉没。钱币丢失了，在半路上得到别人的帮助。《象辞》说："包荒，得尚于中行"，这是由于他光明正大呀。

古注

《子夏易传》："乾降为泰，而得其中，能通天下之情，知天下之用，而不过其当也。朋党何由兴乎，志在其中，不失其治，应之而行，可谓光大已矣。"

阅典笔记

心胸开阔广纳远方贤者，所以通泰，与人相交之道亦是如此。

九三：无平不陂[①]，无往不复。艰贞[②]无咎。勿恤其孚[③]，于食有福。象曰：无往不复，天地际[④]也。

注释

① 平：平地。陂：斜坡。② 艰贞：是贞艰的倒装。③ 恤：担忧。孚：古俘字。④ 际：当读为蔡。

译文

九三：平地终将变成坡地，离去必定复返。卜问艰难之事，爻象显示必能度过难关，不要担心被人虏去，而且在饮食上尚有口福。《象辞》说："无往不复"，这是天地间的法则。

古注

京房《京氏易传》："三公立，九三为世，上六宗庙为应候。"

阅典笔记

像帝王下嫁贵女得贤者，可称大吉。

六四：翩翩[①]不富[②]，以[③]其邻，不戒以孚[④]。象曰：翩翩不富，皆失实也。不戒以孚，中心愿也[⑤]。

注释

① 翩翩：借为谝谝，巧言欺人，说大话。② 富：借为福。不富：犹言遭殃。③以：及，犹言连累。④ 戒：警惕。以：且，将要。孚：同俘。⑤ 中心愿：犹言心地忠厚老实。愿：忠厚，老实。

译文

六四：巧言欺人，将给邻邑带来灾难；不加警戒，即将遇难被虏。《象辞》说："翩翩不富"，是说同受损失。"不戒以孚"，这是因为心地太忠厚了。

古注

《子夏易传》："物各归本也，阴阳之情皆相求也。四所以下者，非顾其阳，自乐其归，不赖阳之治也。与其众同志，翩翩，轻举不富邻而自备不戒，约而自孚，皆乘中心之愿而行也。"

阅典笔记

害人之心不可有，防人之心不可无。

六五：帝乙归妹[1]，以祉[2]元吉。象曰：以祉元吉，中以行愿也[3]。

注释

①帝乙：殷帝名乙，纣之父。归妹：犹言嫁女。归：嫁。妹：少女之通称。②祉：福。以：及。③“中以行愿”句，此以六五爻位为据。六五之爻居上卦中位，是谓得处其位，得行其志。

译文

六五：殷帝乙嫁女于周文王，因而得福，大吉大利。《象辞》说：“以祉元吉”，（因为六五之爻居上卦中位，）像人行事得中正之道，所行必遂。

古注

京房《京氏易传》：“泰之义，在于六五，阴居阳位，能顺于阳。阴阳相纳，二气相感，终于泰道。”

阅典笔记

泰极必反，此时应改革求变，坚持自守。

上六：城复于隍[1]。勿用师[2]，自邑告命。贞吝。象曰：城复于隍，其命乱也。

注释

①复：读为覆，崩塌。隍：没有水的护城濠。②师：军队。

译文

上六：城墙攻破倒塌在护城濠里。不用派出军队，从邑中传来命令。卜问得不祥之兆。《象辞》说：本应乘势攻击，反命停止进攻，这是邑中传来的命令错乱了。

古注

《子夏易传》：“堑隍以为城，取下以为上也。其终则复隍矣。下为上使者，通其志也。终不能通，命乱者也。以之用众，众不从也。以之告邑，命不行也。犹以为正也，终惜已矣。”

阅典笔记

命令错乱，上下号令不统一，所行皆不利啊。

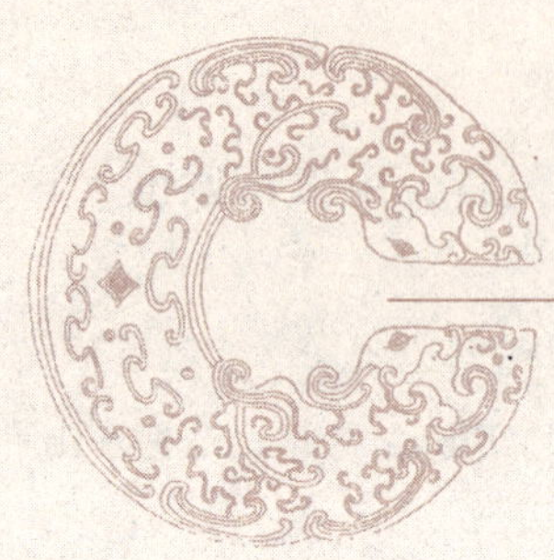

卦十二　否

否极泰来，坚定信念

地天否　坤下乾上

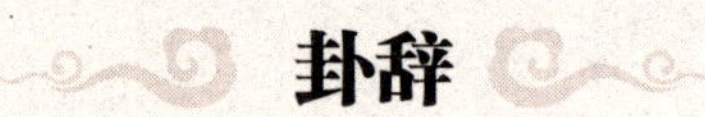

卦辞

否[①]：否之匪人[②]，不利君子贞，大往小来。

注释

①否字当重，原经文无，今补。否：卦名。本卦是异卦相叠（坤下乾上）。本卦结构正与泰卦相反。此种卦象表示，阳气上升，阴气下沉，互不相通，天地闭塞，万物咽阻，所以卦名曰否。否，闭也，塞也。②否：隔阂，蒙蔽。匪人：邪人，小人。

译文

否卦：为小人所隔阂，这是不利于君子的卜占，事业也将由盛转衰。

卦义

否卦天在上，地在下，似乎合情合理，但阳爻在外，阴爻在内，阳者盛而往外，阴者衰而来内。否闭之世，人道不道，天下无利。这是小人得势，君子被排斥的卦象。

古注

《子夏易传》："天地之道，各守其所。"

阅典笔记

泰极否来，人力难以挽回，只有坦然接受，先求自保。

彖

彖曰：否之匪人，不利君子贞，大往小来，则是天地不交而万物不通也。上下不交而天下无邦也。内阴而外阳，内柔而外刚，内小人而外君子①。小人道长，君子道消也。

注释

①“天地不交”等五句，此释否卦之卦象所显示的自然、社会意义，正与泰卦相反，可参见前注。

译文

《彖辞》说：“否之匪人，不利君子贞，大往小来”，上卦为乾为天为君，下卦为坤为地为臣。上乾下坤，表示天地互不交感，万物将闭塞窒息。君臣不交感，国家将要衰微灭亡。外卦为阳为刚，内卦为阴为柔，预示阴气充沛而阳气消散，这是外强中干之象。乾卦喻君子，坤卦喻小人，外乾内坤，这种卦象又显示小人在朝，君子在野。小人得势其道盛长，君子失势其道消退。

古注

京房《京氏易传》：“与坤为飞伏。三公居世，上九宗庙为应。君子以俟时，小人为灾。”

阅典笔记

否、益交替出现，小人得志，君子隐没，正常现象而已，不需太过挂怀。

象

象曰：天地不交，否。君子以俭德辟难①，不可荣②以禄。

注释

①俭：俭约。辟：借为避。②荣：读为营，惑也。

译文

《象辞》说：天地隔阂不能交感，这是否卦的卦象。君子观此卦象，从而在国家政治否塞之时，应思隐居不仕，以崇尚俭约来躲避灾难，不要以利禄为荣。

古注

《子夏易传》:"上下隔塞，其志不通，其道不行也。则动而见疑矣。故晦道薄德，惧时之用，以避其患也。"

阅典笔记

大丈夫能屈能伸，明哲保身，以待明君，再施展抱负。

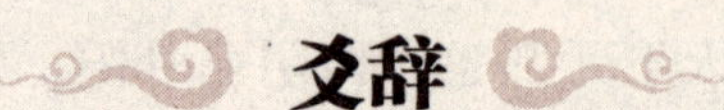

爻辞

初六:拔茅茹，以其彙[①]，贞吉，亨。象曰:拔茅，贞吉，志在君也。

注释

①"拔茅"句：此与泰卦初九爻辞同，参见前注。

译文

初六：连根拔掉茅草，及其同类，占得此爻则吉利，亨通。《象辞》说："拔茅，贞吉"，比喻其志在清理君侧，为国尽忠。

古注

《子夏易传》:"易也者，圣人所以体其时，而利其行也。天地不交，君子不荣以禄。夫吉凶生乎动，动其始，则其终不能禁矣。处否初位，而慎其动，得君乃行。故牵类而守正，终会其吉亨也。"

阅典笔记

斩草务必除根，除根务必除净。

六二：包承[①]。小人吉，大人否亨。象曰：大人否亨，不乱群也。

注释

①包：借为庖，庖厨。承：烝肉也。

译文

初六：厨中有肉，这对老百姓来说是吉利，对贵族来说并不是通泰的表现。《象辞》说："大人否亨"，则能心怀惩戒，使其安守本分。

古注

《子夏易传》:"柔履顺中，承其上，小人得一时之中，故获一时之吉。君子得其大中也，当其否也。不能包承于上，亦不能非小人，必避世异俗，安卑保命而已，故虽否而终通也。"

阅典笔记

窘境中更能使人思考幸福生活的来之不易，今后也会更加小心谨慎。

六三：包羞[①]。象曰：包羞，位不当[②]也。

注释

① 包：借为庖。羞：馐本字，美味。②“位不当”：此以六三爻位为据，六三阴爻而居阳位（第三爻为阳位），是处位不当，像人才德不称其位。

译文

六三：厨中有美味。《象辞》说：“包羞”，因为才德不称其位。

古注

《子夏易传》：“位阳也，而阴处之。包承，柔佞之过也。是以羞辱及矣。”

阅典笔记

知耻而后进。

九四：有命[①]无咎，畴离祉[②]。象曰：有命无咎，志行也。

注释

① 有命：君王有赏赐之命。② 畴：谁。离：遭遇。祉：福。

译文

九四：君王有赏赐之命，没有灾害，谁能得到赏赐呢？《象辞》说：“有命无咎”，说明（君王论功行赏，臣下尽职效力，）各行其志。

古注

《子夏易传》：“上近至尊，下据其民，咎以专也。五之休否，有命任已，卑以奉上，正以率下，其志得行，亦又何咎。谁丽其福乎。乃已之致也。”

阅典笔记

成功也不是一人之功，获利自然大家分享。

九五：休否[①]，大人[②]吉。其亡其亡！系于苞桑[③]。象曰：大人之吉，位正当[④]也。

注释

① 休：犹怵也，恐惧。否：与泰相反，危难。② 大人：指贵族王公。③ 其亡：这是比喻的手法，说明国势阽危，摇摇欲坠。苞：苞草。桑：桑枝。④“位正当”：此以九五爻像、爻位为据。九五阳爻居上卦中位，是处位得当。

译文

九五：警戒覆亡，贵族王公如此存心则吉利。危险呵，危险，国家命运好像系在柔弱的苞草、桑枝上一样。《象辞》说："大人之吉"，（因为九五之爻居上卦中位，像其人忧国忧君，）才德正当其位。

古注

京房《京氏易传》："天地清浊，阴薄阳消，天地盈虚，与时消息。危难之世，势不可久。五位既分，四时行矣。"

阅典笔记

改变闭塞的局面，同时居安思危，才能长治久安。

上九：倾[1]否，先否后喜。象曰：否终则倾，何可长也？

注释

① 倾：借为顷。顷刻之时间。

译文

上九：短暂的恶运，先遇恶运后交好运。《象辞》说：恶运快终了，好运岂迢遥？命运交变之际，什么力量可以制止呢？

古注

京房《京氏易传》："阴长降入于观。"

阅典笔记

时刻保持清醒的头脑，以内在的智慧来对付各种不利的挑战。

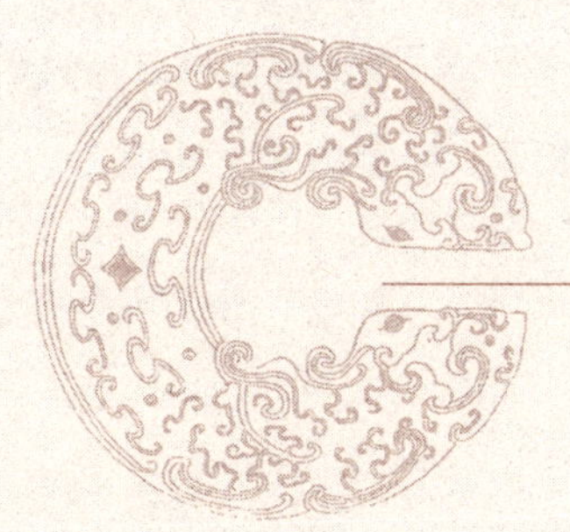

卦十三　同人

光明磊落，群而不党

天火同人　离下乾上

卦辞

同人[1]：同人于野[2]，亨。利涉大川，利君子贞。

注释

①同人：原经文无，今补。同人，卦名。本卦为异卦相叠（离下乾上）。本卦上卦为乾，乾为天，为君；下卦为离，离为火，为臣民。此种卦象表明君处于上，而臣处于下，君王号令大众，大众拥戴其君。上天下火，喻君王居高临下，洞察民情，所行皆得体，臣民齐赞同，故卦名曰同人。②同人于野：犹言聚众于郊外，将行大事。

译文

同人卦：聚众于郊外，将行大事，吉利。有利于涉水渡河，有利于君子的卜问。

卦义

离为火，乾为天，火光上升，即天、火相互亲和，为同人。象征和同于人，天下为公，有和睦，和平之义。促成世界大同，必须广阔无私，光明磊落的境界，如此能顺利亨通，而这也是君子的正道。

古注

《子夏易传》："天下之器大矣，其为务多矣。"

阅典笔记

记述作战打仗的真实经过。从战前的仪式、誓师，到伏击战、攻坚战、突围战，以至最终获胜、祝捷，依次写来。

彖

彖曰：同人，柔得位得中①，而应乎乾②，曰同人。同人曰：同人于野，亨。利涉大川，乾行③也。文明以健④，中正而应⑤，君子正也。唯君子为能通天下之志。

注释

①"柔得位"句：此以六二爻像、爻位为据。六二为阴爻，居阴位（第二爻为阴位），所处又为下卦中位，所以说"得位得中'。② 应乎乾：本卦上卦为乾，六二居下卦，而拥戴、应和于乾卦，喻臣民拥戴其君。③ 乾行：本卦上卦为乾，乾为君，乾行，即君道。④"文明"句：本卦下卦为离，离为文明之像；上卦为乾，乾有刚健之性。⑤ 中正而应：本卦九五阳爻居上卦中位，六二阴爻居下卦中位，是所处得当，与性相符。

译文

《彖辞》说：同人，六二之爻居于下卦中位，而处于乾卦的下位，像臣民忠于职守，拥戴其君，这是同人的卦象。同人卦辞说："同人于野，亨。利涉大川"，因为能施行为君的原则。此卦上乾下离有文明刚健之象，九五阳爻居上卦中位，六二阴爻居下卦中位，互相应和，这说明君子光明正大，秉性中和，以正道为准则，以忠君为目的，体察天下的隐衷，统一人民的意志。

古注

《子夏易传》："治之而不谬者，其唯同人乎。所以同其同而无方也。二一阴也，得中而羣阳归焉。能得物之情，故曰同人。其德乾之德也。下之功，上使之也。为上能同于下者，鲜矣。能同之，则其德大矣，其务成矣。其圣人之功欤。上之不与，虽下求其同不可得也。非文明辨于内，刚健行于外，中正而相应者，不能同也。此君子之正而能通天下之志也。"

阅典笔记

忠君爱国，是古代君子的道德底线。

象

象曰：天与火，同人。君子以类族辨物[①]。

注释

① 类：动词，分析，区别。族：族类，种类。辨：辨别。物：物类，又统指物象人事。

译文

《象辞》说：同人之卦，上卦为乾为天为君王，下卦为离为火为臣民，上乾下离象征君王上情下达，臣民下情上达君臣意志和同，这是同人的卦象。君子观此卦象，取法于火，明烛天地，照亮幽隐，从而去分析物类，辨明情状。

古注

《子夏易传》："天体大也，火体小也。火曰炎，上同于天也。必时曦燥，而后盛乎。俟天之与也。上下之位既列，得其同，则上能与下也。君子象之，而类其族，辨其物。志可同者与之，不遗其细者也。则天下何有焉。"

阅典笔记

君臣齐心，国家方能昌盛，此可谓是人和啊。

爻辞

初九：同人于门[①]，无咎。象曰：出门同人，又谁咎也？

注释

① 同人：聚合大众。门，王门。

译文

初九：聚集大众于王门，将行大事，没有灾祸。《象辞》说："出门同人"，谁又会遭受责备呢？

古注

《子夏易传》："卦一阴。而近者多得也。或尊而保之也。初比于二，不系其常，出门同之，无与争者，得之先也。谁之咎矣。"

阅典笔记

正所谓爱民如子，与民同乐，这对现代社会也同样有意义。

六二：同人于宗[①]，吝。象曰：同人于宗，吝[②]道也。

注释

①宗：宗庙。②吝：狭隘。

译文

六二：聚同族于宗庙，卜祷凶吉，因为面临艰难。《象辞》说："同人于宗"，这是狭隘的宗法原则。

古注

《子夏易传》："不能大同守宗独应。失其于野之义，可惜也已。"

阅典笔记

血亲固然可信，然而要治理国家者不能只任人唯亲，当选贤任能。

九三：伏戎于莽[①]。升其高陵，三岁不兴[②]。象曰：伏戎于莽，敌刚也。三岁不兴，安行也[③]。

注释

①伏：埋伏。戎：武装、军队。莽：草丛，这里泛指草丛密林。②三岁：指多年。兴：起，举，这里指克服，拔取。③安：疑问副词，犹言怎能。行：行动，作为。

译文

九三：将军队隐蔽在深山密林，并且占领了制高点，但长时期不发兵。《象辞》说："伏戎于莽"，因为敌人太强大。"三岁不兴"，是为了安全行动。

古注

《子夏易传》："情系者，德之累也。妄兴者，凶之道也。居下之长，而据尊之应，潜构兵戎，以敌于五。在下之上，曰高陵也。至五而三，象三岁也。五胜而不能兴也。祸自致也。安所行哉。"

阅典笔记

谨慎用兵最能可贵的，也最劝导人们尽量化干戈为玉帛。

九四：乘其墉[①]，弗克攻，吉。象曰：乘其墉，义弗克也。其吉，则困而反则也[②]。

注释

①乘：登。墉，城墙。②则：借为侧，反则，犹言反复无常。

译文

九四：爬上了城墙，敌人没有攻下来，吉利。《象辞》说："乘其墉"，从道义上讲应该停止攻城。这样能获得吉祥，是因为在困惑时能及时醒悟，反过来能按正确的办法行事。

古注

《子夏易传》："与三攻，以求二，乘其墉也。犹隔之矣。二可得乎，其义固不克也。求之不得也。困而反其则矣。乃遇其吉也。"

阅典笔记

攻坚阶段，坚持到最后的就是胜利者。

九五：同人。先号咷[1]而后笑。大师克相遇。象曰：同人之先，以中直也。大师相遇，言相克也。

注释

① 号咷：嚎啕，哭号。

译文

九五：聚集起来的大众先哭号后欢笑，因为大军及时增援，大获胜仗。《象辞》说："同人之先"，中正而刚直。"大师相遇"，是说相克啊。

古注

京房《京氏易传》："八卦复位，六爻迁次，周而复始。上下不停，生生之义，易道祖也。"

阅典笔记

转危为安，大喜。但也要注意之前危险的原因，切莫再犯同样的错误。

上九：同人于郊，无悔[1]。象曰：同人于郊，志未得也。

注释

① 郊：邑外为郊。无悔：贞兆辞。悔：悔咎。

译文

上九：聚众于郊外，致祭于神灵祝贺胜利，自然没有悔咎。《象辞》说："同人于郊"，尚不得行其志。

古注

京房《京氏易传》："归魂立三公为世，上九宗庙为应。"

阅典笔记

独居荒郊野外，超然自乐，没什么可懊悔的。

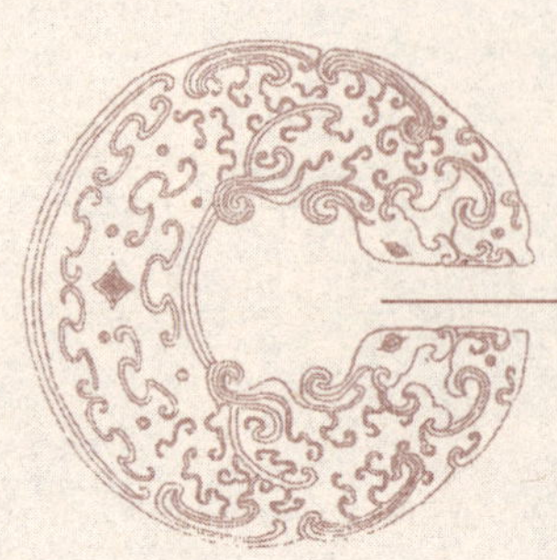

卦十四　大有

昌盛富有，满不可溢

火天大有　乾下离上

卦辞

大有[①]：元亨。

注释

① 大有：卦名。本卦是异卦相叠（乾下离上）。上卦为离，离为火，下卦为乾，乾为天。喻火烛高举，明镜高悬，彰美忠善，洞察奸邪，如此则政治清明，国运昌盛，所以卦名曰大有。有，即丰收。

译文

大有卦：昌隆通泰。

卦义

离为火，乾为天，火高悬天下，即太阳当空照耀，大地五谷丰登，大获所有。故大有象征大获所有，有收获之义。

古注

京房《京氏易传》："卦复本宫曰大有。"

阅典笔记

只有君明、臣忠，顺应民意，按规律办事方能昌盛。

彖

彖曰：大有，柔得尊位，大中①，而上下应之，曰大有②。其德刚健而文明③，应乎天而时行④，是以元亨。

注释

①“柔得尊位”句：此以六五爻象、爻位为据。六五，阴爻，性柔顺，居于上卦中位，乾之中位为尊贵之位，所以说，柔得尊位而大中。②“上下应之”句：此以全卦之象为据。大有六五阴爻居上卦中位，其余五阳爻围绕于它，所以说上下应之。③“其德刚健”句：大有下卦为乾，乾性刚健，上卦为离，离义文明，像人品德刚健光明。④“应乎天”句：大有下卦为乾。乾为天。天之运行遵四时之序，像人所行遵天道而顺时宜。

译文

《彖辞》说：大有，六五之受居上卦中位，处尊贵之位得贞正之道，而且上下五阳爻与之和应，像人臣居极位，行事贞正，群僚和洽，事业有成。所以说“大有”。此种卦象显示：人有刚健文明之德，顺应天道，依时行事，所以说“元亨”。

古注

《子夏易传》：“无有远迩，皆大有之也。其德刚健而行，文明以辨，大位德应于天，以时行，是以大亨也。”

阅典笔记

君子行事，关键在“正”，身正、行正自然顺应天道，天下大治。

象

象曰：火在天上，大有。君子以遏恶扬善①，顺天休命②。

注释

①遏：止也。即制止。扬：表彰，发扬。②休命：佳运。休，美也。

译文

《象辞》说：火在天上，明烛四方，这是大有的卦象。君子观此卦象，取法于火，洞察善恶，抑恶扬善，从而顺应天命，祈获好运。

古注

京房《京氏易传》："阴阳交错，万物通焉。阴退阳伏，返本也。乾象分荡八卦，入大有终也。"

阅典笔记

弃恶扬善固然重要，但是为善的目的有时也不弃恶法。

爻辞

初九：无交害[①]，匪咎。艰则无咎。象曰：大有初九，无交害也。

注释

① 无：用同毋。表示禁止的否定副词。交害：彼此侵害。

译文

初九：不要彼此侵害，即没有灾祸，既使处于艰难之中，也没有灾祸。《象辞》说：大有初九爻辞说，没有彼此侵害。

古注

《子夏易传》："夫欲其丰，害物以求有者，斯害来矣。此害之交也。咎可逃乎。初得于主，始有之矣，守其分而不躁，难其志以自保，则终有大而无咎也。未涉于交害矣。易所以戒。大有，刚健之初，先远害而利，自至矣。"

阅典笔记

互爱有助，互惠共赢。

九二：大车以载，有攸往，无咎。象曰：大车以载，积中不败[①]也。

注释

① 败：失散，丢失。

译文

九二：用大车装物载人，有明确的目的地，没有灾祸。《象辞》说："大车以载"，物积于车中不会散失。

古注

《子夏易传》："刚健之中，力之大者也。上之所任事，委于中，致远，不泥也。"

阅典笔记

目的明确，就会少走弯路。

九三：公用亨于天子[1]，小人弗克。象曰：公用亨于天子，小人害也。

注释

①公：这里指群臣。亨：即亨，当作飨，宴会。

译文

九三：公侯给天子献上祭品，小人则没有能力阻挡。《象辞》说："公用亨于天子"，因为小人参与国政，将是国家的祸害。

古注

《子夏易传》："为下之长，富有其民，公之位也。为五所有，志达乎尊，以奉其主也。小人不可用也。以上之柔德，则不克，通而谋其害之矣。大有，容之也。御小人者，其道异乎，可大有之而不任也。"

阅典笔记

亲贤臣，远小人。

九四：匪(fèi)其彭(wāng)[1]，无咎。象曰：匪其彭，无咎，明辨晰也。

注释

①匪其彭：匪，借为昲（fèi）。昲，日暴也。彭，借为尪（wāng）。古时天旱，往往把巫尪放在烈日下晒，甚至用火烧，叫他求雨。"

译文

九四：用曝晒男巫来求雨，旱情严重，但没有灾祸。《象辞》说：反对坏人坏事没有灾祸，因为明于考察辨析。

古注

《子夏易传》："柔得尊位，而上下咸愿应之以时，近亲难处之地也。能知祸福之端，畏天下之所覩。如非在五旁，兢以自警，不敢怙恃，可无咎矣。非明辨者不能至也。可谓智矣。刚能处柔者也。"

阅典笔记

反对坏人坏事，宣扬好人好事，人心向善。

六五：厥孚交如，威如[①]，吉。象曰：厥孚交如[②]，信以发[③]志也。威如之吉，易而无备[④]也。

注释

①厥：其。孚：同俘。交：同绞，犹言捆绑。威：用如动词，胁迫，惩罚。②交：皎，洁白，坦白。③发：表明，发志，犹言表达志向。④备：借为惫，困惫。

译文

六五：来犯之敌被紧紧捆绑，严厉惩罚，吉利。《象辞》说："厥孚交如"，因为他以诚信来表现自己的志向。"威如"的吉利，因为众人敬畏，则能平安而不困惫。

古注

《子夏易传》："以柔德而居主位，虚中孚诚民亦奉其诚也。志交信矣。何所备乎。故易然，而保其尊。威如，而获其吉也。"

阅典笔记

对敌人有时就要像冬天般寒冷才能起到威慑作用。

上九：自天祐之，吉无不利。象曰：大有上吉，自天祐也。

译文

上九：上天保祐，吉利，无所不顺利。《象辞》说：大有是大吉大利之卦，因为得到上天的保佑。

古注

京房《京氏易传》："三公临世，应上九为宗庙。"

阅典笔记

上天庇佑、祝福的永远是有准备的人。

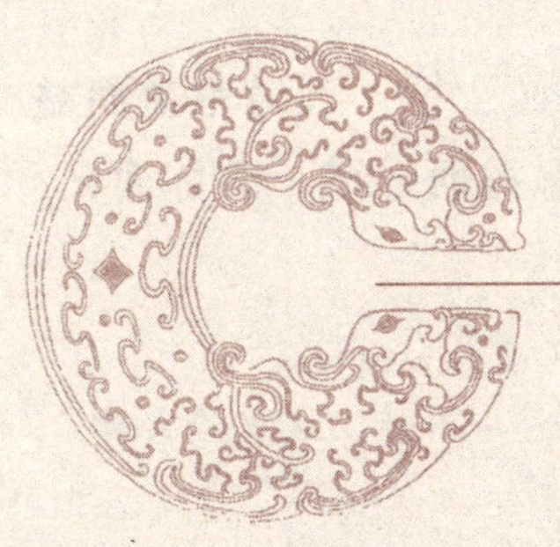

卦十五 谦

屈躬下物，先人后己

地山谦 艮下坤上

卦辞

谦[①]：亨，君子有终。

注释

① 谦：卦名。本卦是异卦相叠（艮下坤上）。本卦内卦为艮，艮为山；外卦为坤，坤为地。谦，让也。

译文

谦卦：通泰。占卜时遇此卦，君子将有所成就。

卦义

谦虚地待物，待事，所以诸事顺利。君子处事当始终保持谦虚的美德。

古注

《子夏易传》："阳，天也，而下其阴，是以谦。"

阅典笔记

谦之德，大足以守其天下，中足以守其国，小足以守其身。

彖

彖曰：谦，亨，天道下济[①]而光明，地道卑而上行。天道亏盈而益谦，地道变盈而流谦，鬼神害盈而福谦，人道恶盈而好谦。谦尊而光，卑而不可逾[②]，君子之终也。

注释

①济：成也。犹言生成。②光：光荣，荣耀。逾：跨越，这里指侵凌。

译文

《彖辞》说：谦卑，之“亨”：天的法则是，阳气下降，生成万物，使世界充满光明。地的法则是，阴气上升，与阳气交感，使自然循环演化。天的原则是亏损那盈满的，培补那虚缺的。地的原则是侵蚀那盈满的，增益那卑微的。鬼神的原则是侵害那盈满的，降福于谦虚的。人的原则是疾恨那盈满的，喜欢那谦逊的。“谦”的品德，使尊贵者得到尊敬，使卑微者不可欺压。这是君子的成就。

古注

《子夏易传》：“无不通。君子所以保终也。天之道，寒暑日月也。盈则亏之，损则益之。地之道，山川丘陵谷也。高则倾之，卑则受之。鬼神依人，谦则福之，盈则祸之。人道恶盈，盈则慢之，以人恶已。谦则下人，故人好也。尊而谦之，益光大矣。卑而谦之，人莫之踰。君子所以保终也。”

阅典笔记

谦逊待人才是君子应有的为人之道。

象

象曰：地中有山，谦。君子以裒(póu)[①]多益寡，称物平施[②]。

注释

①裒：减少。②称：铨也。衡也。平：公平。施：施舍。

译文

《象辞》说：本卦外卦为坤为地，内卦为艮为山，地中有山，内高外卑，居高不傲，这是谦卦的卦象。君子观此卦象，以谦让为怀，裁取多余昀，增益缺乏的，衡量财物的多寡而公平施予。

古注

《子夏易传》:“山下于地，而得地中，谦也。君子谦以下人，得人心也。多者损己，以聚之寡者减己，以益之称物而平施。不失其常乃平也。”

阅典笔记

君子谦逊是一方面，另一方面也要不断充实自己。

爻辞

初六：谦谦君子，用[1]涉大川，吉。象曰：谦谦君子，卑以自牧也[2]。

注释

① 用：犹利。② 卑：谦卑。牧：养牛人。

译文

初六：谦让，再谦让，这才是君子的风度。具有这种品德，即使冒险涉水过河，也是吉利的。《象辞》说："谦谦君子"，就是从谦让入手进行自我修养。

古注

《子夏易传》:“柔以处下，谦之谦也。君子用谦于初，自养其德，虽涉难而吉也。”

阅典笔记

谦而又谦，凭这种谦虚的美德，涉过大河、克服险难是会吉利的。

六二：鸣谦[1]，贞吉。象曰：鸣谦，贞[2]吉，中心得[3]也。

注释

① 鸣谦：明智的谦让。鸣：声假为明。② 贞：卜问。《象辞》释“贞”为中正。③ 中心得：犹言心得中。此以六二爻象、爻位为据。

译文

六二：明智而谦让，卜问得吉兆。《象辞》说："鸣谦，贞吉"，（心正而吉利，因为六二之爻居下卦中位，）像人守中正之道。

古注

《子夏易传》:“阳者众阴之所求也。二承而亲之，既得于心，声以发外，谦而鸣之，辞也。守中而不敢自大，得正之吉也。”

阅典笔记

谦让不是怯懦，恰恰是智慧的表现。

九三：劳谦君子，有终，吉。象曰：劳谦君子，万民服也。

译文

九三：勤劳而谦让，这样的人将有好结果，凡事吉利。《象辞》说："劳谦君子"，万民敬服。

古注

《子夏易传》："居下之上，为众之，则勤于正，众虽劳，而谦厚之至也。谦以保位，万民服也，故得保其终，吉矣。"

阅典笔记

待人谦让，不失勤劳，只做事，不争功，自然得到他人的拥戴。

六四：无不利，㧑(huī)[1]谦。象曰：无不利，㧑谦，不违则也。

注释

① 㧑：声借为挥。挥，奋也。即奋勇。

译文

六四：无所不利，只要奋勇直前而又谦虚谨慎。《象辞》说："无不利，㧑谦"，因为这样才不会违犯法则。

古注

《子夏易传》："谦以在位，不僭不偪，不违其则者也。以之奉五，而待于三，奉事得宜，指撝皆从，无不利也。谦敬之利，道之然也。"

阅典笔记

勇气和谦逊并存。

六五：不富，以其邻[1]，利用侵伐，无不利。象曰：利用侵伐，征不服也。

注释

① 不富：即贫穷。以：因为。邻：邻邑，邻国。

译文

六五：贫穷是由于敌国的侵掠，应该对之讨伐，无所不利。《象辞》说："利用侵伐"，因为是征讨不服从王命的人。

古注

京房《京氏易传》："阴阳升降至六五位，返入游魂变归六四。"

阅典笔记

对外用兵自然要名正言顺。

上六：鸣谦[1]。利用行师，征邑国[2]。象曰："鸣谦"，志未得也，可用行师，征邑国也。

注释

①鸣谦：明智而谦让。详见前注。②行师：犹言出征。邑国：诸侯封国。

译文

上六：明智而谦让，出兵征伐邑国自然获胜。《象辞》说："鸣谦"，尚不能感化邑国得行其志，可以"行师，征邑国"了。

古注

《子夏易传》："上虽应三,二近相与，故中心未得也。徒声鸣而已。然正应无争，辞谦无怨，是以外助也。分众受命，纔堪征邑国而已，非不利者也"

阅典笔记

先礼后兵，外交之道，但首先自己要强大。

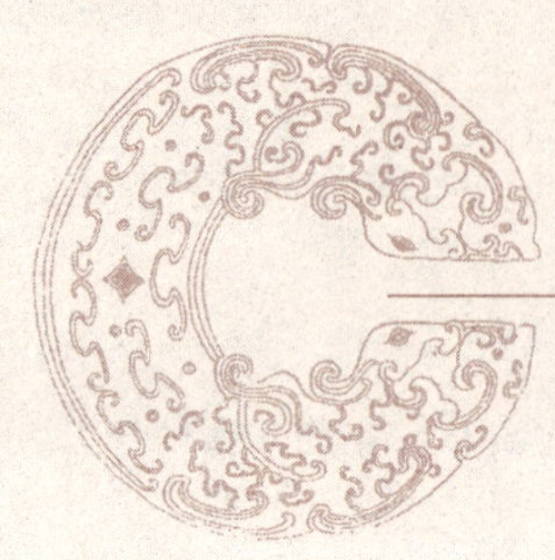

卦十六　豫

喜悦和乐，居安思危

雷地豫　坤下震上

卦辞

豫[1]：利建侯，行师[2]。

注释

①豫：卦名，本义为象之大，引申为娱乐、怠厌。②利建侯，行师：宜于建侯国，用兵作战。侯：侯国。行师：用兵。

译文

豫：宜于封建侯国及用兵作战。

卦义

雷生于地表示春天来临，春意盎然，大地振奋，充满喜悦。此时利于建功立业。亦有告诫之意，避免沉溺安乐，应有节制，适可而止，不可迟疑不决。

古注

《子夏易传》："阴者小人之道也。治之者，非君子欤。"

阅典笔记

做人要知行合一，游移不定、没有主见会影响到行动和结果。

彖

彖曰：豫，刚应而志行。顺以动[①]，豫。豫顺以动，故天地如之，而况建侯行师乎！天地以顺动，故日月不过而四时不忒(tè)[②]。圣人以顺动，则刑罚清儿民服。豫之时义大矣哉！

注释

① 顺以动：豫卦上震“动”，下坤“顺”。② 过：逾越。忒：差错。

译文

《彖传》说：豫卦，阳刚对应阴柔而志向得以推行。顺时运行，所以称作“豫”。豫卦顺时而运行，所以天地就如同他一样，更何况“建侯行师”呢！天地有顺时运行的法则，因而日月运行不过违而四季之序不会变更。圣人遵守顺时运行的法则，刑罚清明而民众悦服。豫卦与时偕行的意义非常大啊。

古注

《子夏易传》：“文之不当理也。其用师而豫乎，刚应而众从之也。豫先而当得其顺动者也。顺以动，故天地如之，日月之迭明也。四时之更，变也。圣人以顺动，而天下服也。非圣人不能得顺动之时义也。”

阅典笔记

行事不违反客观规律，自然无往不利。

象

象曰：雷出地奋[①]，豫。先王以作乐(yuè)[②]崇德，殷荐[③]之上帝，以配祖考[④]。

注释

① 雷出地奋：豫卦，上震为雷，下神为地，因而说“雷出地奋”。② 乐：乐曲。③ 殷：盛大。荐：享祭。④ 配：配享。祖考：指祖宗。考：父亲。

译文

《象传》说：雷声响起大地振奋，这就是豫卦的象征。先王观察这一卦象，创作乐曲，崇尚天德，殷勤隆重地祭祀着上帝，并以故去的祖宗配享。

古注

《子夏易传》：“雷始发震奋而出地，物遂其豫也。震先而得其乐乎，故谓豫之。为乐得于心，而形见于外，兴物而动其情，曰乐。故先王之有天下者，乐也。礼平天下之志，以修诸内也。故合其钟、鼓、竽、瑟、管、磬之声而与众共乐也。礼者，重本崇德而敬其上也，故禘郊宗祖皆崇有德，而配之上帝天神焉。以与众同敬而节诸外也，故作乐崇德，殷荐上帝，合礼乐之化，设内外之教，而天下顺也。"

阅典笔记

祭祀上天以求福佑，既体现了古人对天的敬畏，另一方面也蕴含了人们对无法改变的某种客观规律的信服。

爻辞

初六：鸣豫[①]，凶。象曰：初六鸣豫，志穷凶也。

注释

①鸣豫：喜佚悦乐而闻名。鸣，名。

译文

初六：以喜佚悦乐而闻名，将有凶。《象传》说："初六鸣豫"，穷困的时候丧失气志，就会带来凶险。

古注

《子夏易传》："初有上应，乐有得志也。夫君子之心，静而自居。知得丧之终始，而不迁其正，故其乐不极，其忧不沮，何患之及哉。小人之始得志，夸其大而极其志，极而不及，于祸者无之。"

阅典笔记

乐极生悲，必至凶险。

六二：介于石[①]。不终日，贞吉。象曰：不终日，贞吉，以中正也。

注释

①介：中正坚定，亦有解作纤小、触摸者。于：如。

译文

六二：坚贞如磐石，不待终日，占问得吉。《象传》说："不终日，贞吉"，是因为内里中正啊。

古注

《子夏易传》:"卦一阳也。众阴竞之,以求豫也。二得顺而中正,物至而顺,豫至而乐,不迁其正也,故介如石坚,难以苟变。感之至,后动也。得吉之先也,其先知者不疾而速获其吉也。安用其终日乎。"

阅典笔记

内心刚强正直,上交不谄,下交不渎,无论外界环境如何变化,君子都会不受影响。

六三:盱(xū)[1]豫,悔,迟[2]有悔。象曰:盱豫,有悔,位不当也。

注释

① 盱:张目,指得势喜悦之貌。② 迟:迟疑。

译文

六三:仰视(媚颜)为乐,将有悔;迟疑不决,亦有悔。《象传》说:"盱豫,有悔",是他处在不适当的位置。

古注

《子夏易传》:"四经,始之地也。而三统下,卦之主而不当位,是以迟速皆不中也。盱而遽来,柔涉乎谄也。迟而后至,疑惧旅于众也。是以悔矣。"

阅典笔记

迟而不决,必有悔。

九四:由豫[1],大有得。勿疑,朋盍(hé)簪[2]。象曰:由豫,大有得,志大行也。

注释

① 由:从,用。由豫:即从事娱乐。② 勿:不。朋:朋友。盍:合。簪:古代用来绾头发的针形首饰。此引申为连合,聚会。

译文

九四:用娱乐而丰盛富有,勿须疑虑,朋友聚合如簪。《象传》说:"由豫,大有得",是志向充分推行了。

古注

京房《京氏易传》:"奉九四为正,正建丁丑至壬午。积算起壬午至辛巳,以六爻定吉凶,周而复始。豫以阳适阴,为内顺,成卦之义,在于九四一爻。"

阅典笔记

志同道合的朋友聚在一起，互相可以成为实现抱负的助力。

六五：贞疾，恒不死[1]。象曰：六五，贞疾，乘刚也。恒不死，中未亡也。

注释

①贞：占问。疾：疾病。恒：长久。

译文

六五：占问疾病，（此病）长久不死。《象传》说：六五“贞疾”，是因为它乘驾于阳刚之上。“恒不死”，是因为没有失去中和之道。

古注

《子夏易传》：“四刚动也。众之归柔，无德乘之，正乃疾也。守恒于中，其义不死已，存其尊也。”

阅典笔记

只要保持一颗向往正义的心，无论身处何地，君子都不失气节。

上六：冥（míng）豫，成，有渝[1]，无咎。象曰：冥豫在上，何可长也？

注释

①冥：日暮天晚。渝：变。

译文

上六：日暮仍醉于娱乐，事虽成而有变。（却）无灾害。《象传》说：“冥豫”在上面，如何能够长久呢？

古注

《子夏易传》：“刚得志而豫，五正疾矣。而又上之，处于豫外，不知时之豫，昧于豫之成也。何可长哉。变而知归，得无咎矣。”

阅典笔记

玩物丧志，乐极生悲。

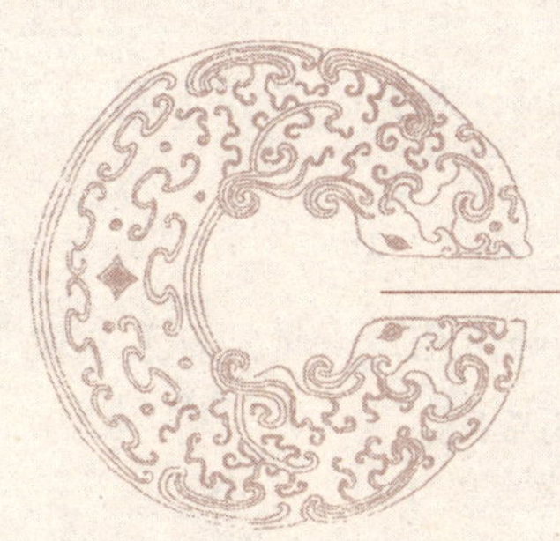

卦十七　随

虚心随和，顺其自然

泽雷随　震下兑上

卦辞

随[1]：元亨利贞，无咎。

注释

① 随：卦名。本卦为异卦相叠（震下兑上）。本卦上卦为兑，兑义为悦；下卦为震，震为动。君王有所举动，而能取悦众心。说明臣民拥戴君王，服从君王意旨，如影之随形，如响之应声，所以卦名曰随。随，顺也。

译文

随卦：大吉大利，卜得吉兆，没有灾害。

卦义

震为动，兑为悦，内动之以德，外悦之以言，天下之人固喜欢。天下的事物都要随时而动，这是随卦的本质含义。

古注

《子夏易传》："刚来而下于柔，得其情，随。而治之大通者也。"

阅典笔记

凡事不可固执己见，应顺其自然，能屈能伸。

彖

彖曰：随，刚来而下柔[1]，动而说，随。大亨贞，无咎，而天下随时。随时之义大矣哉！

注释

①"刚来"句：本卦下卦为震，为阳，为刚；上卦为兑，为阴，为柔。震下兑上，是刚居柔下，以喻尊贵君子降位屈尊，下礼臣民。

译文

《彖辞》说：随卦，下卦为震，震为刚；上卦为兑，兑为柔，这是阳刚居于阴柔之下。君王下礼臣民，臣民拥戴君上，君王有所举动，臣民乐于听从，因而卦名为随。随卦具有盛大、亨美、利物、贞正的品德，因而无过失。天下万事在于随时而行，随时的意义是伟大的。

古注

《子夏易传》："刚中正，动而说，利而正，夫何咎哉。夫随，多失正，正则寡。随，动说而随大，亨不失其正，而无咎者，大人也。而天下随之矣。"

阅典笔记

上位者自身端正，百姓自然跟随，令行禁止。

象

象曰：泽中有雷，随。君子以向晦入宴息[1]。

注释

①向晦：犹言向晚。晦：冥，即暮夜。宴息：犹言安息，休息。宴：安。

译文

《象辞》说：本卦下卦为震，震为雷，上卦为兑，兑为泽；雷入泽中，大地寒凝，万物蛰伏，是随卦的卦象。君子观此卦象，取法于随天时而沉寂的雷声，随时作息，向晚则入室休息。

古注

《子夏易传》："雷下于泽之中也。雷随于泽，泽随于雷。君子得物之情，而随正之。则物来随己正也。何所忧哉。故向暮入宴息，安之时也。"

阅典笔记

君子当应时而动。

爻辞

初九：官有渝[1]，贞吉。出门交有功。象曰：官有渝，从正吉也。出门交有功，不失也。

注释

①官：古馆字，馆舍。《象辞》解释官如官吏。渝：变，变故。《象辞》释“渝”为失败，与经意有异。

译文

初九：馆舍时里发生事故，占卜时遇此爻则吉，出门同行都得好处。《象辞》说：“官有渝”，归从正道则吉利。“出门交有功”，这是不失正道的缘故。

古注

《子夏易传》：“随主于见，可而变也。不随则不吉。随而丧本，亦不吉。初无专应得其理也。刚不失正，得其吉也。与二相得，出门交有功也。非应而合之，不失其随，时之宜，不随则独立无功矣。”

阅典笔记

不失正道自然天佑人助，然而自身空有一身正气还不够，更要有才华。

六二：系小子，失丈夫。象曰：系小子，弗兼与也。

译文

六二：抓住了未成年的奴隶，跑了成年的奴隶。《象辞》说：“系小子”，跑了大的，意思是两者不能兼得。

古注

《子夏易传》：“不顾其应，与时相得，动说相与，得随之宜。五体随而不恋初，遇之而有交。故二无凶，吉之戒也。”

阅典笔记

勿因小失大。

六三：系丈夫，失小子。随[1]有求得。利居贞。象曰：系丈夫，志舍下也[2]。

注释

①随：追随，这里指追求，占有。②舍：舍弃。下：与上对言，价值高低大小之谓。

译文

六三：抓住了成年奴隶，跑了未成年奴隶。希望无失不如现得。占卜时遇此爻，卜问居处则吉利。《象辞》说："系丈夫"，其志在于舍弃价值低的。

古注

《子夏易传》："随不系于常也。三近于四，而遂相附得，随也。四亦不逆求，所得也专，正而居，志合远附，得所利也。"

阅典笔记

舍鱼而取熊掌。

九四：随有获，贞凶。有孚在道[1]，以明[2]，何咎？象曰：随有获，其义凶也。有孚在道，明功也。

注释

①孚：同俘。道：道路。《象辞》释"孚"为忠信，"道"为正道、道义。②以：因为。明：明智。

译文

九四：追名逐利，贪多务获，卜问得凶兆。押送俘虏上路，明于约束，没有灾难。《象辞》说："随有获"，这种人遭遇凶险是应该的。"有孚在道"，这是明察事功的结果。

古注

《子夏易传》："得三而附，有获者，私擅其民，正之凶也。以随之时，协随之义，竭诚奉主，立功明道，皆上之有也。夫何咎哉。"

阅典笔记

贪多必失，要懂得当舍就舍，眼光放长远。

九五：孚于嘉[1]，吉。象曰：孚于嘉，吉，位中正[2]也。

注释

①孚：同俘。《象辞》释"孚"为信守。嘉：小国名。《象辞》释为嘉美，即中正之道。②位中正：此以九五爻象、爻位为据，九五，阳爻，居上卦中位，是谓得位。

译文

九五：俘虏了不少嘉人，吉利。《象辞》说："孚于嘉，吉"，（因为九五之爻居上卦中位，）像人守中正之道。

古注

《子夏易传》："刚德居尊，有应而不系，尽下之宜，大通者也。中正而保位，利而贞也。信向于随之嘉吉，则下皆随之矣。"

阅典笔记

守道是治德，德才兼备才能万事顺利。

上六：拘系之，乃从维①之。王用亨于西山②。象曰：拘系之，上穷也。

注释

① 维：捆绑。② 王：周文王。西山：指岐山。

译文

上六：把俘虏拘禁起来，紧紧捆住。周文王在岐山把他们作人牲祭礼神灵。《象传》说："拘系之"，上面是穷途末路啊。

古注

《子夏易传》："随者，下而随也。下而随之乃治，非大正之义也。治诚而不随，则以力制可也。六无附而保其上，守于险阻可拘之，乃从维之，以力而后至服，而通命于远志，治也。"

阅典笔记

只要忠实地着眼于有价值的事，终究能守得云开雾散。

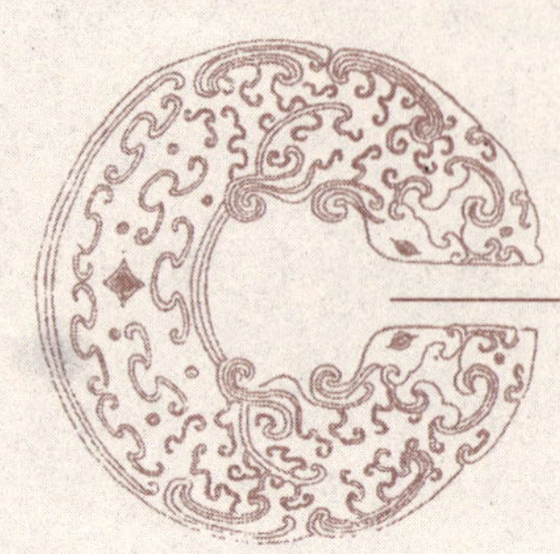

卦十八　蛊

惩弊治乱，谨始慎终

山风蛊　巽下艮上

卦辞

蛊[①]：元亨。利涉大川。先甲三日，后甲三日[②]。

注释

①蛊：卦名。本卦是异卦相叠（巽下艮上）。本卦上卦为艮，艮为山，下卦为巽，巽为风。高山沉静，喻贤人稳居其位；风行山下，喻百姓蒙受教化。于是贤愚得位，风吹草偃，国事可为，功业可就，所以卦名曰蛊。蛊，事也。②先甲三日：甲日前三天，即辛日。后甲三日：甲日后三天，即丁日。我国上古历法：每年十二月（有闰月，置岁末）。每月三旬，每旬十日，以甲、乙、丙、丁、戊、己、庚、辛、壬、癸十字记之。每旬之第一日为甲日，第二日为乙日，第三日为丙日，余以类推。据甲骨刻辞，殷代已用此历法。

译文

蛊卦：大吉大利。利于涉水渡河，但须在甲前三日之辛日与甲后三日之丁日启程。

卦义

事物弊乱之时，革新才元始亨通，但革新时，应先考虑革新前的状况，找出教训，引以为诫，再难断革新后出现的事态，制定措施。

古注

《子夏易传》："蛊，文皿虫也。"

阅典笔记

乱世之时，革新虽有阻力，但只要掌握方法，就能挽狂澜于既倒。

彖

彖曰：蛊，刚上而柔下，巽而止，蛊。蛊，元亨，而天下治也。利涉大川，往有事也。先甲三日，后甲三日，终则有始，天行[①]也。

注释

① 天行：天道。

译文

《彖辞》说：蛊，上卦为艮，艮为刚，下卦为巽，巽为柔，所以说刚上而柔下。下卦为巽，义在谦逊，上卦为艮，义在静止，所以说谦逊而沉静，所以卦名为蛊。蛊卦说"元亨"，这是天下大治之象。"利涉大川"，此行乃有所事事。甲前三日为辛日，甲后三日为丁日，从辛至丁共七日，"七"正是易卦爻数的循环周期，这是以天道运行为依据的。

古注

《子夏易传》："时之蛊，而事系之，不可以无制，作也。刚升而上，柔来而下，刚柔两得其情，大通而柔伏也。巽而上，无违迕也。故可以造治制作，而无难也。古之为治者，以质文相变也。弊而更之，之谓也。以质治者，宽而任人，亲而不尊，其弊也。野而不近，纵而难禁，故因其弊而反之以文。以文治者，检而有度，尊而不亲，其弊也。烦而多贼，近而无实，因其弊而更之以质。质文更代，终则有始。如寒暑之谢也。甲者，制事之首也。夫立制者，必先究前弊之由，察其中，要其终。故先三日，以原之，然后更之，今及其先，乃及其后。后甲三日之正，故能合其时，而当于人心也。殷因于夏，周因于殷，故为之改命，创制天下法也。"

阅典笔记

谦逊自然寡言，寡言而后沉静。

象

象曰：山下有风，蛊。君子以振民育德。

译文

《象辞》说：山下有风，这是蛊卦卦象。君子观此卦象，取法于吹拂万物的风，从而拯救万民，施行德教。

古注

《子夏易传》："山下有风，时蛊而制事也。君子将以振民，先有其德然后制作也。"

阅典笔记

春风拂面，轻而无声，教化以致。

爻辞

初六：干父之蛊。有子，考[1]无咎。厉终吉。象曰：干父之蛊，意承考也。

注释

① 干：借为贯，即继承。蛊：事也。考，孝。《象辞》释考为父，与经意有出入。

译文

初六：继承父业，有一个孝顺的儿子，固然没有灾害，即使遇到危险，最后乃吉利。《象辞》说："干父之蛊"，意思是继承其父遗志。

古注

《子夏易传》："有为者，臣子之职也。受命者，承其意而损益从时，而后蛊，可干也。柔始受命，能终其事。承父之后也，可谓有子矣。考何咎乎。临事而专，故曰厉也。终成其志，得无咎也。有事之道也。"

阅典笔记

子孝家兴，今人当细细读之、学之。

九二：干母之蛊[1]，不可贞。象曰：干母之蛊，得中道也。

注释

①干母之蛊：以男性为中心的社会，妇女没有地位，受到轻蔑歧视，儿子如果继承母亲的意旨则为不吉利。但《象辞》释此爻辞显与经意不合，盖以九二爻位为据。

译文

九二：继承母业，则吉凶不可卜问。《象辞》说："干母之蛊"，（九二处下卦中位，爻象显示）其人得中正之道。

古注

《子夏易传》："干内应柔，承母之事也。不可以自正，非所越也。乃得中道矣。事有顺而后成者，此之谓也。"

阅典笔记

刚而能柔，因势利导，采取刚柔适中的方法，匡正以往的弊乱。

九三：干父之蛊，小有悔，无大咎也。象曰：干父之蛊，终无咎也。

译文

九三：继承父业，即使稍有过错，也不会出大问题。《象辞》说："干父之蛊"，最终不会遭逢灾难。

古注

京房《京氏易传》："九三归魂立三公在世。"

阅典笔记

匡正先辈的弊乱，稍有悔恨，但毕竟阳刚得正，不会有大的灾祸。

六四：裕父之蛊，往见吝①。象曰：裕父之蛊，往未得②也。

注释

①裕：发扬，光大。吝：艰难。②得：得当。

译文

六四：光大父业，施行起来困难重重。《象辞》说："裕父之蛊"，施行之中未尽得当。

古注

《子夏易传》："柔之位，而以柔处之，不能敏于事也。是宽其事而无成也。复命得乎，往见吝矣，终无功也。"

阅典笔记

阴柔懦弱，弊乱不能速治，发展下去必有遗憾，面临艰难。

六五：干父之蛊，用誉①。象曰：干父之蛊，用誉，承以德也。

注释

①用：利。誉：赞誉，这里用如动词，博取赞誉。

译文

六五：继承父业，博得了赞誉。《象辞》说："干父之蛊，用誉"，因为继承了其父的美好品德。

古注

《子夏易传》："柔非能干蛊也。事必有主之者矣，用德而不劳于力，五之谓欤。居得中正，众之所荷，用誉之谓也。"

阅典笔记

事业为次，继承先辈的美好品质才是要点。

上九：不事王侯，高尚其事。象曰：不事王侯，志可则①也。

注释

①则：榜样，楷模，这里用如动词，犹言效法。

译文

上九：不服务于王侯，因为其人看重自身价值。《象辞》说："不事王侯"，这种志趣可以效法。

古注

京房《京氏易传》："应上九见宗庙。"

阅典笔记

上位无位，超然物外，隐士一般高洁自守。亦有激流勇退之意。

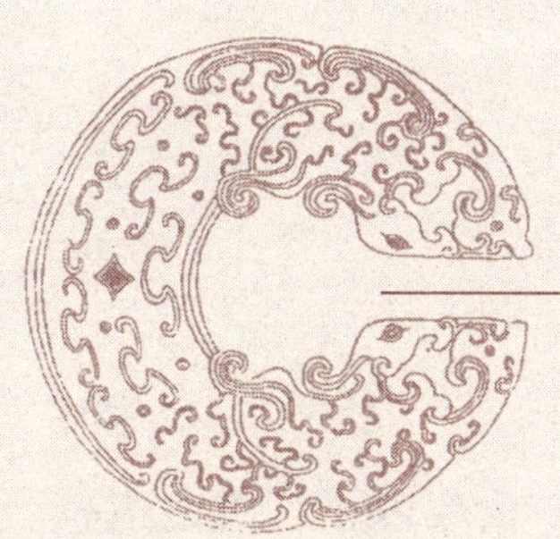

卦十九　临

监临天下，恩威并济

地泽临　兑下坤上

卦辞

临[1]：元，亨，利，贞。至于八月有凶[2]。

注释

①临：卦名。本卦为异卦相叠（兑下坤上）。本卦上卦为坤，坤为地，为堤岸；下卦为兑，兑为泽。堤岸高出大泽，大泽容于大地，比喻君王亲临天下，包容万民，治理邦国，所以卦名曰临。临：居高临下之谓。②至于八月有凶：易卦以至七而复为天地运行的循环周期。阴阳二气各盛于七月，至第八个月则消退让位。天道如此，国运人事亦如此，盛衰有期，兴代不已。在易卦看来，元亨之贞，至于八月则转亨为凶，这是一种普遍的原则。

译文

临卦：大吉大利，吉利的卜问。到了八月，可能有凶险。

卦义

临，监也，视也。含有由上视下，以尊临卑之义。以德临人、临事、临天下，必然亨通顺利，但阴阳消化，监临盛极，就有转向衰落的危险。

古注

《子夏易传》："阴阳迭盛，天道成焉。"

阅典笔记

躬亲、明智和敦厚的品行，说的是人治。

象

象曰：临，刚浸[①]而长，说而顺。刚中而应。大亨以正，天之道也。至于八月有凶，消不久也。

注释

①浸：渐也。犹今言逐步发展。

译文

《象辞》说：临，就是说阳气渐生渐长，渐渐居临于上。下卦为兑，义为悦，上卦为坤，义为顺，喻指秉性和平，态度温顺。九二为阳爻，居下卦的中位，六五为阴爻，居上卦的中位，两同位爻互相和应。这种卦象综合起来表现了临卦弘大、亨美、贞正的品德和含蕴。也体现了天的原则。至于说"至于八月有凶"，因为盛势不可能持久，阳刚不可能常盛。

古注

《子夏易传》："阳长而万物生，君子之道行，小人望之而服也。刚长正以应，说而顺之，大亨，以正也。夫物有长也，必有代也。阳虽维阴，至于阴盛则不复维矣。君子当其时，内惕而不自得焉。观时之消息也。临代坤之二也。极六位而阴及代之矣。数之变也。凶其从乎。月阴之物来，代阳也，故八月凶。"

阅典笔记

对人态度温顺，是古之君子、今之绅士的作为。

象

象曰：泽上有地，临。君子以教思无穷，容保民无疆。

译文

《象辞》说：本卦下卦为兑为泽，上卦为坤为地，堤岸高出大泽，河泽容于大地，这是临卦的卦象。君子观此卦象，君临天下，教化万民，覃思极虑，保容万民，德业无疆。

古注

《子夏易传》:“泽上有地，地取润于泽。刚临于柔，小人取，则于君子思其教，周而无已也。则能保民安众而应其无疆也。”

阅典笔记

海纳百川，有容乃大。壁立千仞，无欲则刚。

爻辞

初九：咸[①]临，贞吉。象曰：咸临，贞吉，志行正也。

注释

① 咸：声假为感。这里指感化政策。

译文

初九：以感化的政策治民。卜问得吉兆。《象辞》说：“咸临，贞吉”，因为居心端正，作风正派。

古注

《子夏易传》:“四为我应，能感柔也。则制之自我矣。岂肆其志哉。感其从正者也。故得吉矣。”

阅典笔记

以德服人，方能长久使人民信服。靠暴力服人，只能服于一时。

九二：咸临[①]，吉，无不利。象曰：咸临，吉，无不利，未顺命也。

注释

① 咸临：与初九爻辞有异。此“咸”当借为诚，即温和，和洽。

译文

九二：用温和的政策治民，吉利，无不吉利。《象辞》说：“咸临，吉，无不利”，因为百姓尚未驯化从命。

古注

京房《京氏易传》:“九二大夫立世。”

阅典笔记

治民当用宽政。

六三：甘[1]临，无攸利。既忧之，无咎。象曰：甘临，位不当[2]也。既忧之，咎不长也。

注释

①甘：当读为钳，钳制压迫。②位不当：此以六三爻象、爻位为据，六三阴爻而居阳位，是处位不当。

译文

六三：用压服的政策治民，没有什么好处。如果有所忧悔，灾祸可以消除。《象辞》说：用压服的政策治民，正如六三阴爻不当居阳位一样，这样的君王不是称职的君主。如果能有所忧悔，其灾祸则可消除。

古注

京房《京氏易传》："成临之义，六三将变阳爻，至次降入泰卦。"

阅典笔记

哪里有压迫，哪里就有反抗。

六四：至临[1]，无咎。象曰：至临，无咎，位当[2]也。

注释

①至临：犹言亲临，亲自理政治事。②位当：此以六四爻象、爻位为据。六四阴爻而居阴位（第四位为阴位），是为当位。

译文

六四：亲自理国治民，没有害处。《象辞》说："至临，无咎"，（正如六四阴爻居阴位一样，）这样的君王是称职的君王。

古注

《子夏易传》："应于初，则刚之。教而守当其位，尽柔之道，临之至也。无忧邪之，咎矣。"

阅典笔记

事必躬亲，鞠躬尽瘁，的确是能臣的做法。

六五：知临，大君之宜[1]，吉。象曰：大君之宜，行中之谓也。

注释

①知：同智，明智。大君：国君。

译文

六五：以明智治民，得君王之体，自然吉利。《象辞》说："大君之宜"，（因为六五之爻居上卦中位，）像人行事得中正之道。

古注

京房《京氏易传》："六五至尊应上位。"

阅典笔记

治民最需德才兼备，委任得当，以智慧监临。

上六：敦①临，吉，无咎。象曰：敦临之吉，志在内也。

注释

① 敦：惠栋说："敦，厚也。"

译文

上六：以敦厚之道治民，吉利，自然无灾祸。《象辞》说："敦临"的吉利，因为敦厚诚实之意存于内心。

古注

《子夏易传》："四五皆应于阳，上为至顺，亦归而从之，远而志于阳，厚于君子之道，顺时知机，吉。又何咎哉。"

阅典笔记

与民无欺，民众自然支持。

卦二十　观

诚信严正，恭敬仰慕

风地观　坤下巽上

卦辞

观[①]：盥[②]而不荐[③]，有孚[④]颙(yóng)若。

注释

①观：卦名。本卦为异卦相叠（坤下巽上）。本卦下卦为坤，坤为地；上卦为巽，巽为风，风行大地，吹拂万物，喻君王巡视邦国，观察民情，施行德教，风化社会，所以卦名曰观。观有观察、观看二义。②盥：当读为灌，祭祀时用酒灌地以迎神。③荐：献，指献牲。④孚：同俘。

译文

观卦：祭祀时灌酒降神而不献人牲，因为用作祭祀的俘虏的头部肿了，不能用作祭品。

卦义

观卦坤下巽上，风行地上，万物广受感化，谓之观。有以示人，而为人所仰，象征观仰，含有展示之意，观仰重形象，但更重心诚。

古注

《子夏易传》:“观上观下也。”

阅典笔记

本卦阐发了观仰美好事物可以感化人心的道理，重视榜样的力量。

彖曰：大观[1]在上，顺而巽，中正以观天下[2]，观。盥而不荐。有孚颙若[3]，下观而化也[4]。观天之神道，而四时不忒[5]。圣人以神道设教，而天下服矣。

注释

① 大观：遍观，普遍观察。② 中正以观天下：此以九五、六二爻象爻位为据。观的九五为阳爻而居上卦中位，六二为阴爻而居下卦中位，是为得位，像君臣各得其位，各司其职，所以说“中正”。九五阳爻之下分列四阴爻，像君临万民，俯察民情，所以说“观天下”。③《彖辞》释“孚”为诚信，释“颙”为恭敬，与经意不符。④ 下：臣民。化：感化。⑤ 忒：差。

译文

《彖辞》说：君王在上，遍观臣民，有柔顺谦逊的品德，喻君王俯察民情，所以卦名为观。“盥而不荐，有孚颙若”，臣民观摹而感化。看到四时运行井然有序，就能观察到上天神秘的原则。圣人根据神道来制定教化万民的理论体系，天下就能驯化服从。

阅典笔记

现代的过国民不会被领导祭天而感化，但是依然会被诚心感化。

象曰：风行地上，观。先王以省方[1]观民设教。

注释

① 方：邦国。

译文

《象辞》说：风行大地吹拂万物，这是观的卦象。先王观此卦象取法于周流八方的风，从而巡视邦国，观察民情，推行教化。

古注

《子夏易传》："先王以省方，观民设教，草木从上之风而偃也。故先王察其方，所观其俗性。不易其素履。则民自行其道也。"

阅典笔记

上位者要时刻体察民情。

爻辞

初六：童观[1]，小人无咎，君子吝。象曰：初六童观，小人道也。

注释

① 童：孩童，这里喻指幼稚无知。

译文

初六：幼稚无知，对一般百姓来讲尚无大碍，但对于担负政治责任的君子来说，将会铸成大错。《象辞》说："初六童观"，这正是小人们的思想特征。

古注

《子夏易传》："柔而无位，远于大观，童蒙而无所观，小人之道也。"

阅典笔记

治国者，必须要高瞻远瞩。

六二：窥(kuī)观[1]，利女贞。象曰：窥观[2]，女贞，亦可丑也。

注释

① 窥：同窥观。② 窥观：《象辞》释为女人暗中观察男人，把经意中属于认识论范畴的观察狭隘化了。

译文

六二：囿于一孔之见，这是有利于女人的贞兆。《象辞》说："窥观，女贞"，亦属丢丑的行为。

古注

《子夏易传》："当大观之时，不能远于所观，而顾觊觎为正，施于女子，守正则可矣。君子之丑也。"

阅典笔记

虽中正，但当观之时，不能尽观其美，这对于有抱负的人来说，是不适宜的。

六三：观我生[①]，进退。象曰：观我生进退，未失道也。

注释

① 我生：犹本姓，这里泛指亲族。

译文

六三：观察亲族的思想动向，从而决定为政的措施。《象辞》说：观察亲族的思想动向，从而决定为政的措施，这才未失去用人行政的正道。

古注

《子夏易传》："大观在乎中正已，处下体之，上风化之，出而及于民，进其道也。柔以奉之，退而谦也。故观我生之，风化进不凌上，退不废职，或从正事，可谓不失其道矣。"

阅典笔记

观于外而修于内，审时度势。

六四：观国之光[①]。利用宾于王[②]。象曰：观国之光，尚宾也[③]。

注释

① 国之光：国家最可宝贵，最可玄耀的东西。② 宾于王：朝觐君王。宾：宾客。这里用如动词，指作客。③ 尚宾：即上宾，犹言王室之宾客，国宾。尚：即上。

译文

六四：观察国家政绩风俗的辉煌表现。占卜时遇此爻，有利于朝觐君王。《象辞》说："观国之光"，此来者为国宾。

古注

京房《京氏易传》："土木分气二十八。阴阳升降，定吉凶成败，取六四。"

阅典笔记

观仰国家的光耀盛治，接受美好的教化，成为君王的座上宾。

九五：观我生，君子无咎。象曰：观我生，观民也。

译文

九五：善于观察亲族之意向，君子可以无过错。《象辞》说："观我生"，就是观察天下万民的意向。

古注

京房《京氏易传》："列象分爻，以定阴阳进退之道，吉凶见矣。地上见巽，积阴凝盛，降入于剥。"

阅典笔记

体察亲朋所欲，是为人的基本之道。

上九：观其生①，君子无咎。象曰：观其生，志未平也。

注释

①其：他。其生：犹言他姓，与我生相对而言，泛指其他氏族，部落。

译文

上九：观察其他部族的意向，君子可以无过错。《象辞》说："观其生"，（是因为尚未全面摸清情况，）心不踏实，决心难下。

古注

《子夏易传》："过居无民之位，乘五之上，忧悔之地，志不得平也。亦在王教而已自观，有君子之风，乃无咎也。"

阅典笔记

了解他人的需要，在小范围内就可以没有过错。

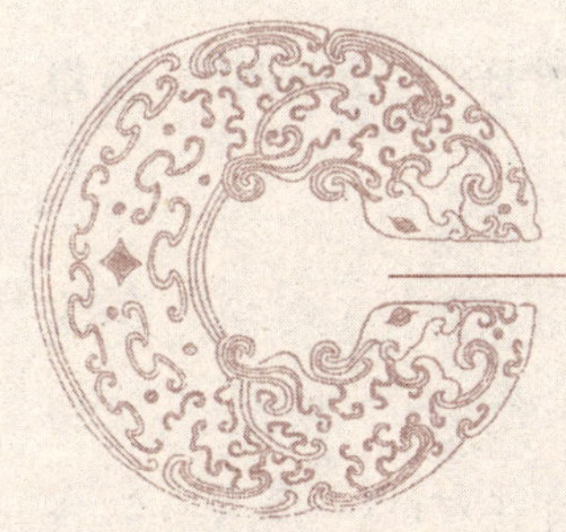

卦二十一　噬嗑

小惩大戒，政通人和

火雷噬嗑　震下离上

卦辞

噬嗑[①]：亨。利用狱[②]。

注释

①噬嗑：是本卦的标题。噬嗑的意思就是吃喝，读音和意义与“吃喝”一样。全卦内容是讲与饮食有关的事。噬嗑是卦中多见词，且与内容有关，所以用作标题。②狱：刑罚。

译文

吃喝卦：亨通。有利于施用刑罚。

卦义

此卦卦形似明空，口中有物，正可啮合。事物在相间相隔之时，利于施行刑罚，除去间隔之物若能咬合嚼碎，则可亨通顺利。

古注

《子夏易传》：“刚物在颐中，曰噬嗑。”

阅典笔记

谁在大享口福之乐、大快朵颐，谁在受刑挨罚，是不言而喻的。

彖

彖曰：颐中有物①，曰噬嗑。噬嗑而亨，刚柔分②，动而明③。雷电合而章④。柔得而上行⑤，虽不当位，利用狱也。

注释

① 颐中有物：口中含有食物。② 刚柔分：火雷噬嗑卦，三个阳爻，三个阴爻，数目均分。③ 动而明：噬嗑卦，下震为动，上离为明。④ 雷电：震为雷，离为电。合：指九四变而有互坤之文。⑤ 柔而中而上行：六二得下卦之中，六五得上挂之中而不当位，变而比应六二。

译文

《彖传》说：颐卦中有一物，就叫噬嗑卦。"噬嗑"而"亨"，阳刚而阴柔均分，震动而且明丽，雷电交加而光彩夺目。阴柔得居中位而向上运行，虽然位置不适当，但是有利于审理狱案。

古注

《子夏易传》："故噬而嗑之，其道乃通，刑以齐之者也。分刚于柔，分柔于刚，象交得其情也。动而明之义皆得于理也。雷震电照，威以明之，隐无不彰，果辨之也。柔上治之主也，虽不若刚德，而运于无所用狱，而正之者也。"

阅典笔记

审案不靠天象，关键在于公心。

象

象曰：雷电噬嗑。先王以明罚敕（chì）①法。

注释

① 敕：整顿。

译文

《象辞》说：本卦下卦为震为雷，上卦为离为电，雷电交合是噬嗑的卦象。先王观此卦象，取法于威风凛凛的雷、照彻幽隐的电，思以严明治政，从而明察其刑罚，修正其法律。

古注

《子夏易传》："雷震电照，震而后明得于情实也，先王明其罪，告其法，然后诛之，而民莫怨其上也。"

阅典笔记

有法必依，执法必严，同时执法者也要及时纠正自己的错误。

爻辞

初九：屦（jù）校灭趾[1]，无咎。象曰：屦校灭趾，不行也。

注释

①屦：作娄，曳、拖之意。校：指桎，刑具。灭：伤破、磨破。

译文

初九：拖着刑具，磨破了脚趾，但没有大的灾难。《象辞》说："屦校灭趾"，（小惩则可大戒，）使之不重犯过错。

古注

《子夏易传》："屦校，以木禁足，如履屦也。罪其初过之小也，惩而戒之，校足没趾而已，其咎不行。小人福不至于大罪，戒为治者不可以不禁其微。"

阅典笔记

为人处事，对待他人有时适度的教训也是有必要的。

六二：噬肤灭鼻[1]，无咎。象曰：噬肤灭鼻，乘刚[2]也。

注释

①噬：啮，咀嚼。灭鼻：遭受剖鼻之刑。②乘刚：此以六二爻象、爻位为据。六二阴爻为柔，凌驾予初九阳爻之上。

译文

六二：大吃鲜鱼嫩肉，遭受割鼻之刑，但没有大难。《象辞》说："噬肤灭鼻"，（因为六二之爻居于阳爻之上，）像人享受非分之福。

古注

京房《京氏易传》："六五居尊，应六二大夫。"

阅典笔记

天上不会掉陷阱，妄享非分之福必会付出相应的代价。

六三：噬腊肉，遇毒，小吝无咎。象曰：遇毒，位不当也。

译文

六三：吃腊肉，中毒，碰上了麻烦，但不十分严重。《象辞》说："遇毒"，（因为六三阴爻居于阳位，）像人不称其位。

古注

《子夏易传》："柔僭刚位以之刑物，如噬腊之难也，则反谋为毒矣。虑毒而未伤，则懷惧而不果刑也，免之矣。噬之不尽，小吝者也。毒不终害，故无咎也。"

阅典笔记

小麻烦要冷静，无需大惊小怪。

九四：噬干胏（zǐ），得金矢[1]。利艰，贞吉。象曰：利艰，贞吉，未光也。

注释

① 胏（子）：带骨头的肉。干胏：即干肉。金矢：金属箭头。

译文

九四：啃吃骨头，发现骨头中有金属箭头。卜问艰难之事，结果是吉利的。《象辞》说："利艰，贞吉"，（但目前仍处于艰难之中，）尚未进入光明之境。

古注

《子夏易传》："上近于尊，多惧之地，阴之位也。以斯用刑，未为得其道也，噬干胏矣。果于刚直，无所回邪，曰金矢也。虽勇于敢位，未当也，岂足光哉，行法而已，艰以承之不失。其正得其吉也。"

阅典笔记

冬天来了，春天还会远吗？

六五：噬干肉，得黄金[1]。贞厉，无咎。象曰：贞厉，无咎，得当也。

注释

① 黄金：义与金矢同，此同义异文。

译文

六五：吃干肉，发现金属箭头。卜问得危险之兆，但最终可以无灾祸。《象辞》说："贞厉，无咎"，（因为六五之爻居上卦中位，）位象得当，（可以化险为夷。）

古注

《子夏易传》："柔以噬物亦为难也，噬干肉矣。位尊民服，可以有制，因于刚之道也。治至于刑，正之危也。得中当理，故无咎也。"

阅典笔记

化险为夷，需要好运和实力。

上九：何校灭耳[1]，凶。象曰：何校灭耳，聪不明也。

注释

①何：借为荷，背负。校：指枷，加于颈脖上的刑具。灭：磨破。

译文

上九：肩上扛着大枷，磨破了耳朵，凶险。《象辞》说："何校灭耳"，因为其人不听劝阻，（触犯了刑律。）

古注

《子夏易传》："噬嗑之终，罪不可掩，至于极刑，故荷负其校以没于耳，凶灭身也。小人为过之初，皆知其然也。不虞咎，大而不可脱也，徒闻其言而不能辨其终也，故耳其没矣。听之罪也。"

阅典笔记

忠言逆耳利于行，不听忠言以致有牢狱之灾。

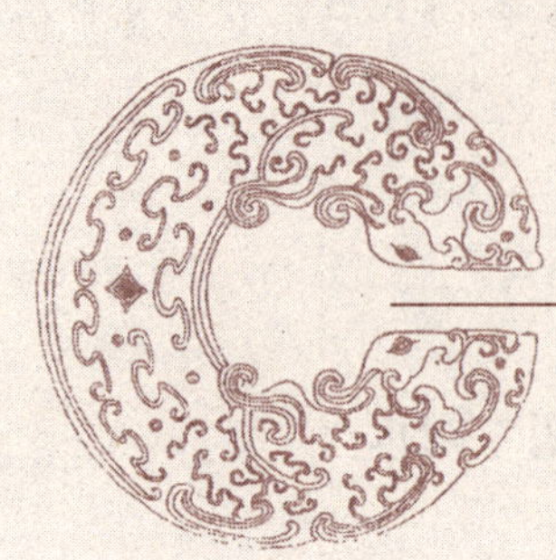

卦二十二　贲

美化文饰，恰如其分

山火贲　离下艮上

卦辞

贲(bì)[①]：亨。小利有攸往。

注释

① 贲：卦名。本卦为异卦相叠（离下艮上）。本卦下卦为离，离为火，上卦为艮，艮为山。山下有火，一片艳红，花木相映，锦绣如文。喻男婚女嫁，国政家制，都有仪礼制度，构成了复杂的社会人文关系，用以维护现存的社会秩序。这正是所谓贤德君子“观乎天文，察乎时变”神道设教的结果。所以卦名曰贲。贲，饰也。

译文

贲卦：通达，有所往则有小利。

卦义

事物加一些必要的文饰，可以亨通，特别是柔小的东西加以文饰，才能显其美。

古注

《子夏易传》：“刚下而柔来，文之。”

阅典笔记

修饰不尚华艳，高尚不流于粗俗。

象

象曰：贲，亨。柔来而文刚，故亨。分刚上而文[1]柔。故小利有攸往刚柔交错[2]，天文也。文明以止，人文也。观乎天文，以察时变。观乎人文，以化成天下。

注释

①文：文饰。②今本无“刚柔交错”四字。郭京本有。王弼、孔颖达所据本亦有。今据增。

译文

《彖辞》说：贲，通达。此卦下卦为离，义为阴柔，上卦为艮，义为阳刚，所以说阴柔文饰阳刚，因此“亨”。柔、刚分布，刚为主而柔为衬，所以说“小利有攸往”。刚柔交错成文，这是天象。社会制度、风俗教化是人们生活的基础，是社会人文现象。观察天象，就可以察觉到时序的变化。观察社会人文现象，就可以用教化改造成就天下的人。

古注

《子夏易传》：“天降气于地而为文也。柔上而分刚，象之地悬，象于天而为文也。天降气于地，周而通也，故亨。地悬象于上，可以观文，而则时中，柔而非实，应未足以济之也，故小利有攸往。皆成文于天也。列尊卑之序，别同异之道，上建治于下，下系治于上，止而得其治也。观其天文，可以敬授人时，察其人文，可以自已而化，成天下治也。”

阅典笔记

这里顺天意引申为顺应民意。细察之，不难发现天就是百姓啊。

象

象曰：山下有火，贲。君子以明庶政[1]，无敢折狱。

注释

①庶政：各项政事。庶：众。

译文

《象辞》说：本卦上卦为艮为山，下卦为离为火，山下有火，火燎群山，这是贲卦的卦象。君子观此卦象，思及猛火燎山，玉石俱焚，草木皆尽，以此为戒，从而明察各项政事，不敢以威猛断狱。

古注

《子夏易传》:"火在山下，其势至微，君子审其几，而明以出政，慎以致刑，惧其炽也。及其末也。君子奈之何哉。"

阅典笔记

乱世采用重典，治世政令平和，繁而不重，宽济天下。

爻辞

初九：贲其趾[①]，舍车而徒。象曰：舍车而徒，义弗乘也。

注释

①贲：文饰。贲其趾：犹言用花鞋套脚。

译文

初九：脚穿花鞋，舍车不乘，徒步而行。《象辞》说："舍车而徒"，(为显示鞋子之美丽，)理应不乘车。

古注

《子夏易传》:"刚而未位，独立其志，不趋其应，不苟乎乘也。故饰其趾，将徒行也。其义岂乘哉。明其时之不可也。"

阅典笔记

不要为求一时之便而埋没了真正美好的事物。

六二：贲其须。象曰：贲其须，与上兴也。

译文

六二：修饰自己的胡须。《象辞》说："贲其须"，(说明老人不服老，)帮助君王振兴国家。

古注

《子夏易传》:"得其三而为文，若须之附颐也。柔而位卑，依刚以为文也。"

阅典笔记

老人不服老，关键是人心不老。

九三：贲如濡如[1]，永贞吉。《象》曰：永贞之吉，终莫之陵也[2]。

注释

①贲：借为奔。濡：湿。②《象辞》释“贞”为诚信贞正。陵：侵凌。

译文

九三：奔跑向前，汗流浃背。卜问长时期的凶吉而得吉兆。《象辞》说：“永贞之吉”，因为决没有人侵凌正人君子。

古注

《子夏易传》:“刚以得位，两柔附之，贲然而有文。濡如而沃，其润虽阻，他应履位，相保可以长守。其正则物不能凌而获其吉。”

阅典笔记

君子不在于无人欺凌，而在于以一身正气抵御欺凌。

六四：贲如皤（pó）如[1]。白马翰[2]如。匪寇婚媾。象曰：六四当位，疑也[3]。匪寇婚媾，终无尤也。

注释

①贲：借为奔。皤（婆）：郑玄本作燔，焚烧，这里指太阳当头晒。②翰：马头高举即飞奔之状。③当位：此以六四爻位爻象为据。六四，阴爻居阴位（第四位为阴位），是为当位。疑：怀疑。之所以称“疑”，因为看到大批人马奔驰而来，心中犯疑，难料吉凶。

译文

六四：奔跑气吁吁，太阳火辣辣。高头白马，向前飞奔。不是来抢劫，而是来娶亲。《象辞》说：六四阴爻居阴位，虽存有疑虑，但所处恰当，“匪寇婚媾”，终无灾祸。

古注

京房《京氏易传》:“世立元士，六四诸侯在应。”

阅典笔记

破除猜忌，能除疑惑才能合作融洽。

六五：贲于丘园，束帛戋戋[1]。吝终吉。象曰：六五之吉，有喜也。

注释

①戋戋：一大堆的样子。

译文

六五：奔向丘园，送上许多布帛，初遇困难，终则顺利。《象辞》说：六五爻辞说的吉利，是指有婚姻之喜。

古注

《子夏易传》："不在于彩贲之佳也。柔以居阳，独保俭德，不因刚以为饰，守中黄以为贲，化之首也。故贲丘园之俭焉，纳富用约，故戋戋其束帛，盈也。过俭不饰，虽可惜也。致理于文，终获其志，故吉有喜也。"

阅典笔记

婚姻是现实，幸福要基于物质。

上九：白贲[1]，无咎。象曰：白贲，无咎，上得志也。

注释

①贲：饰，这里指配色。白贲：犹言白底的布帛饰以各色花纹。

译文

上九：送上白底饰以诸色花纹的布帛，不会坏事。《象辞》说："白贲，无咎"，(因为上九居一卦之首位，)像人高高在上，志得意满。

古注

《子夏易传》："刚居柔上，其尚贤也。知存之而不竞，保始终而得治者，自得其文也。人之所尚也。其在依柔而后饰哉。超然以素物，无洁矣，又何咎乎。上而远世，获乎志也。"

阅典笔记

返璞归真。

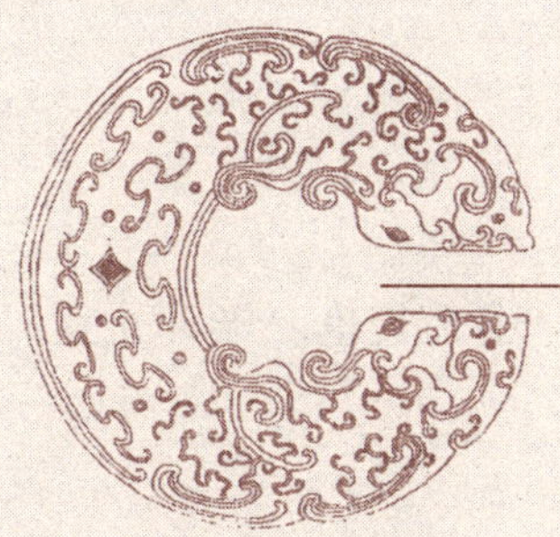

卦二十三　剥

小人当道，谨慎隐忍

山地剥　坤下艮上

卦辞

剥[1]：不利有攸往。

注释

① 剥：卦名。本卦是异卦相叠（坤下艮上）。本卦上卦为艮，艮为山，下卦为坤，坤为地。高山屹立于大地，风雨侵蚀，山石剥落。警诫君王提防小人与政，侵凌君子，剥蚀国家。所以卦名曰剥。剥：落也。

译文

剥卦：有所往则不利。

卦义

剥者，落也，象征剥落，有侵蚀的含义。阴盛阳衰，小人壮而君子病，内顺而外止，有顺从而停止行动的迹象。所以此时应顺从隐忍，不宜采取任何行动。

古注

《子夏易传》："剥，柔乘刚也。"

阅典笔记

小人得道，君子受迫害，虽然有人不同流合污，但也难发挥作用。

彖

彖曰：剥，剥也，柔变刚也①。不利有攸往，小人长也。顺而止之，观象也。君子尚消息盈虚②，天行也。

注释

① 柔变刚：本卦五阴爻在下，一阳爻在上，是阴柔太盛，足以压倒阳刚。② 尚：遵循，尊尚。消：消散，消亡。息：生长。

译文

《彖辞》说：剥，剥落，意思是阴柔太盛，使阳刚剥落。“不利有攸往”，因为爻象表明小人势力正强。下卦为坤，义为顺，上卦为艮，义为止，委曲求全，静止无为，这是观察形势作出的结论。君子应该遵循消长盈虚的规律，因为这是天道。

古注

《子夏易传》：“君子之道仅存也。何所往哉，顺其时止而止之，可以观其象，而适其变也。夫道，无定体也。唯时行之，消而息之，盈而虚之，天之道也。君子之尚也。故当其道往，而不吝焉。应其时而不自得焉。”

阅典笔记

君子有才也要应时而动。

象

象曰：山附于地，剥。上以厚下，安宅①。

注释

① 下：指庶民百姓。厚下：犹言厚结民心。安宅：犹言安居。

译文

《象辞》说：本卦上卦为艮为山，下卦为坤为地，山在地上，风雨剥蚀，这是剥卦的卦象。君子观此卦象，以山石剥落，岩角崩塌为戒，从而厚结民心，使人民安居乐业。

古注

《子夏易传》："山高也，地下也，下剥上则山附于地也。故君不可以制下，则厚顺于下，因而安宅之，不敢迁也。"

阅典笔记

厚结民心，当使民获利。

爻辞

初六：剥[1]床以足，蔑。贞[2]凶。象曰：剥床以足，以灭下也。

注释

① 剥：脱落。② 蔑：无也。蔑，犹言无须卜问。或读蔑为梦，梦之占问。译文不取。

译文

初六：床足脱落。无须占问，这是凶险之象。《象辞》说："剥床以足"，这是自毁根基。

古注

《子夏易传》："床，人之所安也。剥之以足，灭下之道。潜而剥之，犹未见也。无阳自此始矣。凶之道也。"

阅典笔记

根基不牢，上层建筑盖成怎样都是白搭。

六二：剥床以辨[1]，蔑。贞凶。象曰：剥床以辨，未有与[2]也。

注释

① 辨：读为牑，床板也。② 与：助，辅佐。

译文

六二：床板脱落。无须占问，这是凶险之象。《象辞》说："剥床以辨"，这是自毁辅佐。

古注

《子夏易传》："剥以渐长，小人渐得位也。至剥其床，剥道见而可辨也。无正而得位，谁与之哉，凶之道也。"

阅典笔记

自断臂膀，哪有不失败的道理。

六三：剥之[①]，无咎。象曰：剥之，无咎，失上下也。

注释

①之：犹言他，泛指代词。

译文

六三：割取邻国邻邑的土地人民，可以无灾祸。《象辞》说："剥之，无咎"，因为邻国邻邑的统治者已失去了上下臣民的支持。

古注

《子夏易传》："群小剥上，己独应之，无咎者也。犹应离群失众之趋也。"

阅典笔记

不与小人同流合污，没有什么灾祸。

六四：剥床以肤[①]，凶。象曰：剥床以肤，切近灾也。

注释

①肤：高亨说，"肤，席也。"

译文

六四：剥取床上的垫席，这是凶险之象。《象辞》说："剥床以肤"，灾祸就在眼前。

古注

《子夏易传》："剥至上，体过床以及肤，近于灾也。凶，其危也。"

阅典笔记

所以常言道，内忧重于外患。

六五：贯鱼[①]，以宫人宠[②]，无不利。象曰：以宫人宠，终无尤也。

注释

①贯鱼：犹今言鱼贯，依次而进之意。②宠：宠爱。

译文

六五：宫人依次当夕受宠，无所不利。《象辞》说："以宫人宠"，因而终无忧患。

古注

《子夏易传》："剥上于五，为剥之主，能得其中。上承于阳，反止群小，群小由之贯鱼。宠以宫人，不害外正，何不利焉。则终无尤矣。"

阅典笔记

恩惠遍及众人也应避免绝对的平均主义。

上九：硕果不食。君子得舆，小人剥庐[①]。象曰：君子得舆，民所载也。小人剥庐，终不可用也。

注释

① 庐：草房。

译文

上九：劳者不得食，不劳者得食；君子乘坐华丽的车子，小人的草屋不蔽风雨。《象辞》说："君子得舆"，这是老百姓沉重的负担。"小人剥庐"，这种取象表明终究难保平安。

古注

京房《京氏易传》："成剥之义，出于上九。"

阅典笔记

成熟的时机，一定是君子驱车济世、小人剥落万家的时机。

卦二十四　复

剥极而复，正气回复

山地剥　坤下艮上

卦辞

复[①]：亨。出入无疾。朋来[②]无咎。反复其道，七日来复。利有攸往。

注释

①复：卦名：本卦为异卦相叠（震下坤上）。本卦外卦为坤，坤为阴为顺，内卦为震，震为阳为动。内阳外阴，循序运动，往返无穷，所以卦名曰复。复：往来。②朋：朋贝，即钱币。朋来：有钱可赚。

译文

复卦：通泰。出门、居处均无疾病。有钱可赚而可以无灾祸。往返途中，七日可归。有所往则有所利。

卦义

复卦震下坤上，震为雷，性动，坤为地，性顺。复者，归本。复象征回复、复归。此时阳刚开始伸长，利于积极行为。

古注

京房《京氏易传》："阴极则反，阳道行也。"

阅典笔记

剥落之极时，必然转危为安，恢复到能够有所作为的时期。在此时必须根绝过去的错误，谨慎行动。

彖

彖曰：复亨，刚反[①]。动而以顺行，是以出入无疾，朋[②]来无咎。反复其道，七日来复[③]，天行也。利有攸往，刚长[④]也。复，其见天地之心乎！

注释

① 反：同返，犹言阳刚于内。② 朋：《彖辞》释朋为朋友之朋，与经意有别。③ 七日来复：《易》经、传作者都认为“七”是天地循环的周期。阴阳之气七个月则互相换位，易爻至第七爻则复原等，这是天的运行原则。④ 刚长：此以初九爻象为据，本卦上五爻为阴爻，唯初爻为阳爻，《彖辞》认为这是阳刚萌生发展之状。

译文

《彖辞》说：复，通泰。因为内卦为震为阳，外卦为坤为阴，阳刚返复于内，所以卦名曰复。一切举动符合正道，无往而不顺利，所以“出入无疾，朋来无咎”，“反复其道，七日来复”，这是天的原则。“利有攸往”，因为初爻为阳爻，表明阳刚已渐生长。复卦的卦象，体现了天地运行的实质性规律。

阅典笔记

一阳来复，星星之火，可以燎原，这是大势所趋。

象

象曰：雷在地中[①]，复。先王以至日闭关[②]，商旅不行，后不省方[③]。

注释

① 雷在地中：古人认为天寒之时，雷返归地中，沉寂无声，万物蛰伏。② 至日：冬至之日。闭关：关闭城门。③ 后：君王。省：巡视。方：邦国。

译文

《象辞》说：本卦内卦为震为雷，外卦为坤为地，天寒地冻，雷返归地中，往而有复，依时回归，这是复卦的卦象。先王观此卦象，取法于雷，在冬至之日关闭城门，不接纳商旅，君王也不巡视邦国。

古注

《子夏易传》："冬至阳潜，动于地中也。帝王者，体化合干，故至日闭关绝行。不务察事，以象潜之勿用与时之，更始也。"

阅典笔记

冬天停止劳作，在生产力尚不发达的古代这是顺应时令的表现。

爻辞

初九：不远复。无祇悔[1]，元吉。象曰：不远之复，以脩[2]身也。

注释

①不远复：犹言没走多远就回归。祇，大。②脩：借为修。治理。

译文

初九：偏行不远就返回正道，没有大的过失，大吉大利。《象辞》说："不远之复"，比喻能时时反省，严于修身。

古注

京房《京氏易传》："六爻，盛卦之体总称也。月一阳为一卦之主，与震为飞伏。"

阅典笔记

日三省吾身。

六二：休复[1]，吉。象曰：休复之吉，以下仁也。

注释

①休：美。休复：指圆满而归。

译文

六二：圆满而归，吉利。《象辞》说："休复"的吉利，是能够去位让贤。

古注

《子夏易传》："阳生也，仁也。二得位而归复之，阴之道不行，而得其息矣。得仁而行吉之道也。"

阅典笔记

圆满之道在于让贤，今人有多少能明白其中真谛。

六三：频[①]复，厉无咎。象曰：频复之厉，义无咎也。

注释

①频：借为颦，即皱眉头。

译文

六三：愁眉苦脸地回来，是遇到了危险，知难而退可以无灾祸。《象辞》说："频复之厉"，理应没有灾祸。

古注

《子夏易传》："极于下体远之复也，危而忧之，频而复之，苟知复也。虽危何咎。"

阅典笔记

既已脱身何须伤心。

六四：中行独复[①]。象曰：中行独复，以从道也。

注释

①中行：中途。半路。独：独自。

译文

六四：中途独自返回。《象辞》说："中行独复"，这是返回到道义上来。

古注

京房《京氏易传》："六四诸侯见应。"

阅典笔记

行事始终不脱离道义。

六五：敦[①]复，无悔。象曰：敦复，无悔，中以自考也。

注释

①敦：考察。

译文

六五：经过考察，决定返回，可以无悔。《象辞》说：经过考察，决定返回，可以无悔，意思是从内心用正道检察自己。

古注

《子夏易传》:“远阳过，应悔之道也。安而守中，志能自考也。自考也者，穷其理而尽其性也。故远以复之，厚于德也。故无咎矣。”

阅典笔记

深思熟虑，时刻检讨自己的言行，无论做什么都无须后悔了。

上六:迷复。凶，有灾眚(shěng)①。用行师，终有大败。以②其国君，凶。至于十年，不克征。象曰:迷复之凶，反君道也。

注释

①眚(省):灾祸。②以:及。用如动词，犹今言连累。

译文

上六:迷途难返，凶险，有灾祸。占卜时遇此爻，出兵打仗，终有大败，连累国君遭遇凶险，元气大伤，十年后还不能再举征伐。《象辞》说:“迷复”的凶福，这是由于君王违反君道。

古注

《子夏易传》:“复阳于下，其道未着，阴求复之者，或利之而复，或自考而复，皆心自复非阳力之能制也。至于上远之极也，不能自复，不知阳之仁也，故据众之上，迷其复凶之灾也。虽用众必大败也，以其不往时而反于尚君之道也。至于穷数而不能征也。”

阅典笔记

失道寡助。

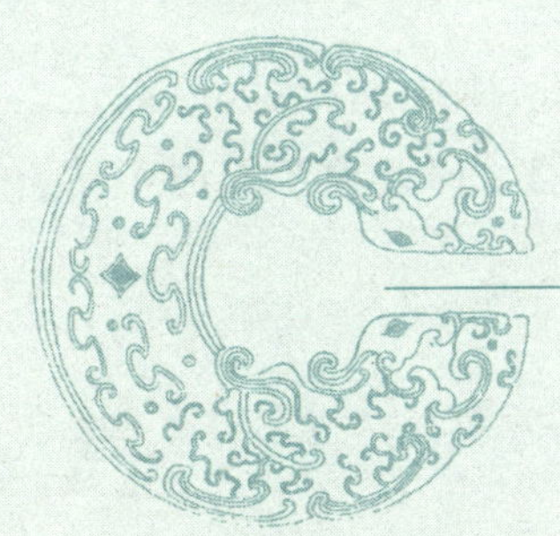

卦二十五　无妄

合乎正道，心安理得

天雷无妄　震下乾上

卦辞

无妄[1]：元，亨，利，贞。其匪正有眚，不利有攸往。

注释

① 无妄：卦名。本卦为异卦相叠（震下乾上）。上卦为乾，乾为天为刚为健，下卦为震，震为雷为刚为动。动健相辅，阳刚充沛，天空鸣雷，震动万物，人心振奋，大有作为。但须遵循正道，不可妄行。所以卦名曰无妄。无妄，不可妄行非正之意。

译文

无妄卦：嘉美通泰，卜问得吉兆。行为不正当，则有灾殃，有所往则不利。

卦义

做事动机不纯正，不合乎正道，就会发生祸患 ，不利于向前发展。

古注

《子夏易传》："天德在上，求贤以治时，在乎前也。"

阅典笔记

不要有非分之想，不要胡作非为。

彖

彖曰：无妄。刚自外来，而为主于内[1]。动而健，刚中而应，大亨以正，天之命也。其匪正，有眚，不利有攸往，无妄之往，何之矣？天命不祐，行矣哉？

注释

①无妄之卦，外卦为乾，乾为纯阳纯刚；震之为阳，以初九阳爻为定。此为主爻，所以说为“主于内”。

译文

《彖辞》说：无妄，外卦为乾为阳，阳刚之象自外而来，渐侵入内；内卦为震，初爻为阳，以初爻为主而定震卦的性质。下卦为震，义为动，上卦为乾，义为健，所以说无妄之卦具有“动而健”的品德。九五阳爻居上卦中位，有刚中之象，六二阴爻居下卦中位，处和应之地。元大、亨通、贞正，正是天命所在。“其匪正，有眚，不利有攸往”，就是说妄行非正无路可通。上天不加保佑，还能行得通吗？

古注

《子夏易传》：“刚自外来而践其初，而为治主于内，其体动而健上，刚中而下柔，应之上下一德理，无违者非大亨，以正乎此天之命。上使之行，下得陈其力也。其匪正而往，非上之至违于天，背于时也。行矣哉，不可行者也。”

阅典笔记

行正道，自然天佑；行邪道，天怒人怨。

象

象曰：天下雷行，物与[1]无妄。先王以茂对时[2]，育万物。

注释

①与：读为舒，伸展。②茂：努力。对：应。对时：顺应时令。

译文

《象辞》说：本卦上卦为乾为天，下卦为震为雷，天宇之下，春雷滚动，万物萌发，孳生繁衍，这是无妄的卦象。先王观此卦象，从而奋勉努力，顺应时令，保育万物。

古注

《子夏易传》："天下雷行，雷动而震物，得其生，自正其命相与不妄矣。故先王求有德，以茂其治，对时而养万物。"

阅典笔记

奋勉不违时令，则无往而不利。

爻辞

初九：无妄，往吉。象曰：无妄之往，得志也。

译文

初九：不要妄行非正，吉利。《象辞》说："无妄"地前往，因为所有行动受到意志的控制。

古注

京房《京氏易传》："初九元士立应上。"

阅典笔记

有目标、有计划是成功的保障。

六二：不耕获，不菑畬[①]。则利有攸往。象曰：不耕获，未富也。

注释

① 菑、畬：《尔雅·释诂》："田，一岁曰菑，二岁曰新田，三岁曰畬。"菑：犹言新开荒地。畬：熟地。

译文

六二：不耕种就想收获，不开荒地就想种熟地。如此则利于远行。《象辞》说："不耕获"，这种空妄的念头不能带来财富。

古注

《子夏易传》："刚正而在乎前，柔守位而上，应也。其可妄乎。不合初以首事，不与邻以谋富，故不耕菑获畬而已矣。承令而行，则利其往也。"

阅典笔记

天下没有免费的午餐。

六三：无妄之灾[1]，或系之牛，行人之得，邑人之灾。象曰：行人得牛，邑人灾也。

注释

①无妄：犹今言没有想到。无妄之灾：意外之灾。

译文

六三：意外的灾难。比喻说有人将牛系在不该系的地方，行人顺手牵牛获意外之得，邑人失牛受到意外之灾。《象辞》说："行人"意外得牛，"邑人"意外蒙灾。

古注

《子夏易传》："牛者，阴之类也。非所履而履之，系之者也。四近而得之，非其本合，行人之得也，本应于上。邑人之谓也。上道穷而争合，故受之灾，以其行人得牛，而致其忿也。"

阅典笔记

时刻检讨自已的言行是否给他人造成麻烦。

九四：可贞[1]，无咎。象曰：可贞，无咎，固有之地。

注释

①可：可心，称心。可贞：称心的贞卜。《象辞》释"贞"为贞正。

译文

九四：称心的占问，没有灾难。《象辞》说："可贞，无咎"，理应如此。

古注

京房《京氏易传》："九四诸侯在世。"

阅典笔记

好人有好报，但也要有坚强的内心和与之相适应的才能。

九五：无妄之疾，勿药有喜。象曰：无妄之药，不可试也。

译文

九五：患意外之病，不要忙乱服药，自可痊愈。《象辞》说："无妄"的药物，不可随便服用。

古注

京房《京氏易传》:"九五适变入文柔，阴荡阳，爻归复位。刚柔履，次明在外，进退吉凶，见中虚。次降入火雷噬嗑卦。"

阅典笔记

得病吃药，但是乱投医的灾祸远大于疾病本身。

上九：无妄行有眚，无攸利。象曰：无妄之行，穷之灾也。

译文

上九：不要胡作妄行！将有灾殃，没有好处。《象辞》说："无妄"的行为，是绝望无聊的表现。

古注

《子夏易传》:"乘于刚，上于尊而又争。应穷高极危，妄之甚也。复何往哉，无所利也。"

阅典笔记

无妄之极，有无妄转有妄之势，所以不可向前逞强。

卦二十六　大畜

既富且强，当止则止

山天大畜　乾下艮上

卦辞

大畜[①]：利贞。不家食[②]吉。利涉大川。

注释

① 大畜：卦名。本卦是异卦相叠（乾下艮上）。内卦为乾，乾为天，外卦为艮，艮为山。太阳光照耀山中，像国家养贤，光耀朝廷，贤人养德，滋润本身。所以卦名曰大畜。畜：积，聚。② 不家食：犹言不食于家。

译文

大畜卦：吉利的贞兆。不食于家，食于朝廷，吉利。占卜时遇此爻，有利于涉水渡河。

卦义

不是坚持正道的人，就难以礼贤下士。这一卦，六五柔中居尊位，利于持正。乾为天，艮为山，天包含在山中，为大畜。畜有畜聚，畜止、畜养等义。不生食家中，外出谋利定会顺利，宜于克服艰难。

古注

《子夏易传》："刚健而上求于艮，非辉其光而日新其德乎。"

阅典笔记

男耕女织，是古时自然经济条件下农民理想的生活方式。种田放牧自然是男人的事，正如骑马打枪、当兵打仗是男人的事一样，其中甘苦，唯有男人最有体会。

彖

彖曰：大畜，刚健笃实[①]辉光，日新其德，刚上而尚贤，能止健，大正也。不家食，吉，养贤也。利涉大川，应乎天也。

注释

①刚健：下卦为乾，乾性刚健。笃实：上卦为艮为山，山性厚实。笃：厚。

译文

《彖辞》说：大畜，内卦为乾为天，性刚健；外卦为艮为山，性厚实。天光山气相映生辉，光景常新。它的含蕴是刚阳舒展，贤人得位，行为刚健，适而可止，正所谓品德伟大，行为贞正。“不家食，吉”，是说国家以厚禄养贤。“利涉大川”，是说能够遵循自然规律涉渡大河。

古注

《子夏易传》：“刚上而尚贤，尊柔以奉之，重其德，承其道也。能止健以为大正也。贤不肖，非其畜也。禄之以公食，勤之以民治，成上之功，畜而尽其能也。应乎天也。于何而不济乎，是以利涉大川也。”

阅典笔记

人才是国家宝贵的战略资源，即便不尊之以高爵，至少要养之以高禄。

象

象曰：天在山中，大畜。君子以多识前言往行，以畜其德。

译文

《象辞》说：内卦为乾为天，外卦为艮为山，太阳照耀于山中，万物摄取阳光雨露，各遂其生，这是大畜的卦象。君子观此卦象，从而广泛地了解古人的嘉言善行，来培养自己的德行。

古注

《子夏易传》："天在山中，小能畜大也。君子之畜大也。前言往行，多学而究之，论辨而拟之，以畜为德也。"

阅典笔记

像海绵一样吸纳别人的优点，提高自己的修为。

爻辞

初九：有厉，利已[①]。象曰：有厉，利已，不犯灾也。

注释

①厉：危难，危险。已：当读为祀。《象辞》解"已"为止，与经意不合。

译文

初九：将有危险，祭祀鬼神则能化凶为吉。《象辞》说："有厉，利已"，因为这样就不会犯灾触难。

古注

《子夏易传》："上畜之初，何可自任，故居而待命则利往而违上，则厉也。"

阅典笔记

悬崖勒马以避灾祸。

九二：舆说輹[①]。象曰：舆说輹，中无尤也。

注释

①舆：车。说：读为脱。輹：借为辐，车轮上连接车辆和车毂的直条。

译文

九二：车辐脱落，车轮坏了。《象辞》说："舆说輹"，（九二之爻居下卦中位，）这种爻象表明毕竟没有忧患。

古注

京房《京氏易传》："九二大夫应世，应六五，为至尊，阴阳相应，以柔居尊，为畜之主。分气候二十八。"

阅典笔记

千里之堤，溃于蚁穴。

九三：良马逐[1]，利艰贞。日闲舆卫[2]。利有攸往。象曰：利有攸往，上合志也[3]。

注释

①逐：交配。②日：引申为长。闲：通娴，熟习，熟练。舆卫：车战中的防卫作战。③上：读为尚。志：心意。

译文

九三：良马交配。占问艰难之事吉利。每天练习防卫车战。有所往则有利。《象辞》说："利有攸往"，尚可符合心意。

古注

《子夏易传》："奉上之劳而不敢自获，其志至终得治，则因其道焉。故开国承家，其道自利，驰良马也。自任不可以纵缓，则失矣。艰而守正，乃利闲。习乘舆备其左右，则利有攸往矣。上大畜之终，则盛大矣，无不通也。习舆备卫所以合上之志，而皆通也。"

阅典笔记

"九三"刚正强健至盛，可施展才能。但不可自恃其刚，坚持正道，才会有利。

六四：童牛之牿[1]，元吉。象曰：六四元吉，有喜也。

注释

①童牛：公牛。牿：作告。牛触人，角著横木，所以告人也。

译文

六四：将木棒横缚在好斗公牛的犄角上。占卜时遇此爻，大吉大利。《象辞》说：六四爻辞讲的"元吉"，是指将有喜庆之事。

古注

《子夏易传》："牛，阴类也，而又童焉，居牢而安能止其健，不劳其备而得其用，则何往而不济焉。故大吉有喜也。"

阅典笔记

防患于未然，大吉。

六五：豶(fén)豕之牙[1]，吉。象曰：六五之吉，有庆也。

注释

① 豮：义为奔。豮豕，豕贲：阉割过的猪。

译文

六五：将好奔突的大猪圈起来，吉利。《象辞》说：六五爻辞讲的“吉”，是指有吉庆之事。

古注

《子夏易传》:“四止于初，童牛而喜，不劳而得下之效也。至于五，下则刚长，事斯大矣，故有备而劳及获其用也。其吉于豮豕之牙焉，豮豕，豭之无阳者，牙劣而不用可也。以大中而获干也。事之大济，故有庆也。”

阅典笔记

将公猪阉割后，其性情温驯，有利牙也不会伤人，吉祥。

上九：何天之衢(xiū)①，亨。象曰：何天之衢，道大行也。

注释

① 何：当读为荷，承受。衢：声假为休，训福禄。

译文

上九：得到上天的福佑，大吉大利。《象辞》说：“何天之衢”，行事畅通无阻。

古注

京房《京氏易传》:“六三应上九，上有阳九反应六三，成于损道。”

阅典笔记

天道酬勤。

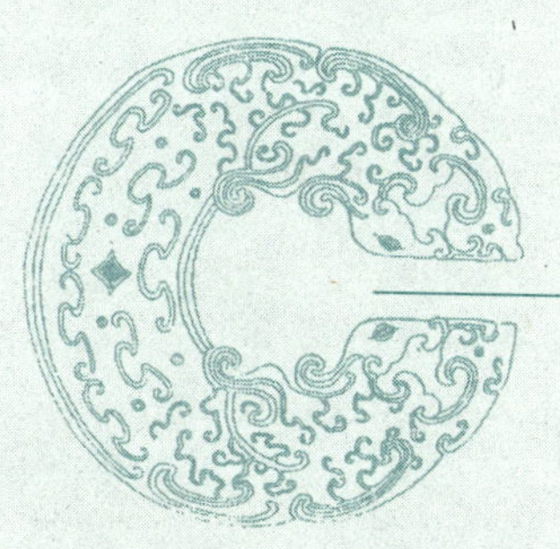

卦二十七　颐

颐养天下，取之于民

山雷颐　震下艮上

卦辞

颐[1]：贞吉。观颐，自求口实[2]。

注释

①颐：卦名。本卦为异卦相叠（震下艮上）。上卦为艮，艮为山，下卦为震，震为雷，雷出山中，正是春暖之际，天地养育万物之时。在《易卦》看来正喻圣人依时养贤育民，贤人修德养身，所以卦名曰颐。颐：养也。②口实：口粮，自求口实，犹言自谋口粮。

译文

颐卦：占卜得吉兆。研究颐养之道，在于自食其力。

卦义

颐养之道，守正则吉。观察事物的颐养之道，真正的道理指的是自力更生。

古注

《子夏易传》："颐，口颊也。"

阅典笔记

人间正道是自己动手，丰衣足食；不劳而获是遭天谴的行为。

彖

彖曰：颐贞吉，养正则吉也。观颐，观其所养也。自求口实，观其自养也。天地养万物。圣人养贤以及万民。颐之时大矣哉。

译文

《彖辞》说：颐卦卦辞讲，“贞吉”，意思是依循正道颐养则吉利。“观颐”，就是观察所颐养的对象。“自求口实”，就是观察他怎样养活自己。天地养育万物，圣人颐养贤人，养育万民。颐养物我不失其时，这是多么伟大。

古注

《子夏易传》：“下动而上止，其为颐乎。身之而养也。颐为养乎。民由上养，正乃吉也。止而待之，养之道也。动而求之，见利迁也。故下动皆凶，上止皆吉。观颐自养，正为吉乎。万物待天地之养也，百姓待圣人之养也。圣人待贤人之治也。故在于养贤，则圣人昭昭焉。分贤不肖，白黑也。中人效而为之，其意无别也。不知贤，孰果谓天下之贤也。故曰大哉。”

阅典笔记

巧取豪夺不仅不是生存的长久之计，而且有悖于天理良心。

象

象曰：山下有雷[1]，颐。君子以慎言语，节饮食。

注释

① 山下有雷：古人认为天暖之时，雷生于地，震动万物，萌发生长。

译文

《象辞》说：本卦上卦为艮为山，下卦为震为雷，雷出山中，万物萌发，这是颐卦的卦象。君子观此卦象，思生养之不易，从而谨慎言语，避免灾祸，节制饮食，修身养性。

古注

《子夏易传》：“山中雷震，养万物，是谓颐之象也。言语者，祸福之几也。饮食者，康疾之由也。动止得其道，身乃安颐，莫过是也。”

阅典笔记

世道本就艰难，当节制欲望，谨慎言行，方能生存下去。

爻辞

初九：舍尔灵龟，观我朵颐[①]，凶。象曰：观我朵颐，亦不足贵也。

注释

① 舍：放置。灵龟，代指财宝，财富。朵颐：颐颔丰满，像花朵一样。这是丰衣足食的象征。

译文

初九：自己储藏着大量的财宝，还要羡嫉人家的财物，必遭凶险之事。《象辞》说："观我朵颐"，这不是高尚的行为。

古注

京房《京氏易传》："元士之初九见应。"

阅典笔记

吃盆望锅，贪得无厌，必遭其害。

六二：颠颐，拂经于丘[①]。颐征[②]，凶。象曰：六二征凶，行失类也。

注释

① 颠：借为填，塞。填颐：纳食物于腮中。拂：借为刜，声通。刜，击也。经：径也，指小路。拂经：这里指垦荒开田。② 颐：颐养。征：征伐，攻击。颐征：犹言为了生计而去抢劫别人。

译文

六二：为了糊口，就得在山坡上开荒种地。为了生计而去抢劫别人，这是凶险之事。《象辞》说：六二爻辞说"征凶"，因为这种行径违反道义。

古注

《子夏易传》："倒养于下，近而非应，违其常理也。丘颐，地之高，刚上者也。震体动则颐，下体皆上也。动而上求之谓也养，于初矣，而又上征无其应也。是失其类无恒拂常于颐之上，凶之道也。"

阅典笔记

不能自养，而颠倒向下求养；违背常理，向上无应，前往也有凶险。

六三：拂颐[①]，贞凶，十年勿用，无攸利。象曰：十年勿用，道大悖也。

注释

①拂：违背。颐：这里指颐养之道。

译文

六三：违背养生正道，靠歪门邪道过活，占问得凶兆，十年都得倒霉，永无好处。《象辞》说："十年勿用"，因为这种行为大有悖于道义。

古注

《子夏易传》："刚动柔朵，犹为凶也。况失位之柔也。虽应于上，上刚而极止，下柔而极动，性极相违，求养于上，违背之道，无甚于斯，故征之凶也。至于数极而不见用，无攸利也。"

阅典笔记

为达目的不择手段，后患无穷。

六四：颠颐[1]，吉。虎视眈眈，其欲逐逐[2]，无咎。象曰：颠颐之吉，上施光也[3]。

注释

①颠：声假为填。颠颐：犹言餬口。②逐逐，作悠悠，安然自得之貌。③上：君上。施：施舍。光：借为广。

译文

六四：所求不过糊口，害人之心不可存，吉利。虎视眈眈，防人之心不可无。这样就可以安享天年，悠然自得，无灾祸。《象辞》："颠颐"的"吉"，因为君上施舍甚广，足以养民。

古注

京房《京氏易传》："六四诸侯在世。山下有雷，止而动，阴阳通变分气候，内外刚而积中柔，升降游魂，下居六四位，特分，复归于本。吉凶起于六四，次环六位，星宿躔次也。"

阅典笔记

所求有限，害人之心没有，防人之心不缺，平平安安度过一生。

六五：拂经[1]，居贞吉，不可涉大川。象曰：居贞之吉，顺以从上也。

注释

①拂：借为刜。经：即径，阡陌。拂经：指开荒种地。详前注。

译文

六五：开荒种地，平居度日，占问得吉兆。占卜时遇此爻，不可涉水渡河。《象辞》说："居贞之吉"，因为其人安安循道，服从君上。

古注

《子夏易传》："居尊而上从已，无政而不能于化，违其常理者也。附贤守正而吉矣，不可涉难也。"

阅典笔记

柔中居尊位，但阴柔失正，才不足以养天下。

上九：由颐[1]，厉吉。利涉大川。象曰：由颐，厉吉，大有庆也。

注释

① 由：遵循。颐：颐养之道。

译文

上九：遵循生活正道，先艰难而终吉利。占卜时遇此爻，有利于涉水渡河。《象辞》说："由颐，厉吉"，因为善良之人终得善报。

古注

《子夏易传》："阳艮主也，五附之而保其尊，三应之而保其至，颐之得养，由上止而成也。居位擅民，厉之道，得时可尚，故吉。而有庆也。刚以济众，何险之有乎，是以利涉也。"

阅典笔记

否极泰来，贵在坚持正道不懈。

卦二十八 大过

刚柔并济，力求平衡

泽风大过 巽下兑上

卦辞

大过[1]：栋桡[2]。利有攸往，亨。

注释

①大过：卦名。本卦为异卦相叠（巽下兑上）。上卦为兑，兑为泽；下卦为巽，巽为风为木。上兑下巽，有泽水淹没木舟之象。兑、巽相迭，中间四爻为阳爻，初、上为阴爻，阳盛而阴柔，中壮而端弱，也兆示着折毁之象。喻人君人臣，行事大错，则将有栋折梁摧之险。所以卦名曰大过。过：过失。②栋：屋正中最高的横梁。桡：作挠，弯曲。

译文

大过卦：屋梁压得弯曲了。有所往则有利，通泰。

卦义

大过卦巽下兑上，巽为木，兑为泽，泽本润木，但泽在树上，大水淹没了树木，则过甚矣，过者，越也。含有过失的意思。

古注

《子夏易传》："大过，强大者能过也。"

阅典笔记

对人对事采取中间态度，似乎是一种最好的选择：过头或不及都失之偏颇。相比之下，不及比过头还要好些，所以才有“树大招风”、“高处不胜寒”这样的说法。

彖

彖曰：大过，大者过也。栋桡，本末弱也。刚过而中①，巽而说②行。利有攸往，乃亨。大过之时大矣哉！

注释

① 刚过而中：本卦二、三、四、五，四爻为阳，初、九为阴，所谓阳刚过盛。“中”，以九二、九五之爻位为据。② 巽而说：本卦上卦为兑，兑义为悦，下卦为巽，巽义为谦。

译文

《彖辞》说：大过，意思是大而过当。“栋桡”，就是因为横梁中部太粗，两头太细，不堪负荷。本卦阳爻多，阴爻少，阳刚过盛；但是九二、九五之爻分居下卦、上卦之中位，像人得贞正之道，有谦逊而和悦的品德。秉此行事，“利有攸往”，所以又说“亨”。大过之卦，并容凶吉之象，因此其意义是重大的啊！

古注

《子夏易传》：“本无正，而末不能治者也。栋既桡矣，法无从矣，何所承乎。唯强行者，不拘于细，不守其弊，过之而后治也。下刚过中，上巽而后悦，行利往而后乃亨。从大然后过也，非才大者不能行。权而合悦也。”

阅典笔记

平衡之道，岂能轻易达到。

象

象曰：泽灭木，大过。君子以独立不惧，遯世无闷。

译文

《象辞》说：本卦上卦为兑为泽，下卦为巽为木，上兑下巽，泽水淹没木舟，这是大过的卦象。君子观此卦象，以舟重则覆为戒，领悟到遭逢祸变，应守节不屈，稳居不仕，清静淡泊。

古注

《子夏易传》:“木为泽所没，下过其上也。本无政矣，举而治之亦无患也。故君子当于是，独立而济，不惧羣邪，然后能通，过上乃行。虽曰得之不足以荣也。遭其用，遯世无闷，失之不足耻也。”

阅典笔记

君子宁隐居避世，也不同流合污。当然隐居也是自保的手段。

爻辞

初六：藉用白茅[①]，无咎。象曰：藉用白茅，柔在下也。

注释

①藉：铺垫。白茅：草名，柔软洁白。

译文

初六：恭敬地用白茅垫着祭品，可以无灾祸。《象辞》说：“藉用白茅”，柔软之物铺垫在下面，正像初六阴爻居一卦之下位。

古注

《子夏易传》:“君子之于大过也，必本于诚敬然后济之也。虽曰藉用白茅，薄之至而诚之着也。柔处于下，谨敬于初，不私于己，则动而无咎矣。”

阅典笔记

盛大过度的时刻，戒惧谨慎，不会有错的。

九二：枯杨生稊[①]，老夫得其女妻，无不利。象曰：老夫女妻，过以相与也[②]。

注释

①稊：借为荑，草木新生，发芽。②过：错误。相与：指婚姻。

译文

九二：枯杨发芽，老头子娶少女为妻，并无不吉利。《象辞》说：“老夫女妻”，年龄不当，这是错误的婚配。

古注

《子夏易传》:“阳举于阴，过初之本事，过其位。刚而得中，行权以合说也。老夫重合女妻，枯而复生，其实时过而相与得复生之理。故其无不利也。”

阅典笔记

今人老夫少妻再正常不过，只要是以爱情为基础就好。

九三：栋桡，凶。象曰：栋桡之凶，不可以有辅①也。

注释

①辅：助。这里指支撑。

译文

九三：屋梁弯曲，这是凶险之象。《象辞》说：屋梁弯曲之所以凶险，因为栋曲即屋倾，无法支撑。

古注

《子夏易传》："不能拯弱自守其位，栋之桡也。而又应柔本末弱矣。柔何辅焉，凶之道也。"

阅典笔记

栋梁弯曲，房屋有倒塌的危险。刚强和柔和互相补充，才能恰到好处。

九四：栋隆①吉，有它②吝。象曰：栋隆之吉，不桡乎下也。

注释

①隆：高耸。这里为挺直之意。②它：古语谓意外之患为它。

译文

九四：屋梁挺直，吉利。但有意外之患则不好应付。《象辞》说："栋隆之吉"，因为屋梁不弯曲则房屋不倾倒。

古注

《子夏易传》："以阳而与，其柔志在拯时也。得其吉矣。情以求应，不挠于下也。不能自与。可惜也已。"

阅典笔记

上梁正，底下的人自然思虑向品德高尚的人学习，但是也要做好应对最坏局面的准备。

九五：枯杨生华，老妇得其士夫，无咎无誉。象曰：枯杨生华，何可久也！老妇士夫，亦可丑也！

译文

九五：枯杨开花，老妇人嫁给一个年轻人，这件事不好也不坏。《象辞》说："枯杨生华"，其花怎能长开不谢。"老妇士夫"，这种事总不大光彩。

古注

《子夏易传》:“老妇士夫亦可丑也。阳处阳也，自守而已，不能大过者也。虽欲拯之其能得乎，不足以济衰也。则老妇得其士夫，犹枯而徒华，可丑而已，当尊而德不能济，力而不能胜也。无功可誉，亦无咎矣。”

阅典笔记

女大男小，以后恐怕会越来越多，也就见怪不怪了。

上六：过涉灭顶①，凶，无咎。象曰：过涉之凶，不可无咎也。

注释

①过：错，盲目。涉：徒步涉水。

译文

上六：涉过能淹没头顶的深水，凶险，无所怪罪。《象辞》说，盲目涉水遭致危险，事已至此，谴责亦属无益。

古注

《子夏易传》:“过涉褁危之极，罪咎之地也。况以柔终乎。过涉之深，灭其顶，顶灭身之终也，于何而咎哉。”

阅典笔记

勇于探索，固然不坏，但也要做好应对意外的准备。

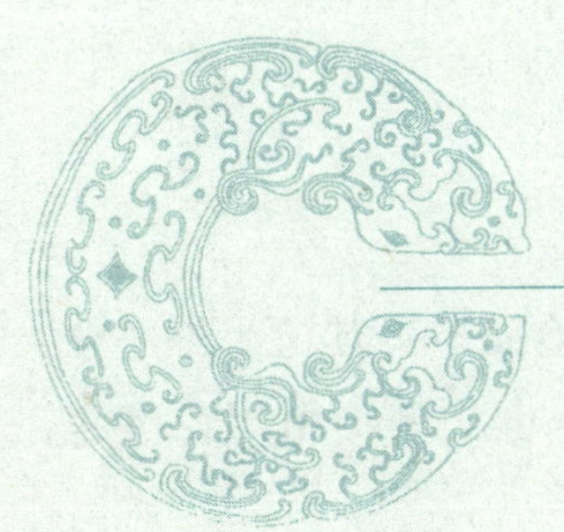

卦二十九　坎

同舟共济，应对难关

坎为水　坎下坎上

卦辞

坎：习坎①，有孚②。维心③亨，行④有尚⑤。

注释

①习坎：卦名。本卦为同卦相叠（坎上坎下）。两坎相重，坎为险为水，可见其卦象为重重险阻，又像水长流不息。所以卦名目习坎。习，重也。②孚：古俘字。③维：维系。维心：劝慰人心。④行：这里指路途。⑤尚：帮助。《彖辞》解"维"如惟，用法同其。解"尚"为赏。皆与经意有出入。

译文

习坎卦。抓获俘虏，劝慰安抚他们，通泰。途中将得到帮助。

卦义

处险之时，胸怀诚信，内心豁达，越是在艰险中越是向前的刚毅行为是崇高的，而退缩则没有出路。坎为水，特性陷，坎下坎上，水上加水，陷而再陷，故坎象征险难。

古注

《子夏易传》："习，重也。"

阅典笔记

同时落入险难，不可操之过急，应步步为营，逐渐脱险。

彖

彖曰：习坎，重险[①]也。水流而不盈[②]，行险而不失其信。维心亨，乃以刚中也。行有尚，往有功也。天险不可升也。地险山川丘陵也。王公设险以守其国。坎之时用大矣哉！

注释

①重险：坎为险，两坎相重，故谓重险。②盈：停滞，停蓄。

译文

《彖辞》说：习坎，就是指险阻相重。又指水长流而不停蓄。坎为险，人行险道而不违其信诺，“维心亨”，因为爻象表明，九二、九五之爻居下卦、上卦之中位，像人有刚健中正之德。其秉心如此，“行有尚”，所往必有功。天之险，在于无阶可升；地之险，在于山川交错，丘陵起伏。王公高筑城郭，深挖壕堑，设置险阻，其意在于保卫国家的安全。关山险阻，在关键的时刻所发挥的作用是巨大的。

古注

京房《京氏易传》：“震以阳居初，能震动于物，能为动主。”

阅典笔记

易经的道理是可应用到日常的生活中的，事不同，而理相通。

象

象曰：水洊(jiàn)[①]至，习坎。君子以常[②]德行，习教事。

注释

①洊：再，屡次。②常：当读为尚，尊尚。

译文

《象辞》说：坎为水，水长流不滞，是坎卦的卦象。君子观此卦象，从而尊尚德行，取法于细水长流之象，学习教化人民的方法。

古注

《子夏易传》："水至柔而顺，刚中而信，故能险而不滞也。虽洊流而至，其道一也。故君子以常行而存乎中习教事，以御其险，则得其正而有功也。"

阅典笔记

水至柔而顺，却没有什么险阻可以阻滞它，对我们面临困难是一种启发。

爻辞

初六：习坎，入于坎窞（dàn）[①]，凶。象曰：习坎入坎，失道凶也。

注释

① 窞：人在两坎之中，上穴下臼。

译文

初六：坎坑之中又有坎坑，陷入重坑之中，凶险。《象辞》说："习坎入坎"，不行坦途，偏要走险道，必招致灾殃。

古注

《子夏易传》："初柔而居重险之下，质弱而无心不知，济险之道，习坎而入于坎窞，何以济乎，故凶也。习重也，谓治其事也。"

阅典笔记

险难也是对人最好的磨炼。

九二：坎有险，求小得。象曰：求小得，未出中也。

译文

九二：坑坑坎坎，道有险阻。敢于行险道，或小有收获。《象辞》说："求小得"，（因为九二之爻居下卦的中位，）像人尚未偏离正道。

古注

《子夏易传》："居坎之内，前尚有险也。行险得中，而二柔附之体，险而有功也。虽求小得，未出险中也。"

阅典笔记

从小处谋求脱险，可以达到目的。

六三：来之[①]坎坎，险且枕[②]。入于坎窞，勿用。象曰：来之坎坎，终无功也。

注释

①之：动词，义近于来。走向。②枕：古文作沈，深。

译文

六三：向坑坎走来，这坑坎既险又深，陷入重坎之中，非常不利。《象辞》说："来之坎坎"，终无功利。

古注

《子夏易传》："位刚而以柔治，难矣。况两坎之间乎。二刚，险也。而且枕之求可得乎。上坎之底，坎窞者也，之可得乎。进退莫可终，无功也。"

阅典笔记

处世一定避免陷入前进有险，后退难安的困境。

六四：樽[①]酒簋(guǐ)贰[②]用缶，纳约自牖[③]，终无咎。象曰：樽酒簋贰，刚柔际[④]也。

注释

①樽：盛酒的器皿，酒壶。②簋(鬼)：盛饭的器皿，饭盒。贰：当作资，形似而误。资：借为粢，米饭。③纳：犹取。牖：窗。④际：交加，交接。刚柔际：此以六四、九五爻象爻位为据。

译文

六四：用铜樽盛酒，用圆簋盛饭。然而对于关押在坎窖里的犯人，只须用瓦盆子就行了，牢饭从天窗里送进取出，其人遭此噩运，但最后还是没有危险。《象辞》说："樽酒簋贰"，(爻象表明六四阴爻处于九五阳爻之下，)像人被强者所压，受此磨难。

古注

《子夏易传》："阴弱质也，附阳而济居于上，体依五得位，济其险矣。夫欲上之尽者，必自尽者也。诚之至，岂假于丰哉。则樽酒而簋，副器约而纳寡，自至于牖以尽其忠，刚柔之际，承上之道也，终何咎矣。"

阅典笔记

做人要学会忍受磨难。

九五：坎不盈，祇既平[1]，无咎。象曰：坎不盈，中未大也。

注释

①祇：当为坻，小丘也。

译文

九五：坎坑虽没有填满，小山头却被锄平，没有灾难。《象辞》说："坎不盈"，说明道路不平，未成坦途。

古注

京房《京氏易传》："世立宗庙，居于阴位，比近九五。"

阅典笔记

及时修补路上的坎坷，既能摆脱眼前的困境，也是应有的补救态度。

上六：系用徽纆[1]，置于丛棘[2]，三岁不得，凶。象曰：上六失道，凶三岁也。

注释

①系：捆绑。徽纆：三股曰徽，两股曰纆，皆索名。②丛棘：指监狱。古代狱外，围种丛棘，以防囚犯逃窜，故丛棘指代监狱。

译文

上六：把犯人用绳索捆紧，投入周围有丛棘的监狱中，三年不得释放，这是凶险之事。《象辞》说：上六爻辞所描述的，正说明官吏违背正道，违法囚人，历时三年啊。

古注

《子夏易传》："三岁也，柔而无心小人也。乘刚而履于极险，居于峻法之时，行极险之事，故用系纆，索寘于丛棘，失其谋身之道也，以是三岁而凶。乃终。"

阅典笔记

坎陷至最坏的境地会很久难以脱身，因此应谨慎有加，切勿轻易犯险。

卦三十　离

寻求依托，柔顺中庸

离为火　离下离上

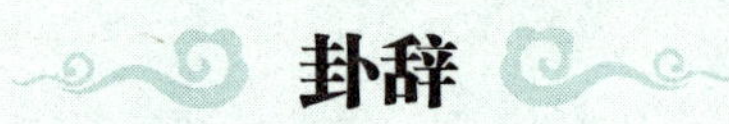

卦辞

离[1]：利贞，亨。畜牝牛，吉。

注释

①离：卦名。本卦为同卦相叠（离下离上）。两离相迭，离为火为日，太阳反复升起，运行不息。日附丽于天，草木附丽于大地。喻人依乎正道，行道不已。所以卦名曰离。离，丽也。

译文

离卦：吉利的占问，通泰。饲养母牛，吉利。

卦义

离为日，日为光，离上离下，光明接连升起，附丽于天。天地万物，必定附着在某种物体上，但附着的对象必须正当才顺利亨通，同时还要具备柔顺的德行。

古注

《子夏易传》：“丽，安附也。”

阅典笔记

人需要攀附，找到依托才能安全。关键是把握原则，谨慎选择攀附对象。

彖

彖曰：离，丽也。日月丽于天，百谷草木丽乎土。重明以丽乎正[1]，乃化成天下。柔丽乎中正[2]，故亨。是以畜牝牛吉也。

注释

①重明：明，太阳光辉。重明，犹言太阳反复升起。②柔丽乎中正：此以六二、六五爻象、爻位为据。六二、六五阴爻为柔，分别居于下卦、上卦的中位，所以说柔丽乎中正。中正：内外卦之中位，喻人得贞正之道。

译文

《彖辞》说：离，就是附丽的意思。日月附丽于天宇，百谷草木附丽于大地，太阳永远从东方升起，是服从天道。由于太阳东升西没，循环不已，从而造化万物，形成世界。由于其人以柔和为秉心，附丽于正道，所以亨。因此卦辞说“畜牝牛吉”。

古注

《子夏易传》：“而利以正，故能通也。日月得天，故能长守其明。百穀草木得乎附土，故能永保其种。丽其所丽者也。上下皆明，咸安其处，利而不正，何为化成矣。柔丽大中，强而不武，利而得正，化之元也。是以能通天下也。故畜牝牛，柔而强力，以济者相丽之道也。”

阅典笔记

事物循环不已，所以生生不息。因果组成循环，所以行中正之道者必然会有好报。

象

象曰：明两作[1]离。大人以继明照于四方。

注释

①明：《彖》、《象》称太阳为大明。作：升起。

译文

《象辞》说：今朝太阳升，明朝太阳升，相继不停顿，这是离卦的卦象。贵族王公观此卦象，从而以源源不断的光明照临四方。

古注

《子夏易传》："两明嗣丽，天下大明也。得丽之大者，莫过于大人。丽于大位也。累圣之治，两明而继，而天下化矣。"

阅典笔记

太阳每天都要升起，高尚的德行自然每天都要保持。

爻辞

初九：履错然①，敬②之无咎。象曰：履错之敬，以辟咎也。

注释

① 履：步履，这里指脚步声。错然：杂乱。② 敬：声训为儆，警戒。

译文

初九：听到纷至沓来的脚步声，立时警惕戒备，可以无灾难。《象辞》说：听到纷至沓来的脚步声，立时警惕戒备，可以避免灾难。

古注

京房《京氏易传》："阴阳升降，入初九适变，从阴止于艮象。"

阅典笔记

小心驶得万年船。

六二：黄离①，元吉。象曰：黄离②，元吉，得中道也。

注释

① 离：借为螭，龙也。音同霓。黄螭即黄霓。古人认为黄霓出现天空，是大吉之兆。②《象辞》释"离"为附丽义。黄：《易卦》经、传通认为是尊贵、吉祥之色。详前注。

译文

六二：天空出黄霓，大吉大利。《象辞》说："黄离，元吉"，（因为六二之爻居下卦中位，）像人得中正之道。

古注

《子夏易传》："黄者，文之中也。柔居中正，治丽其文，故元吉也。"

阅典笔记

柔顺中正之德附着物，大吉大利。

九三：日昃(zè)之离[①]。不鼓缶[②]而歌，则大耋(dié)[③]之嗟，凶。象曰：日昃之离，何可久也！

注释

①昃(仄)：王嗣宗本。日昃，指太阳偏西。离：螭。②缶：瓦器，古人用作乐器。③耋：七十或八十岁，老的意思。

译文

九三：黄昏时分有霓虹出现在天空，这是凶兆，人们居然不击鼓唱歌禳除它，老人感到悲哀，灾殃快要来了。《象辞》说："日昃之离"，怎么会长留不散！

古注

《子夏易传》："三者将进之地也，在于离。丽得其正，则吉，过之则凶。离明而行，阳丽于三，止于所也，可以鼓缶乐，终于此矣过。以求之日之昃也，将何往哉。耋之凶也。易戒其于分，而丽得其所也。"

阅典笔记

不能知天乐命，则必老暮穷衰，凶险难免。

九四：突如其来如。焚如。死如，弃如[①]。象曰：突如其来如，无所容也。

注释

①这里五个"如"字都用如助词，无义。

译文

九四：灾难突然降临，敌人见房屋就烧，见人就杀，此处变成一片废墟。《象辞》说："突如其来如"，人们无处藏身逃命。

古注

《子夏易传》："四者，行上之道，首进之地，进逼于五，不当其位，无德之至，突如而来如也。五尊严之盛，不可陵也，故为焚如而死弃矣。搏残之而不容也。"

阅典笔记

阳刚失之，欲速则不达。像云霞无法上附高天，落得死无葬身之地。

六五：出涕沱若[1]，戚嗟若[2]。吉。象曰：六五之吉，离王公也。

注释

①涕：眼泪。沱：泪如雨下的样子。②戚：忧，悲戚。嗟：叹，嗟叹。

译文

六五：灾难过后，人们痛哭，人们悲叹，然而吉利。《象辞》说：六五爻辞所讲的吉利，（因为爻象表明，六五之爻处于上九之下，）像人们能够附丽于王公而得救。

古注

京房《京氏易传》："吉凶从位起，至六五休废在何爻。"

阅典笔记

毁灭之中意味着新生，只要人还在，一切都可以重建。

上九：王用出征，有嘉折首[1]。获匪其丑[2]，无咎。象曰：王用出征，以正邦也。

注释

①有嘉：周初国名，这里指上文所说的侵略者。折首：斩首。②匪：这里读为彼。丑：丑类，这里指俘虏。

译文

上九：国王出征，反击敌人，将有嘉国的国君斩首，抓到了许多俘虏，无灾无难。《象辞》说："王用出征"，以安定邦国。

古注

《子夏易传》："柔之道，非天下大服焉，故终于用师之正，以重明之，治为天下之丽，以柔顺之德，为天下之归。其终或用师，则出征，而折首矣，有其嘉，以刚终也。获其非类，而天下正也。"

阅典笔记

身居高位，能够明察，阳刚果断，用兵诛杀恶人不会受到责备。

易经下

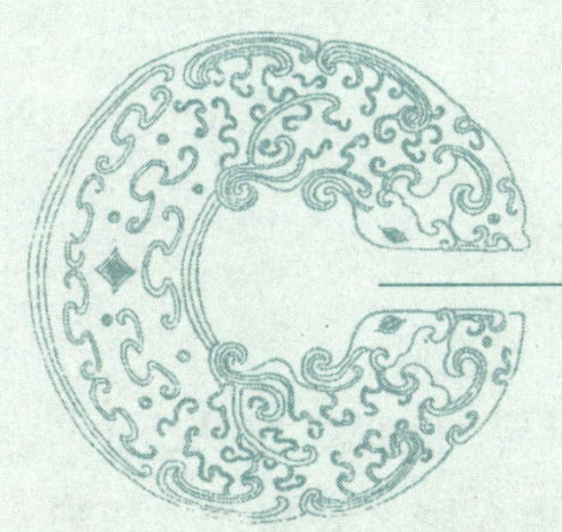

卦三十一　咸

重视沟通，相互感应

泽山咸　艮下兑上

卦辞

咸[1]：亨，利贞。取女[2]吉。

注释

① 咸：卦名。本卦为异卦相叠（艮下兑上）。上卦为兑，兑为泽，为阴；下卦为艮，艮为山，为阳。上兑下艮是为山中有泽，山气水息，互相感应；上阴下阳，阴阳交会，万物亨通。用以喻男女感悦，则家兴；君臣感悦，则国兴；君子感悦，则业成。所以卦名曰咸。咸，感也。② 取：借为娶。

译文

咸卦：通达，吉利的贞卜。娶女，吉利。

卦义

艮为山，兑为泽，山上有泽。泽性下流，以山感泽，为咸。咸为无心之感，象征无心的感应，这是异性间自然的现象。事物感应可致亨通。

古注

京房《京氏易传》："山下有泽，虚己畜物，阳中积阴，感于物也。"

阅典笔记

动机纯正，态度谦虚，顺其自然，以能静为宜，自然能够沟通顺畅，事情如意。

彖

彖曰：咸，感也。柔上而刚下，二气感应以相与，止而说[①]，男下女[②]，是以亨利贞[③]，取女吉也。天地感而万物化生，圣人感人心而天上和平。观其所感，而天地万物之情可见矣！

注释

① 止而说：下卦为艮，艮义为止，止为共处；上卦为兑，因而咸卦具有融洽共处互相慕悦的含蕴。② 男下女：古时重男轻女，唯婚礼上有“男下女”的礼式，比如男亲至女家迎亲，女子登车，男子授绥，女子乘车，男子御车等。③ 亨利贞：《彖辞》分别释为“通达、吉利、贞正”，与经意不符。

译文

《彖》说：咸，就是感应的意思。咸的上卦为兑，兑为阴为柔，下卦为艮，艮为阳为刚，所以说柔上而刚下。阴阳二气互相感应而交融，像男女婚配融洽共处而慕悦，所以卦辞说：“亨利贞，取女吉”。天地以阴阳二气相感应，而万物化生。圣人以其德行感动人心，因而天下和平。观其所感，察其所应，天地万物的情状就可以知道了。

阅典笔记

榜样的力量是无穷的。

象

象曰：山上有泽，咸。君子以虚受人。

译文

《象》说：本卦下卦为艮，艮为山，上卦为兑，兑为泽，山中有泽，山气水息，互相感应，是咸卦的卦象。君子观此卦象，取法于深邃的山谷，深广的大泽，从而虚怀若谷，以谦虚的态度，接受他人的教益。

古注

《子夏易传》："泽，说来也。山，止受也。君子感人之来，虚中以止之，受其情也。情之得，治之生也。失其情，得治者未之有也。"

阅典笔记

虚怀若谷。

爻辞

初六：咸其拇[①]。象曰：咸其拇，志在外也。

注释

①咸：感。《象辞》解"咸"为感，为动，与经意有出入。不另出注。拇，足大指也。本卦多为梦占之辞，如初六爻辞所述，当为问卜者梦见其脚趾受伤，心感不安，问蓍以卜其吉凶。其余各爻，如咸其腓，咸其股，咸其脢，咸其辅、颊、舌，皆如此。

译文

初六。所感于大脚趾。《象辞》说："咸其拇"，说明其志在于出行。

古注

《子夏易传》："拇，体于下者。将行之物也。有应于外始有志于感而未行也。未涉于吉凶之乡也。"

阅典笔记

处咸之始，所感尚浅。

六二：咸其腓(féi)[①]，凶，居吉。象曰：虽凶，居吉，顺不害也。

注释

①咸：伤。腓（肥）：小腿，腿肚子。

译文

六二：所感在其腿肚子，这是凶兆，不宜出门，安居不动，自然平安。《象辞》说："虽凶，居吉"，顺从贞卜之象可以避免灾害。

古注

京房《京氏易传》："六二待聘。"

阅典笔记

感而有应，当行则行，当止则止。

九三：咸其股，执其随[①]。往吝。象曰：咸其股，亦不处也。志在随人，所执下也。

注释

①执：同咸，意即伤。随：声假为隋，顺裂肉，指股下隆起之肉。《象辞》解“随”如字。与经意有别。

译文

九三：所感在于其股，出行，定遭灾难。《象辞》说：挪动其大腿说明他不安所处。但是其志向不过是追随他人，可见他所持的主张也卑下不足取。

古注

京房《京氏易传》：“九三三公居世。”

阅典笔记

身随心动。

九四：贞吉，悔亡。憧憧往来，朋从尔思[①]。象曰：贞吉悔，亡，未感[②]害也。憧憧往来，未光[③]大也。

注释

①憧憧：往来不绝。朋：这里当指友人。②感：受，蒙受。③光：借为广。

译文

九四：贞卜吉利，无所悔恨。纷沓往来，朋友们都顺从你的意旨。《象辞》说：“贞吉，悔之”，因为没有蒙受损害。“憧憧往来”，但交游还很狭窄。

古注

《子夏易传》：“升于上体而兼于下，始以两体相逐追也。凡物以形利相感者，未极于志也。神遇者，岂假役哉。无虑澹然而居于形之上，不言而信，不行而至天下，感之况于明乎。而以形质相感，未感则害至，故贞吉。而获悔亡，憧憧相追，朋乃从思。”

阅典笔记

朋友在精不在多。朋友之间相互倾心，悔恨大消。

九五：咸其脢(méi)[1]。无悔。象曰：咸其脢，志末也。

注释

①脢（梅）：背肉也。

译文

九五：所感在于其背肉，但没有灾祸。《象辞》说："咸其脢"，原本的志向完成了。

古注

京房《京氏易传》："九五见召。"

阅典笔记

与有肝胆人相交，处无人处读书。

上六：咸其辅、颊、舌。象曰：咸其辅、颊、舌，滕[1]口说也。

注释

①滕：水超涌也。意如翻腾之腾。

译文

上六：感应发生在牙床、脸颊、舌头上。《象辞》说："咸其辅、颊、舌"，这是搬弄口舌招引的灾祸。

古注

京房《京氏易传》："上六宗庙为应。"

阅典笔记

祸从口出。

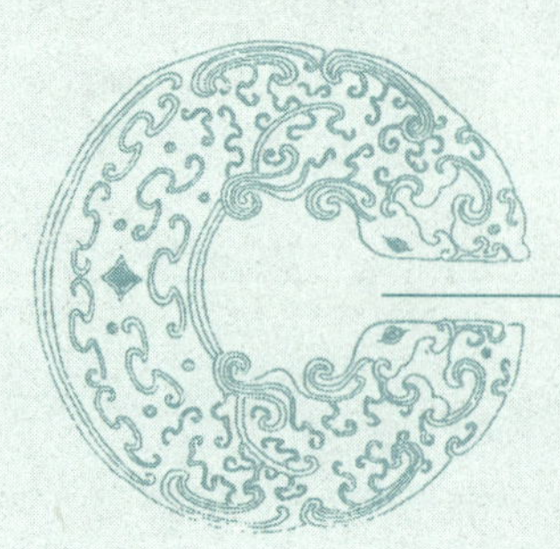

卦三十二　恒

恒常不变，人贵有恒

雷风恒　巽下震上

卦辞

恒①：亨，无咎。利贞，利有攸往。

注释

① 恒：卦名。本卦为异卦相叠（巽下震上）。上卦为震，震为雷，下卦为巽，巽为风。从自然界看，风雷激荡，使宇宙常新。从社会上看，震为阳，巽为阴，阳上阴下，正像君贵民贱，男尊女卑，所谓永恒不变的封建纲常。"君子"应该坚守此道，持之以恒。所以卦名曰恒。恒，常也。

译文

恒卦：通达，没有过失，吉利的卜问。有所往则有利。

卦义

恒卦巽下震上，二者相依相助，属恒常不变的现象，谓之恒。象征恒久。有恒必然有咸，但必须以坚持纯贞为前提，才会有利。

古注

《子夏易传》："刚上而柔下，刚柔交而下承也。"

阅典笔记

希望过上好日子，并且希望好日子长久保持下去，这是人们最普遍、最朴素的愿望，理所当然要占问神灵这一基本愿望能否实现。

彖

彖曰：恒，久也。刚上而柔下，雷风相与，巽而动[1]；刚柔皆应[2]，恒。恒亨无咎，利贞，久于其道也。天地之道，恒久而不已也。利有攸往，终则有始也。日月得天而能久照，四时变化而能久成。圣人久于其道，而天下化成。观其所恒，而天地万物之情可见矣。

注释

①巽而动：上卦为震，震义为动，下卦为巽，巽义为逊。因而本卦具有谦逊而又敢为的义蕴。②刚柔皆应：本卦初六为阴爻，为柔；九四为阳爻，为刚，初，为下卦第一位，四，为上卦第一位，是为同位爻，两爻刚柔相应。九二为阳爻，为刚；六五为阴爻，为柔。又，九三为阳爻，为刚；上六为阴爻，为柔。九二与六五同位，分居下卦与上卦的中位。九三与上六为同位，分居下卦与上卦的上位。它们都是刚柔相应。

译文

《彖辞》说：恒，就是恒久的意思。恒卦的上卦为震，震为雷，性为刚；下卦为巽，巽为风，性为柔。上刚下柔，雷风相交，这是恒卦的卦象。谦逊而且敢为，是恒卦的品格。同位之爻刚柔相应，是恒卦的基本结构。恒卦的卦辞说“亨，无咎，利贞”，正是由于君子坚守正道，恒久不弃。卦辞说“利有攸往”，终则又始，至而又返，正是体现了天地之道恒久不已的义理。日月运行遵循永恒之道，所以光辉不息；四时运行遵循永恒之道，所以季节变化永不停息。圣人福国利民，坚持不懈，则可以教化天下，移风易俗。人们只要能洞察宇宙间一切事物的永恒规律，就可以了解天地万物瞬息万变的情况。

古注

京房《京氏易传》：“号令发而万物生焉。雷风行而四方齐也。”

阅典笔记

坚持就是胜利。

象

象曰：雷风，恒。君子以立不易方[①]。

注释

①方：道也。

译文

《象辞》说：本卦上卦为震，震为雷，下卦为巽，巽为风，风雷荡涤，宇宙常新，这是恒卦的卦象。君子观此卦象，从而立于正道，坚守不易。

古注

《子夏易传》："雷之震，风必从之。君子行，必由其道。得其恒而增，其恒而增其大也。故独立其所不以物易。"

阅典笔记

做一次君子容易，难的是做一辈子君子。

爻辞

初六：浚恒[①]。贞凶，无攸利。象曰：浚恒之凶，始[②]求深也。

注释

①浚：挖土。浚恒：恒浚的倒装，不停地挖土。②始：借为殆，危的意思，这里指冒险，用如动词。

译文

初六：掘进不止，卜问凶险，没有什么好处。《象辞》说："浚恒"的凶险，是因为冒险求深，必遭崩塌之祸。

古注

《子夏易传》："恒者，久于其道，不烦而物自归也。处于极下，深底者也。不修其恒，不度其分，遂求其应，初以深极而求于人。人斯竭之矣，何以终乎。正之凶而无所利也。"

阅典笔记

敢于冒险，固然是好，但如若欲求不满，就要遭遇灾祸了。

九二：悔亡。象曰：九二悔亡，能久中也[①]。

注释

①能久中也：此以九二爻位为据。九二居下卦中位，像人坚守正道。

译文

九二：没有悔恨。《象辞》说：九二爻辞说“悔亡”，因为能坚守中正之道。

古注

《子夏易传》：“非其位久失道也，刚而自正，退而久中，可以悔亡。”

阅典笔记

一生坚持正道而不悔，的确难能可贵。

九三：不恒[1]其德，或承之羞[2]，贞吝。象曰：不恒其德，无所容也。

注释

①恒：常。这里用如动词，犹言坚持不懈，保守不怠。②承：蒙受。之：用如其。羞：羞辱。

译文

九三：不能保持其德行，必然蒙受耻辱，卜问得艰难之兆。《象辞》说：“不恒其德”，必然落到无处容身的地步。

古注

京房《京氏易传》：“九三至于阳屯之位，不顺所履，无定其位。阴阳升降，反于阴。君道渐进，臣下争权，运及于升。”

阅典笔记

失德于人，无处容身。

九四：田无禽[1]。象曰：久非其位[2]，安得禽也！

注释

①田：通畋，狩猎。禽：泛指猎获物。②久非其位：此以九四爻象爻位为据。九四阳爻而居阴位（第四爻为阴位）是处位不当。

译文

九四：狩猎无所获。《象辞》说：长久处于不适宜的环境，怎会有收获？

古注

《子夏易传》：“承上之地，柔以奉上而刚居之。求应于下位已失矣，安所获乎。”

阅典笔记

收获虽有大小之分，但关键是每个人的评判标准不同。

六五：恒其德。贞，妇人吉，夫子凶。象曰：妇人贞[①]吉，从一终也。夫子制义，从妇凶也。

注释

①贞：爻辞为吉卜之义，《象辞》释为"正'。

译文

六五：操行一贯。卜得妇人吉利，丈夫凶险。《象辞》说：爻辞讲"妇人"操守贞洁则吉利，这是符合从夫以终其身的道理。"夫子"则因事制义，其道多方，如果以妇德来约束男子，则必遭凶险。

古注

《子夏易传》："从系以为正，守中而为恒，妇人以之吉也，夫子可以制义矣。而从人之政，狭之至矣，固其凶也。"

阅典笔记

凡事都是辩证的。

上六：振恒[①]，凶。象曰：振恒在上，大无功也。

注释

①振恒：恒振的倒装。振：振动。

译文

上六：久动不息，凶险。《象辞》说："振恒"处于上位，其结果必所向无功。

古注

《子夏易传》："极上，终尽之地，柔振而将久之道穷也，久何之乎。虽有其应，不足振也。失时之极，无功已矣，凶之道也。"

阅典笔记

朝令夕改，必然失信于民。

卦三十三　遯

适时退避，以图振兴

天山遯　艮下乾上

卦辞

遯[①]：亨，小利贞。

注释

① 遯（dùn）：卦名。本卦为异卦相叠（艮下乾上）。上卦为乾下卦为艮。天下有山，天高山远，正是贤人君子摆脱桎梏，避免灾害，挂冠悬笏，退隐山林的理想境界。所以卦名曰遯。遯，逃也。

译文

遯卦：通达。小有利之占问。

卦义

遯卦艮下乾上，艮为山，乾为天，天下有山。天若君子，山比小人，小人渐长，若山之侵天。退避之时，阴渐长而阳渐衰，君子退而顺利亨通，柔小者宜持正。

古注

京房《京氏易传》："阴爻用事。阴荡阳遁，金土见象，山在天下为遁。"

阅典笔记

发展受阻时，暂时退避也是正当的手段，并非消极，而是隐忍。

彖

彖曰：遯亨，遯而亨也。刚当位而应[①]，与时行也。小利贞，浸而长[②]也。遯之时义大矣哉！

注释

①刚当位而应：本卦九五阳爻，为刚，居外卦中位（外卦即上卦），是为刚当位。六二阴爻，为柔，居内卦中位（内卦即下卦），同位之爻，刚柔相应。像君子在野，而小人在朝，针锋相对，激烈斗争。②浸而长：此以初六、六二爻象为据。初六阴爻，升进一位，居于第二爻，像阴柔之势渐渐生长。沙少海先生说："浸上当有'柔'字，盖转写误脱。浸：训渐。"

译文

《彖辞》说：遯卦的"亨"，即是退隐则通泰的意思。九二阳爻为刚，居外卦而处中位，六二阴爻为柔，居内卦而处中位，像小人盘踞于内，志得意满；君子退隐于外，明哲保身，这是时势造成的局面。君子退隐守贞，有利于自身，而无利于国事。"小利贞"，指弱小在成长，当此时君子及时退隐，意义是重大的。

古注

《子夏易传》："夫彼之生也，微其终大而不可御者，时之来也。故君子观其兆，而不待其至也。当位而应，犹不果制，与时行而已矣。阴浸而长，其患未害，我志犹行也，故小利而贞。刚而应柔，和而不同，遯而反制，非大德不能消息也。"

阅典笔记

明哲保身也不失君子之道。

象

象曰：天下有山，遯。君子以远小人，不恶而严。

译文

《象辞》说：天下有山，是遁卦的卦象。君子观此卦象，挂冠悬笏，自甘退隐，远离小人，君子不用以恶报恶的方法对待小人。

古注

《子夏易传》："山侵于天，下通上也。君子逃情于小人，不以力争，严以制也。"

阅典笔记

以牙还牙，与小人无异。

爻辞

初六：遯尾[1]，厉。勿用有攸往。象曰：遯尾之厉，不往何灾也。

注释

① 尾：尽也。《象辞》解"尾"为微，意隐匿，隐藏。

译文

初六：君子全部隐退，国家就危险了。不能有所作为了。《象辞》说："尾"的"厉"，若能坚持苦斗，设法取胜，有什么灾难？

古注

《子夏易传》："遯，以逃避患也。患未至而首遯之，则远于患矣。阴过二矣，而后遯焉，遯之尾也。见而逃之，反相疑也。不往而和，则何灾哉。"

阅典笔记

君子"先天下之忧而忧，后天下之乐而乐"。

六二：执之用黄牛之革，莫之胜说[1]。象曰：执用黄牛，固志也。

注释

① 胜：能，可能。说：读为脱。莫之胜说，犹言没有什么能够解脱出去。

译文

六二：抓来用黄牛革绳紧紧捆绑，这样就不能解脱了。《象辞》说："执用黄牛"，表示意志坚固。

古注

京房《京氏易传》："六二得应，与君位，遇建焉。事君全身远害。"

阅典笔记

晓之以理，动之以情，任何人都会变得通情达理。

九三：系遯[1]，有疾厉。畜臣妾，吉。象曰：系遯之厉，有疾惫也。畜臣妾，吉，不可大事也。

注释

①系：拘系，拖累。系遁：犹言被拖累而不能退隐。

译文

九三：被拖累而不能决然隐退，就像身染重病，情形危险。在这种情况下，蓄养奴婢或可有利。《象辞》说："系遯之厉"如被疾病折腾得疲惫不堪。"畜臣妾，吉"，不可贸然行动。

古注

《子夏易传》："系志于阴，不能遯也。为小人所制，危惫之道也。施于畜臣妾，吉也。系于鄙贱，岂可大事乎。"

阅典笔记

退避时迟疑不决，故有危害。

九四：好[1]遯，君子吉，小人否。象曰：君子好遯，小人否也。

注释

①好：读如爱好之好。

译文

九四：喜爱隐居，这对君子是吉利的，对小人则未必。《象辞》说：君子喜欢隐居，但是小人不这样。

古注

《子夏易传》："君子知几绝而好遯小人，情系不能遯也。"

阅典笔记

君子好德，小人好利。

九五：嘉遯，贞吉。象曰：嘉遯，贞吉，以正志也。

译文

九五：退隐以时，值得赞美，卜问前程，通泰吉利。《象辞》说："嘉遯，贞吉"，因为他存心正直，品德崇高。

古注

《子夏易传》："当位相应，能制于内，遯情而治，志在乎正，可谓遯之嘉也。"

阅典笔记

韬光养晦也要掌握时机。

上九：肥①遯，无不利。象曰：肥遯，无不利，无所疑也。

注释

①肥：借为飞，远走高飞，退隐山林。

译文

上九：远走高飞，退隐山林，无不利。《象辞》说："肥遯，无不利"，说明其人善观形势，急流勇退。

古注

《子夏易传》："过于卦外，无应小人，不劳虑于进退，可谓遯之肥而无不利也。"

阅典笔记

善观形势，激流勇退。

卦三十四　大壮

强盛壮大，严守诚正

雷天大壮　乾下震上

卦辞

大壮[1]：利贞。

注释

① 大壮：卦名。本卦为异卦相叠（乾下震上）。上卦为震，震为雷；下卦为乾，乾为天。天上鸣雷，声威显赫。云雷涌动，群阳盛壮，以喻国威显赫，则臣民振作；阳气盛壮，则万物生长，所以卦名曰壮。壮，威盛强猛之名。

译文

大壮卦：吉利的卜问。

卦义

乾为天，震为雷，雷响彻天上，为大壮。壮，强盛。故大壮象征大为强盛。

古注

《子夏易传》："阳刚也，大也。"

阅典笔记

强盛是事物发展的美好阶段，但必须建立在"正"的基础上。

象

象曰：大壮，大者壮也。刚以动，故壮。大壮利贞，大者正也。正大而天地之情可见矣。

译文

《象辞》说：大壮，意即大者强壮。刚健而有力故卦名。大壮卦辞说吉利、贞正，因为大者正的缘故。如天道正则万物正，君道正则臣民正，父道正则家人正，标正影直。

古注

《子夏易传》："刚而不邪，大而能周，时而后动，故大者壮，而得其正也。天地以正，大而得其生。圣人以正，大而天下化。其道刚动而大者正也。"

阅典笔记

大者正也。

象

象曰：雷在天上，大壮。君子以非礼弗履[1]。

注释

① 履：行，实行。

译文

《象辞》说：本卦上卦为震，震为雷，下卦为乾，乾为天，天上鸣雷是大壮的卦象。君子观此卦象，以迅雷可畏，从而畏威知惧，唯礼是遵。

古注

《子夏易传》："雷在天上，阳气大行，君子得其道也。非礼弗履，保其壮也。"

阅典笔记

礼是正大的表现方式，守持正大，必定言行合于礼，"非礼弗履"。

爻辞

初九：壮[1]于趾，征凶，有孚[2]。象曰：壮于趾，其孚穷也。

注释

① 壮：借为戕，伤。② 孚：古俘字。《象辞》解“孚”为忠信。

译文

初九：有壮于脚趾。占卜时遇此爻，出征则凶，但尚有收获。《象辞》说：“壮于趾”，那个“孚”是到了穷途末路。

古注

京房《京氏易传》：“初九元士在应。”

阅典笔记

强壮之始，无名欲进，有壮于足趾。以诚信自守，善处穷困。

九二：贞[1]吉。象曰：九二贞吉，以中也。

注释

① 贞：卜问。《象辞》释“贞”为贞正，与经意有异。

译文

九二：卜问得吉兆。《象辞》说：九二爻辞讲“贞吉”，（因为九二之爻居下卦中位，）像人守中正之道。

古注

《子夏易传》：“守正处卑，得中之道，全其壮也。故贞吉矣。”

阅典笔记

无论何时何地，刚中守谦，守持正直中肯是最好的修为。

九三[1]：小人用壮[2]，君子用罔[3]。贞厉。羝（dī）羊触藩[4]，羸（léi）[5]其角。象曰：“小人用壮”，君子罔也。

注释

① 本卦九三爻辞当为两次占卜记载，文义不可强为沟通。② 小人：指奴隶。壮：强壮有力，这里用如名词，犹言气力。③ 君子：指贵族。罔：通网字，指围捕兽之网。④ 羝（低）羊：公羊。触：冲撞。藩：藩篱。⑤ 羸：当借为累，即拘系。

译文

九三：奴隶捕兽凭气力，君子捕兽靠网围。卜问得险兆。公羊以角撞藩，结果被篱笆卡住。《象辞》说：“小人用壮”，君子捕兽靠网围。

古注

《子夏易传》："刚居上而得位也。小人知进不知退，故用其壮也。壮必见伤，正之危也。四刚在上，将陵过之，能容无忌，必羸阗矣。君子远于几危，故不用也。"

阅典笔记

君子非能也，善假于物也。

九四：贞吉，悔亡。藩决不羸[①]，壮于大舆之輹[②]。象曰：藩决不羸，尚往也。

注释

①决：决裂。羸：拘系。②壮：伤。舆：车。輹：本作辐，车轮的辐条。

译文

九四：卜问得吉兆，没有悔恨。因为公羊冲决篱笆，摆脱了拘系，但又被车轮撞伤，不能乱冲乱撞了。《象辞》说："藩决不羸"，有利于往上行走啊。

古注

京房《京氏易传》："九四庚午，火之位，入坤为卦之本，起于子，灭于寅。阴阳进退，六位不居，周流六虚。"

阅典笔记

得意忘形，就容易乐极生悲。

六五：丧羊于易[①]，无悔。象曰：丧羊于易，位不当也。

注释

①易：声假为狄，即狄人。

译文

六五：丧羊于狄。占卜时遇此爻，没有大的灾祸。《象辞》说："丧羊于易"，（因为六五阴爻而居处阳位，是所处不当，）像人所处环境不适当，（将蒙受损失。）

古注

《子夏易传》："刚长也。而以柔乘之五阳也。而以阴处之，虽欲用壮，是丧其壮，而不难也。质柔而不可恃也。柔不终拒尊中获存故无悔也。"

阅典笔记

逆境谁都会碰到，关键在于将损失降到最低。

上六：羝羊触藩，不能退，不能遂[①]。无攸[②]利，艰则吉。象曰：不能退，不能遂，不详[③]也。艰则吉，咎不长也。

注释

①遂：进。②攸：所，代词。③详：借为祥。

译文

上六：羊角插进了篱笆，退不了，进不了，处境不利。但是，目前虽处于艰难之中，最终可以化解逢吉。《象辞》说："不能退，不能遂"，这是遭逢不祥。"艰则吉"，是说灾难不会长久。

古注

京房《京氏易传》："壮不可极，极则败，物不可极，极则反。"

阅典笔记

进退维谷是窘境，君子处乱不惊，必能够化险为夷。

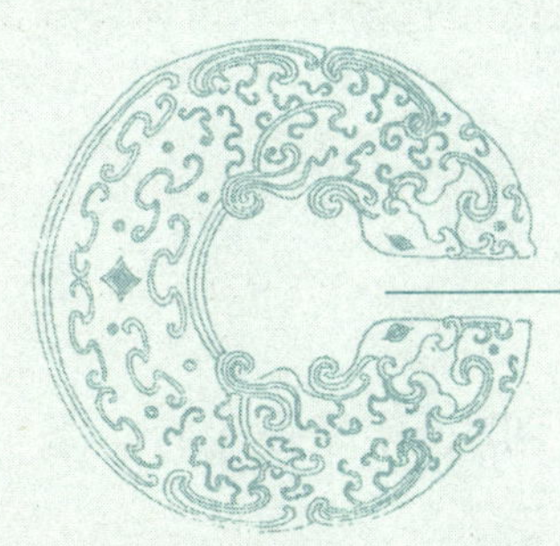

卦三十五 晋

获得信赖，提升飞跃

火地晋 坤下离上

卦辞

晋[①]：康侯用锡马蕃庶，昼日三接[②]。

注释

① 晋：卦名。本卦为异卦相叠（坤下离上）。上卦为离，离为日；下卦为坤，坤为地。太阳照大地，万物欣欣向荣；君子沐德业，操行天天向上。所以卦名曰晋。晋，进也。日出而万物进。② 康侯：名封。周武王弟。初封于康，故称康侯或康叔。锡：借为赐，赐予。昼：声假为周。昼日：犹言周日、终日、整日。三接：指多次交配。

译文

晋卦：康侯用成王赐予的良马来繁殖马匹，一天多次配种。

卦义

晋卦，阐释了进取的原则，揭示了事物进长的途径，光明出现在地面，象征万物柔顺，附依太阳，得到生长。晋，为进，含进长、前进的意思。

古注

京房《京氏易传》："阴阳返复，进退不居，精粹气纯，是为游魂。"

阅典笔记

成功的秘诀在于自身，人们的信赖与支持是“晋”的前提，不可存侥幸心理，贪得无厌，妥善规划，谨慎实行。

彖

彖曰：晋，进也。明[1]出地上，顺而丽乎大明[2]，柔进而上行，是以康侯用锡马蕃庶，昼日三接也。

注释

① 明：太阳。下句“大明”亦指太阳。② 顺：下卦为坤，坤为大地，大地卑伏顺从。丽：附丽。

译文

《彖辞》说：晋，就是进取的意思。晋的上卦为离，离为日；下卦为坤，坤为地。可见晋卦的卦象是太阳高悬，出于大地之上。大地卑顺，处于太阳照耀之下。阴柔之爻由初位排列上升至第五爻位，所以晋卦的基本结构是柔顺地前进向上，象征着臣子的事业蒸蒸日上，所以“康侯用锡马蕃庶，昼日三接”。

古注

《子夏易传》：“故柔进而上行，附于大明之中，极一臣之位，任为治之主，故谓为康侯锡以多马，昼日之间而三接也。”

阅典笔记

居安要不忘思危。

象

象曰：明出地上，晋。君子以自昭明德。

译文

《象辞》说：“明出地上”，是晋卦的卦象。君子观此卦象，从而光大自身的光明之德。

古注

《子夏易传》：“明出地上，大明之道，可进之时也。君子着其明德，求上知之。”

阅典笔记

君子以自我修养的方式影响周围的人，使他们向往美好的品格。

爻辞

初六：晋如[①]，摧加，贞吉。罔孚，裕[②]，无咎。象曰：晋如摧如，独行正地。裕无咎，未受命也。

注释

①晋：进，这里指进攻。如：作代词，指代敌人。②罔：无。孚：同俘。裕：衣物饶也。罔孚裕：没有捕捉俘虏，没有抢夺财物。

译文

初六：攻击敌人，打垮敌人，卜问得吉兆。胜利之师没有捕捉俘虏，没有抢掠财物，不会有灾难。《象辞》说："晋如摧如"，这是因为将帅能遵循正道，所以取得了胜利。"裕，无咎"，说明将帅能因势制宜，独断于心。

古注

《子夏易传》："有应于上，可以进也。应近于五，未获于情，虑其得之薄，故摧如。不进，以柔守下也。复以自知，正之吉也。未为上信，未受上命，故修德自退，宽以居之，终无咎矣。"

阅典笔记

主帅要因势制宜，独断于心，但也要广泛听取意见。宽裕待时，终能消难。

六二：晋如，愁如[①]，贞吉。受兹介福，于其王母[②]。象曰：受兹介福，以中正也。

注释

①愁：借为遒，迫也。如：代词，他。②兹：此。介：大。王母：祖母。

译文

六二：攻击敌人，压倒敌人，卜问得吉兆。因为得到了先祖母的庇佑获得大福。《象辞》说："受兹介福"，（因为六二之爻居下卦中位，）像人得中正之道。

古注

《子夏易传》："得位而进，无应而愁如也。夫以谨顺中正，忧勤其进，非唯获吉，抑受其福也。五以阴而降德也。苟能立身行道，当时大明，何必待于应乎。王母，阴尊而幽远者，犹知福之况其明王乎。”

阅典笔记

柔顺中正，又与六五同具中德，守持正固可获吉祥，就像从祖母那里得到的福气。

六三：众允[①]，悔亡。象曰：众允之志，上行也。

注释

①允：应当。

译文

六三：万众一心，全力进攻，无所悔恨。《象辞》说：众人信任，其志向就会实现。

古注

《子夏易传》：“处上又进悔之道也。众允志合，故进不非，故悔亡也。”

阅典笔记

取信于众，众人合力，齐心断金。

九四：晋如鼫[①]鼠，贞厉。象曰：鼫鼠，贞厉，位不当也。

注释

①鼫：作硕。

译文

九四：攻击敌人而胆小如鼠，卜问得凶兆。《象辞》说：“鼫鼠，贞厉”，（因为九四阳爻而居阴位，）像人处于不利的地位。

古注

《子夏易传》：“上奉于五，下据其民，刚强处卑，进不当位，其窃位也。如大鼠焉，贪而无礼，不能终矣。以之为重危之道也。”

阅典笔记

有谋也要有勇。

六五：悔亡，失得勿恤[①]。往吉，无不利。象曰：失得勿恤，往有庆也。

注释

①失得：犹言失利。勿恤：不要担心，不要气馁。

译文

六五：无所悔恨，吃了败仗，不要气馁。只要再接再厉，终必转败为胜。无所不利。《象辞》说："失得勿恤"，勇往直前，定有喜庆降临。

古注

《子夏易传》："臣当君任，正之道也。以明盛而进弼成王化而为治主也。夫以明正为治者，则天下各当其才矣，何恤乎失得哉。以斯而往，吉其宜也。故无不利矣。"

阅典笔记

屡败屡战。

上九：晋其角[①]，维用[②]伐邑。厉吉，无咎，贞吝。象曰：维用伐邑，道未光也。

注释

①其：这里用同则。角：较量。②维：考虑。用：采取。

译文

上九：攻击敌人，必须较量敌我双方的力量，可以考虑攻击敌人的城邑。但其结局难料：或许危险，或许吉利，或许没有灾难，或许正践凶兆。《象辞》说："维用代邑"，这说明王道未能广泛实行，（以致属邑叛乱。）

古注

《子夏易传》："以柔德治者，不能威肃天下也。故其终多用师焉。进过于礼，故曰角。进极于终，民或叛也。明正久着，人多协焉，犹用伐邑，虽危吉也。则咎自免矣。治物不以德，以之为政，可惜之也。"

阅典笔记

知己知彼，百战不殆。但用武毕竟有憾，不免羞耻。

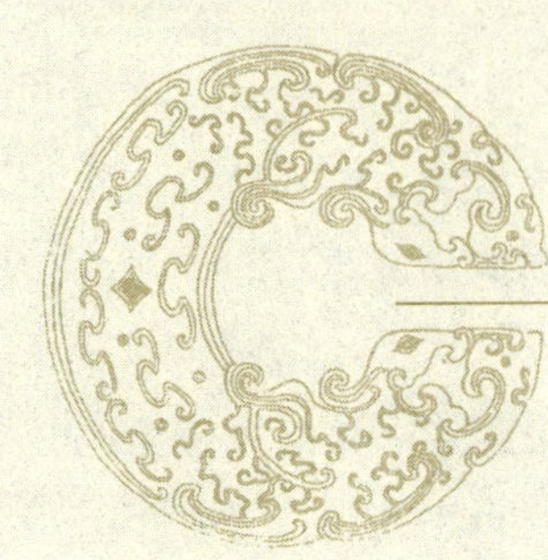

卦三十六　明夷

内明外柔，韬光养晦

地火明夷　离下坤上

卦辞

明夷[1]：利艰贞。

注释

① 明夷：卦名。本卦为异卦相叠（离下坤上）。上卦为坤，坤为地；下卦为离，离为日。上坤下离，是日没入地中之象。太阳既没，天地黑暗，前途莫测，喻君子处艰难之中，既要守正不阿，又要遵时养晦，所以卦名曰明夷。夷：灭。明夷：阳光隐退。

译文

明夷卦：卜问艰难之事则利。

卦义

明夷离下坤上，离为日，为光，为明；坤为地。日落地下，光明没入地中，谓之明夷。夷者，伤也，象征光明损伤。暗主在上，明臣在下，不敢显其明智，引申为天下昏暗。

古注

《子夏易传》："明入地中，上无以明，天下无所见也。"

阅典笔记

君子自晦其明，守正不移。

彖

彖曰：明入地中，明夷。内文明而柔顺[①]，以蒙大难，文王以之[②]。利艰贞[③]，晦其明也。内难[④]而能正其志，箕子以之。

注 释

①“内文明”句：本卦内卦为离，离义为文明；外卦为坤，坤性柔顺。这既是明夷之卦的义蕴，同时又是喻周文王的品德。② 以之：作似之。③《彖辞》释“利”为吉利，释“艰”为艰难，释“贞”为坚贞。④ 内难：内，指本质，内在美德。难，指艰难，外部环境。

译 文

《彖辞》说：太阳隐没于地中，是明夷的卦象。明夷的品格是内文明而外柔顺。周文王内秉光明之德，外行柔顺之道，三分天下而有其二，犹服事于殷，蒙受羑里之辱，正与明夷卦象相似。正如太阳隐没地中，晦其光明，但终有灿然脱出之时。箕子内秉光明之德，外处艰难之境，仍能坚持正道，至死不渝，正与明夷的卦象相似。

古 注

《子夏易传》：“艰以事上，不失于正，利也。故文王内文明而外柔顺也。箕子蒙难而能正其志，晦其明者也。”

阅典笔记

世道艰难，韬光养晦，伺机而动。

象

象曰：明入地中[①]，明夷。君子以莅众，用晦而明。

注 释

① 明入地中：太阳西沉，古人认为是隐入大地之中，其光明不显于外而存于地中，取这外晦内明之象，故有“莅众用晦而明”之说。

译 文

《象辞》说：太阳没入地中，是明夷的卦象。君子观此卦象，治民理政，不以苛察为明，而是外愚内慧，容物亲众。

古注

《子夏易传》："明入地中，藏其明也。民可使由之，不可使知之，故君子之莅众也。外用晦，以使民内保。明以为治。"

阅典笔记

治理臣民，大事严，小事宽。外圆内方，大智若愚。

爻辞

初九：明夷于飞[1]，垂其翼。君子于行，三日不食。有攸往，主人有言[2]。象曰：君子于行，义不食也。

注释

① 明：借为鸣。夷：借为鹈，即鸣鹈。鹈声假为鹈，鸣鹈，即叫着的鹈鹕。鹈鹕：一种水鸟。② 言：谴责，刁难。

译文

初九："鹈鹕在飞翔，停栖在沼畔。君子离家走，三日无食粮。"占卜时遇此爻，有所往，则必遭主人谴责。《象辞》说：君子在旅途中，依礼义不能蒙羞受食。

古注

京房《京氏易传》："阴阳进退，金水见火，气不相合，六位相荡，四时运动，静乃复本，故曰游魂。"

阅典笔记

有时肯受嗟来之食，然后忍受这种耻辱更加奋发才是君子更好的选择。

六二：明夷，夷[1]于左股。用[2]拯马壮，吉。象曰：六二之吉，顺以则[3]也。

注释

① 夷：伤。② 用：因。用拯马壮，犹言因马强壮善跑而获救。此句当与"明夷，夷于左股"连看，取此以譬某人负伤因马获救。③ 顺以则：此以六二、九三爻象、爻位为据，六二阴爻为柔，九三阳爻为刚，六二居九三之下，所以说"顺"。则：法则。

译文

六二：伤于左股，君子负伤，因马获救。吉利。《象辞》说：六二爻辞所讲的“吉”，(是因为六二阴爻处于九三阳爻之下，) 正像马顺从主人善体人意。

古注

《子夏易传》：“守中顺则无猜者也。而已道不行矣。夷于左股者焉，故与之拯马而驰逐也。且内明以外顺，虽伤左而右存，与时并行不失其吉也。”

阅典笔记

人生在世，得一性命相托的好友，足矣。

九三：明夷于南狩①，得其大首②。不可疾贞③。象曰：南狩之志，乃大得也。

注释

① 夷：这里指弓。明夷：即鸣夷，拉弓发射。南狩：即南方猎区。② 大首：即大头，这里指大头的野兽。③ 可：利也。

译文

九三：在南方的猎区，拉弓射箭，获得一些大野兽。占卜时遇此爻，占问疾病则不利。《象辞》说：“南狩”的志向，大称其意。

古注

《子夏易传》：“为文明之主夷终则进也。上六远其明，虽高而至晦也。应其诛焉。时之得向明而南巡狩也。获其大首耳，其污俗渐正而已，不可疾也。”

阅典笔记

天下昏暗已久，除暗复明须慎重，持正待时。

六四：入于左腹，获明夷之心，于出门庭①。象曰：入于左腹，获心意也。

注释

① 此爻较难解。腹：借为室，古代半地下式的房屋。左腹：即左室。明夷：大弓。明夷之心：一种质地坚硬的制弓的上等材料，意谓一出门就找到了制大弓的心木，回到左室开始制作。

译文

六四：回到深隐之处吧！走出居室，进入社会，就感到环境的险恶，退隐的念头油然而生。《象辞》说：“入于左腹”，就满足了退隐的心意。

古注

《子夏易传》："守以下位，顺以上承，自右而入于左腹，获其心意也。顺以避患，止守于分明，其归自异矣。出于门庭，不远行也。"

阅典笔记

对世道不满可以隐退，但待时而动、积极入世者才是真的勇士。

六五：箕子之明夷[1]，利贞。象曰：箕子之贞，明不可息也。

注释

① 此处"明夷"如前注：退隐。

译文

六五：殷亡后，箕子逃到东方邻国避难，卜问得吉兆。《象辞》说："箕子"的守正，他的光辉形像千古不灭。

古注

《子夏易传》："在难之内，而能保明其中，智以藏之，愚以晦之，得其正而时不能迁也。则明岂息哉。得中之道亡而能有，故箕子当之矣。"

阅典笔记

伤害自己的避祸，不为昏暗所没。

上六：不明，晦。初登于天，后入于地。象曰：初登于天，照四国也；后入于地，失则[1]也。

注释

① 则：学习的榜样。

译文

上六：阳光消失了，天黑了。太阳初升，君子进仕之象；太阳隐没，君子退隐之象。《象辞》说："初登于天"，光照四方。"后入于地"，君子引退，国无楷模。

古注

《子夏易传》："暗而过中至明夷之极，晦之至也。位高势，崇登于天也。失道将覆，入于地也。"

阅典笔记

明暗交替，世道的变化也是如此，既不会一帆风顺，也不会一直倒霉。

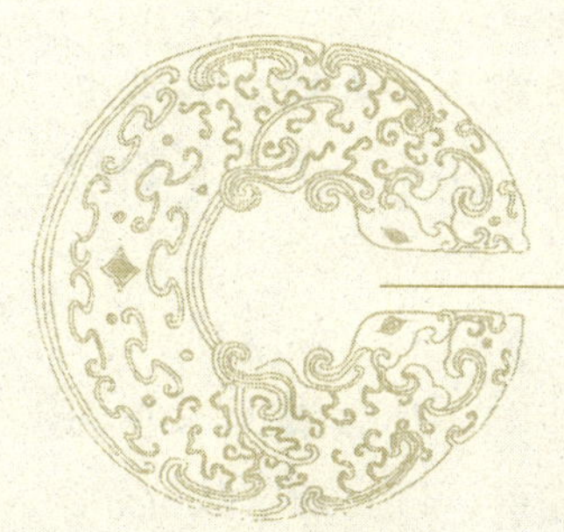

卦三十七　家人

相亲相睦，各尽本分

风火家人　离下巽上

卦辞

家人[①]：利女贞。

注释

① 家人：卦名。本卦为异卦相叠（离下巽上）。本卦专讲家庭之事，所以卦名曰“家人”。

译文

家人卦：卜问妇女之事吉利。

卦义

家人卦离下巽上，离为上，巽为风，内火外风，风自火出，似家事自内影响至外，谓之家人。家，人所居。故家人象征一家人，含家庭之义。家道之事，女子为主要因素，因此，女子应以正持家。

古注

《子夏易传》：“正家之道在于女正，女既位而男位正也。”

阅典笔记

家庭结构，血缘关系，正是构成中国传统宗法社会的根本所在。

象

象曰：家人，女正位乎内，男正位乎外。男女正，天地之大义也。家人有严君焉，父母之谓也。父父、子子，兄兄、弟弟，夫夫、妇妇，而家道正。正家，而天下定矣。

译文

《象辞》说：家人的爻象显示，六二阴爻居内卦的中位，像妇女在内，以正道守其位，九五阳爻居外卦的中位，像男人在外，以正道守其位。男外女内，皆能以正道守其位，则是天地间的大义。家庭有尊严的家长，那就是父亲、母亲。父亲像个父亲，儿子像个儿子，兄长像个兄长，弟弟像个弟弟，丈夫像个丈夫，妻子像个妻子，家道就端正了。能够正其家，天下也就安定了。

古注

《子夏易传》："故圣人设昏礼焉，重而娶之，当其位也。然后可保其久矣。夫妇正，家道之先，上下之始也。严君之道始焉，父母之道出焉，故严其君。则父父子子，兄兄弟弟，夫夫妇妇，家道咸正，而天下定矣。"

阅典笔记

父为子纲，夫为妻纲，这样古代的社会秩序就可以正常维持。

象

象曰：风自火出，家人。君子以言有物而行有恒。

译文

《象辞》说：本卦外卦为巽，巽为风；内卦为离，离为火，内火外风，风助火势，火助风威，相辅相成，是家人的卦象。君子观此卦象，从而省悟到言辞须有内容才不致于空洞，德行须持之以恒才能充沛。

古注

《子夏易传》："火出而风鼓之炎，乃大也。女正而男久之，家乃成也。必由内生而外成也。言必有在而不苟行，必守常而不杂此家人之，则而正其本也。"

阅典笔记

君子要不断地充实自己，用知识武装自己。

爻辞

初九：闲有家[1]，悔亡。象曰：闲有家，志未变也。

注释

① 闲：训防。有：用法同于。

译文

初九：防范家庭出现意外事故，没有悔恨。《象辞》说："闲有家"，就是警惕未然事变。

古注

《子夏易传》："家人之道，在于防邪，防闲在于初也。及其志未变而正之，则不至于悔矣。得之制者也。"

阅典笔记

家和万事兴。

六二：无攸遂[1]，在中馈[2]。贞吉。象曰：六二之吉，顺以巽[3]也。

注释

① 遂：借为坠，意为失误。② 馈：准备饮食以招待人。中馈：即内馈，即家庭饍食。③ 顺以巽：此以六二、九三爻象、爻位为据，六二阴爻喻妇人，九三阳爻喻男人，六二居九三之下，像妇顺于夫。巽：谦逊。

译文

六二：妇女在家中料理家务，安排饮食，没有失误，这是吉利之象。《象辞》说：六二爻辞之所以称"吉"，（因为六二阴爻居九三阳爻之下，）像妇人对男人顺从而又谦逊。

古注

京房《京氏易传》："酌中之义，在于六二，与离为飞伏。"

阅典笔记

家有妇人顺夫之象，虽尚未得成就，也是吉利的。

九三：家人嗃(hè)嗃[1]，悔厉吉[2]。妇子嘻嘻，终吝。象曰：家人嗃嗃，未失也；妇子嘻嘻，失家节[3]也。

注释

①嗃嗃：通嗷嗷。嗷：众口愁，热度高、激烈的样子。②悔：愁苦。厉：借为励，意为勤苦劳作。③节：犹风。家节：家风，家道。

译文

九三：贫困之家，众口嗷嗷待哺，这是愁苦之事，但能辛勤劳作，可以脱贫致富。而富贵之家，骄奢淫逸，妻室儿女只知嬉笑作乐，终将败落。《象辞》说："家人嗃嗃"，未失正派家风；"妇子嘻嘻"，则有失勤俭之道。

古注

京房《京氏易传》："治家之道，分于此也。吉凶之义，配五行进退。文明运动，变化之象，九三适阴入震，风为雷，合曰益。"

阅典笔记

治家过严家人愁怨之象，但不失正道仍获吉祥。若反严为宽，最后会带来羞辱。

六四：富[1]家，大吉。象曰：富家，大吉，顺在位[2]也。

注释

①富：当借为福。经传中，富福二字常通借。②顺在位：此以六四、九五爻象、爻位为据，六四阴爻居于阴位（第四爻为阴位），是为在位。六四阴爻处于九五阳爻之下，是阴柔顺予阳刚。像家人顺从家长，各守其职。

译文

六四：幸福家庭，大吉大利。《象辞》说："富家，大吉"，（因为六四阴爻居于九五阳爻之下，）像家人和顺而各守其职。

古注

《子夏易传》："柔承于尊，位高而顺，故得家之富，保其大吉也。"

阅典笔记

幸福家庭需要全家人的共同努力。

九五：王假有家[1]，勿恤，吉。象曰：王假有家，交相爱也。

注释

①假：这里当假为格，训到。有：这里用法同于。家：这里指家庙，是人们祭祖先的地方。《象辞》解"家"为臣民之家，与经意不合。

译文

九五：君王到家庙祭祀祖先，不要忧虑，祖先福佑家人，凡事吉利。《象辞》说："王假有家"，说明君臣交相爱护。

古注

京房《京氏易传》："大夫居世，应九五，立君位，五星从位起太阴。"

阅典笔记

官民相爱，社会才能和谐稳定；互相猜忌，只会导致社会分崩离析。

上九：有孚威如①，终吉。象曰：威如之吉，反身之谓也。

注释

①孚：罚也。如：犹然。

译文

上九：君上掌握杀罚之权，威风凛凛，权柄不移，终归吉利。《象辞》说："威加"的"吉"，因为君上能够内省己身，外树威望。

古注

《子夏易传》："刚得终于家人，天下化之，信而行之人。人正，家而自为治也。夫以家人，威信之道始以，令人也。其终也。反信已焉，人反敬已焉。威信及而天下之治至矣。"

阅典笔记

内圣而外王。

卦三十八　睽

因势利导，求同存异

火泽睽　兑下离上

卦辞

睽[1]：小事吉。

注释

①睽：卦名。本卦为异卦相叠（兑下离上）。上卦为离，离为火；下卦为兑，兑为泽。上离下泽，正像水火相克，相克则相生，循环无穷尽，这是自然和社会的普通现象。所以卦名曰睽。睽，乖也，意即矛盾。

译文

睽卦：占卜时遇此卦，小事吉利。

卦义

以万物的事理来说，形态虽然违背，但却有看不到的道理存在，如天高地卑，形象不同，但化育万物的功能相同。男女的体质不同，彼此意志可以沟通，所以应以柔顺的方法，细心寻求，才能转离为合，变摩擦为和谐。

古注

《子夏易传》："睽，异也。"

阅典笔记

睽卦蕴含着丰富的矛盾对立统一的哲学因素。

彖

彖曰：睽，火动而上，泽动而下，二女同居[1]，其志不同行。说而丽乎明[2]，柔进而上行，得中而应乎刚[3]。是以小事吉。天地睽而其事同也[4]，男女睽而其志通也。万物睽而其事类也。睽之时用大矣哉！

注释

①兑为少女，离像中女，睽的卦象是二女同事一夫，其势必相嫉妒。②说而丽乎明：本卦上卦为离，离为日，像君王，下卦为兑，兑义为悦，像臣下以和悦顺从的态度服事君王。③得中而应乎刚：此以六五、九二爻象、爻位为据。六五阴爻，为柔，处上卦中位，九二阳爻，为刚，处于下卦中位，所以"得中"。六五阴爻与九二阳爻，两同位之爻，刚柔相应，所以说"应乎刚"。④睽：乖离，分开，划分。事：功，功能。

译文

《彖辞》说：睽的上卦为离，离为火，下卦为兑，兑为泽，可见睽卦的卦象是火焰腾冲于上，泽水流动于下。离又为中女，兑又为少女，二女同居共事一夫，其势必妒，志不相投。离为日，兑性悦，象征着臣下以和悦的态度，附丽于君上的光明。睽的六三阴爻，为柔，升进至第五位，可见睽的爻位基本结构是"柔进而上升"，像臣下守中正之道，拥戴君王，附骥腾达。所以占卜时遇此卦，"小事吉"。天阳地阴，则有阴阳交感而生万物。男女异性，则有男女相慕而成眷属。万物具形，则各具秉性而成物类。异中有同，同中有异，异同的作用，是十分重大的。

古注

京房《京氏易传》："阴阳动静，刚柔分焉。先睽后合，其消通也。"

阅典笔记

因势利导，讲究方式，求同存异，矛盾终归得以化解。

象

象曰：上火下泽，睽。君子以同而异[1]。

注释

①同而异：同、异均用如动词。同：综合同类。异：析别异类。

译文

《象辞》说：上火下泽，两相乖离，是睽卦的卦象。君子观此卦象，从而综合万物之所同，分析万物之所异。

古注

《子夏易传》:"上火下泽,志睽者也。中有小事之用焉。君子合异以同其事,同则务济，类非不可以无别，无别则乱生，故君子同其事而异其道。"

阅典笔记

世界万物处于对立统一之中，当分而治之。

爻辞

初九：悔亡。丧马勿逐，自复[1]**。见恶人无咎。象曰：见恶人，以辟**[2]**咎也。**

注释

①逐：追赶，寻找。复：回来。②辟：借为避，这里意为消除。

译文

初九:不必悔恨，丢失了马匹，不必寻找，它自会回来，途中碰见坏人，也不会有灾祸。《象辞》说："见恶人"，意在消除恶人的恶意。

古注

《子夏易传》:"睽,异类而同也。未合而悔生也。故六爻初皆咎,而能免之者,以其小事同也。小事同者，何往不同哉，故皆有终也。马，类之异也。睽之初，不相与，故丧之矣。终赖而相济也，则勿逐而自复矣。火泽体异而相恶也，恶而睽之，复相远矣。见而和之，何咎之有。与时终睽，而小事吉也。"

阅典笔记

塞翁失马，焉知非福？

九二：遇主于巷，无咎。象曰：遇主于巷，未失道也。

译文

九二：遇着了热情好客的主人，没有灾难。《象辞》说："遇主于巷"，这说明没有迷失道路。

古注

京房《京氏易传》："九二得立，权臣。"

阅典笔记

人生能够允许几次迷路呢？

六三：见舆曳[①]，其牛掣(chè)[②]，其人天且劓(yì)[③]。无初有终。象曰：见舆曳，位不当也。无初有终，遇刚也。

注释

①舆：大车，曳：拖。舆曳为曳舆的倒装。②掣：李镜池说："掣，作制。"意为牛角一俯一仰，拉得很吃力的样子。③天：通颠，额，这里指烙额。劓：割鼻。

译文

六三：看见一辆拉货的车，拉车的牛一俯一仰拉得很费劲，赶车的人是一个烙了额，割了鼻的奴隶。起初车子陷着不动，后来终于拉动了。《象辞》说：看见一个烙额割鼻的奴隶在拉车，（爻象表明：六三阴爻而居于阳位，所处不当，）像人落入了悲苦的境地。起初不顺，结局倒好，（因为六三阴爻上进遇到九四阳爻，）像人得到强者的帮助。

古注

《子夏易传》："睽始异，而终有遇，履非其位，不安所处，舆曳者也。乘刚不能制下，其牛掣也。四与已睽，近不相得，则害生矣。故自上刑也。履于不正，是固然矣，始睽而难故，无初也。应而后合，故有终也。"

阅典笔记

看到他人失势，不妨帮他一把，没准自己哪天也会需要他人的帮助。

九四：睽孤[①]，遇元夫[②]。交孚[③]，厉无咎。象曰：交孚，无咎，志行也。

注释

①睽孤：犹言旅人孤单地走路。睽，训乖离，这里指旅人。②元夫：元

应读为兀。兀夫即跛子。③交:俱。孚:同俘,犹言被抓。《象辞》解“孚”为信,与经意不合。

译文

九四：旅人孤单地行路，遇上一个瘸子，一同被抓住，情形危险，但终无灾祸。《象辞》说：“交孚，无咎”，说明其志得行，目的达到。

古注

京房《京氏易传》:“诸侯立九四为世，初元世为应。建始甲午至已亥。积算起已亥至戊戌。”

阅典笔记

行人在外，多一个朋友，多一份保障。

六五：悔亡。厥宗噬肤[1]，往何咎。象曰：厥宗噬肤，往有庆也。

注释

①厥:同其，表领属关系，这里指代旅人。厥宗:犹言跟旅人同族的宗人。噬：训吃。肤：这里训肉。

译文

六五：没有悔恨。瞧见同族宗人在吃肉，孤单的旅人欣然结伴同行，一路平安无事。《象辞》说：“厥宗噬肤”，前往，必有喜庆之事。

古注

《子夏易传》:“睽而未通，悔之道也。终而有应，故悔亡之矣。宗二也。三柔比之，欲以为附，二噬而绝也。而愿合于已，往何咎哉。柔肤也。阳噬之易也。中而有与，往有庆也。”

阅典笔记

出门在外靠朋友。

上九：睽孤，见豕负涂[1]，载鬼[2]一车。先张之弧，后说之弧[3]。匪冠，婚媾。往遇雨则吉。象曰：遇雨之吉，群疑亡也。

注释

①豕：大猪。负：借为伏。涂：当读为途，道路；或说涂为泥。负涂：犹言背上有泥。②鬼：这里指打扮奇特的人。③弧：弓。张：指开弓。说：借为脱，指放下弓箭。

译文

上九：旅人孤单地行路，见一头大猪伏在路上，又遇上一辆大车，上面满载着打扮得奇形怪状的人。旅人搭弓欲射，后来又放下弓箭。因为这伙人不是强盗，而是去订婚的。旅人照常行进，遇上大雨，但一切平安。《象辞》说："遇雨"的吉利，是因为双方疑惧消失了。

古注

《子夏易传》："睽之极，恶其孤之深也。三以失位之阴，大乖其道，上以文明之主，观而轻秽之。怪异之先张之弧，不愿之极，后说之弧，思合之深也。无四之寇，则亦亲矣。始睽终合而得吉也。遇阴之极，则好合之道成，又何羣疑之有哉。"

阅典笔记

不打不相识，相逢一笑泯恩仇。

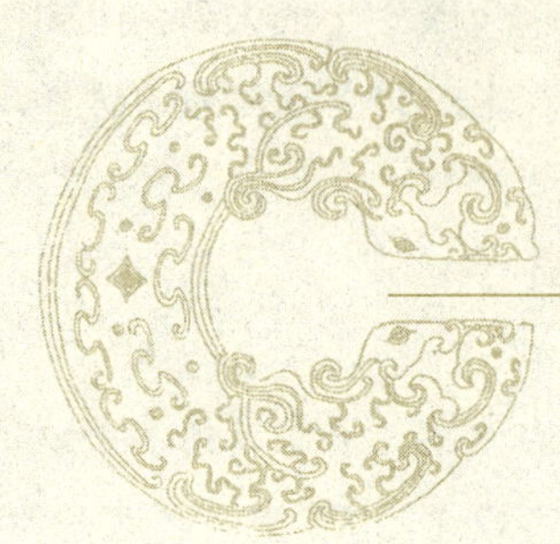

卦三十九　蹇

遭遇困难，停止不前

水山蹇　艮下坎上

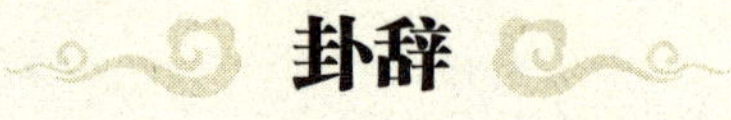

卦辞

蹇[①]：利西南，不利东北。利见大人。贞吉。

注释

① 蹇：卦名。本卦为异卦相叠（艮下坎上）。上卦为坎，坎为水；下卦为艮，艮为山。山上有水，山石嶙峋，水流曲折。山高水险，喻人行路艰难，修业不息，所以卦名曰蹇。蹇，难也。

译文

蹇卦：占卜时遇此卦，利西南行，不利东北行。利见贵族王公，获吉祥之兆。

卦义

蹇是困难的意思，克服困难，需要大人物相助，而且必须坚持正道。

古注

《子夏易传》："见险而止，难其进也。"

阅典笔记

难与不难是可以互相转化的。

彖

彖曰：蹇，难也，险在前也。见险而能止，知(zhì)矣哉[①]！蹇利西南，往得中也；不利东北，其道穷也。利见大人，往有功也。当位贞吉[②]，以正邦也。蹇之时用大矣哉！

注释

①“见险而能止”二句：本卦上卦为坎，坎有险义；下卦为艮，艮有止义。所以蹇卦体现了见险能止的义蕴。知，借为智。② 当位贞吉：此以六二，九五爻象、爻位为据。六二阴爻居阴位（第二位为阴位），九五阳爻居阳位（第五位为阳位）是为得位。贞：贞正，以配六二、九五之爻象，与经意不符。

译文

《彖辞》说：蹇，艰难的意思。蹇的上卦为坎，坎为险；下卦为艮，艮为山。“险阻在前”是蹇卦的卦象。见险而能停止不前，这是明智之举。蹇卦辞说“利西南”，因为西南为坤方，坤为地，地平坦，西南之行是行于正道。卦辞说“不利东北”，因为东北为艮方，艮为山，山险峻，东北之行则困穷不通。卦象又显示，“利见大人”，所往有功。六二之爻与九五之爻各居阴阳之位，有得位之象，像君臣各正其位，各持中正祥和之德，从而国家能得到治理。蹇的卦“贞吉”义是见险而止，进止得时，在生活中意义是重大的。

古注

《子夏易传》：“度德而处，将以营之也。蹇利西南，众顺待治，往而得中，因众而险下济也。不利东北，遂止而不以进，道穷而不能济于蹇也。”

阅典笔记

百姓安居乐业，官员各司其职，国家自然安定。

象

象曰：山上有水，蹇。君予以反身修德。

译文

《象辞》说：上卦为坎，坎为水；下卦为艮，艮为山，山石磷峋，水流曲折，是蹇卦的卦象。君子观此卦象，悟行道之不易，从而反求诸己，修养德行。

古注

《子夏易传》:“山上有水，难之所也，有德者乃能济之。君子反身修德，将以为也。”

阅典笔记

君子博学而日参省乎己。

爻辞

初六：往蹇来誉。象曰：往蹇来誉，宜待也。

译文

初六:出门艰难,归来安适。《象辞》说:出门艰难,归来安适,知难而退,坐待时机。

古注

京房《京氏易传》:“初六元士在应。”

阅典笔记

知难而退，坐待时机。

六二：王臣蹇蹇，匪躬之故①。象曰：王臣蹇蹇，终无尤也。

注释

① 蹇:难。蹇蹇:屡犯艰难，冒险履难。前一蹇字为动词，犹言犯难，冒险；后一蹇字用如名词，艰难。匪：当读为非。

译文

六二:王臣之所以屡犯艰难,并不是为自身私利。《象辞》说:“王臣蹇蹇”,其自身始终没有过失。

古注

《子夏易传》:“得位居正而应于尊，竭力致身以辅于上，救其蹇于蹇中也。五能蹇而已竭焉，可以保其终也。”

阅典笔记

若出公心而非私利，是职务行为，则即便能力不足或偶有粗心大意，也应该原谅。

九三：往蹇来反[1]。象曰：往蹇来反，内喜之也。

注释

①反：借为昪，喜乐也。

译文

九三：出门困难重重，归来笑逐颜开。《象辞》说：出门困难重重，归来笑逐颜开，这是发自内心的喜悦。

古注

《子夏易传》："得位于上，内有其人，安之所也。故往则涉险难中，来则内喜，得其反而安矣。"

阅典笔记

事情再难，却已办好，自然高兴而归。

六四：往蹇来连[1]。象曰：往蹇来连，当位实也。

注释

①连：辇也。

译文

六四：出门步履艰难，归来时却有车可乘。《象辞》说："往蹇来连"，（因为六四阴爻居阴位，）像人才正当其位，德符其名。

古注

京房《京氏易传》："六四诸侯居世。"

阅典笔记

人才当正其位，名德相符。

九五：大蹇朋来[1]。象曰：大蹇朋来，以中节也。

注释

①朋：这里指钱。朋来：犹言赚了钱。《象辞》解"朋"如朋友。

译文

九五：经历了很多艰难困苦，终予获得大利。《象辞》说："大蹇朋来"，（因为九五之爻居上卦中位，）像人节操贞正自能获救。

古注

京房《京氏易传》："九五适变，入坤宫，宫比得朋，阴气合也。坎降入地山谦。"

阅典笔记

不经历风雨，难得见到彩虹，艰苦奋斗后的果实分外甜蜜。

上六：往蹇来硕[①]。吉，利见大人。象曰：往蹇来硕，志在内也。利见大人，以从贵也。

注释

① 硕：借为蹠，跳跃而行。

译文

上六：出门困难重重，归来欢喜跳跃。占卜时遇此爻，吉利，利于会见贵族王公。《象辞》说："往蹇来硕"，说明志气高昂，奋勇取胜。爻辞说：利于会见贵族王公，说明追随贵人，必获福利。

古注

《子夏易传》："柔居阴极内有其应，五极其蹇已，又附之，故往则道穷。求得内附，故大且吉。利见以从，贵也。"

阅典笔记

天上掉不下馅饼，不入虎穴焉得虎子。

卦四十　解

解决困难，与民休养

雷水解　坎下震上

卦辞

解[1]：利西南。无所往，其来复，吉。有攸往，夙[2]吉。

注释

① 解：卦名。本卦为异卦相叠（坎下震上）。上卦为震，震为雷；下卦为坎，坎为雨。雷雨交加，荡涤宇内；阴阳交合，惊蛰震伏。从而万象更新，万物育生，所以卦名曰解。② 夙：早。

译文

解卦：利于西南行。但是，若没有确定的目标，则不如返回，返回吉利。如果有确定的目标，则宜早行，早行吉利。

卦义

舒解险难应当阴柔，与民休息，不使纷扰延续下去，才获吉。

古注

《子夏易传》："济险而动，动出于险，解也。"

阅典笔记

本卦说明舒解险难的道理。发生困难就应设法解除。原则上应采阴柔和平易的方法，而且应当迅速，除恶务尽。

彖

象曰：解，险以动，动而免乎险，解。解利西南，往得众也。其来复吉，乃得中也。有攸往夙吉，往有功也。天地解而雷雨作，雷雨作，而百果草木皆甲坼[①]。解之时义大矣哉！

注释

①甲：篆文作宁，甲文、金文作十，象草木种子出土发芽之形。甲坼：犹言破土发芽，生枝长叶。

译文

《象辞》说：解的内卦为坎，坎为险；外卦为震，震为动。遇险而动，积极行动方可摆脱危险，这就是解卦所昭示的意义。卦辞说“利西南”，因为西南方为坤方，坤为众，西南之行必得众人之助。卦辞说“其来复吉”，因为此行合符正道。卦辞说“有攸往夙吉”，因为所往必有功利。解的上卦为震，震为雷；下卦为坎，坎为雨。因而解的卦象是天地开启而雷雨并作。雷雨并作，则百果草木出土发芽。天地开启，化育万物，其作用是伟大的。

古注

《子夏易传》：“道之夷而无适，不达也。君子可策其名也。解利西南，往而得众，动于外而有功也。其来复吉，复其所亦可以位也。内刚中而得民也。有攸往夙吉，趋时之敏，缓则无功也。天地解而雷雨作，百果草木皆甲拆，自然之应，不疾而速也。君子贵其途而通也。可无夙乎，非知通于物者，不能通于时也。”

阅典笔记

雷雨在给人带来恐惧和灾祸的同时，也孕育了万物。事物总是有两面性的。

象

象曰：雷雨作，解。君子以赦过宥罪。

译文

《象辞》说：本卦上卦为震，震为雷；下卦为坎，坎为雨。雷雨并作，化育万物，是解卦的卦象。君子观此卦象，从而赦免过失，宽宥罪人。

古注

《子夏易传》:“雷雨作,上震下泽,释难之时也。久险不通,人不堪也。赦过宥罪,应乎人心而得其解也。”

阅典笔记

君子应当时常怀有一颗宽容之心。

爻辞

初六:无咎[1]。象曰:刚柔之际[2],义无咎也。

注释

① 本爻无贞事辞,只有贞兆辞。② 际:交际,交会。此以初六、九二爻象、爻辞为据。初六阴爻,为柔,处于九二阳爻(为刚)之下,是刚柔交际之象,喻君臣、夫妻和衷共济。

译文

初六:占卜时遇此爻,没有灾难。《象辞》说:初六与九二相接,为刚柔相应之象,喻君臣、夫妻和衷共济,其义是“无咎”。

古注

《子夏易传》:“解,缓也。无阻艰也。况以柔守下而承于刚乎。得其序也。其义固无咎矣。”

阅典笔记

以柔处下,上应九四,和衷共济,无灾无难。

九二:田获三狐,得黄矢[1]。贞吉。象曰:九二贞吉,得中道也。

注释

① 田:借为畋,狩猎。黄矢:铜箭头。

译文

九二:畋猎获得三只狐狸,猎物身上带着铜箭头,卜问得吉兆。《象辞》说:九二爻辞讲的“贞吉”,(因为九二之爻居下卦中位,)像其人行事遵循正道。

古注

京房《京氏易传》:“气运动,天地剖判,成卦之义,在于九二。”

阅典笔记

“九二”失正，但刚直中和的美德，又上应六五之君，故能不负清除隐患的使命，可获吉祥。

六三：负且乘，致寇至。贞咎。象曰：负且乘，亦可丑也；自我致戎，又谁咎也。

译文

六三：带着许多财物，又是背负，又是车拉，招摇惹盗，自然招致盗寇抢劫，卜问有灾祸之象。《象辞》说：“负且乘”，这是愚蠢可耻之事；“自我致戎”，又能谴责谁呢！

古注

京房《京氏易传》：“变六三为九三，恒卦。”

阅典笔记

如小人乘贵人的车，招致盗贼，难免羞辱。

九四：解面拇[①]，朋至斯，孚[②]。象曰：解而拇，未当位[③]也。

注释

① 解：声借为懈，训懈怠。拇：训脚大指，这里代脚。解而拇：懒动脚，即不想走。② 朋至：赚了钱。斯：用如则。孚：同俘。本爻当为商旅之人一次生活遭遇的记录，《象辞》则将其抹上政治色彩。③ 未当位：此以九四爻象、爻位为据。九四阳爻而居阴位，亦喻人不称其位。

译文

九四：赚了钱，而懒怠不想走，结果被人虏去。《象辞》说：“解而拇”，说明其人怠于职守，不称其位。

古注

《子夏易传》：“刚处于卑而与三相得，如拇附也。未当位者也。非可久也。故解拇而与，初为朋得其正，乃保其孚矣。”

阅典笔记

天道酬勤，人若怠惰，天都会惩罚他。

六五:君子维有解[1],吉。有孚[2]予小人。象曰:君子有解,小人退也。

注释

① 维:维系。解:释也。《象辞》释"有解"与经意不合,详译文。② 孚:惩罚。

译文

六五:君子被拘囚后又获释,吉利;小人将受罚。《象辞》说:"君子有解",说明小人被摒退。

古注

京房《京氏易传》:"与坎为飞伏。立大夫于世,为人而六五降应,委权命于庶品。"

阅典笔记

亲贤臣,远小人。

上六:公用射隼(sǔn)于高墉之上[1],获之。无不利。象曰:公用射隼,以解悖[2]也。

注释

① 隼:即鹰。墉:城墙。② 悖:强也,即强暴。

译文

上六:在高高的城墙上,王公射中一只鹰,并且抓到了,这没有什么不吉利的。《象辞》说:"公用射隼",意在锄强去暴。

古注

《子夏易传》:"解,释弛缓也。故多有纵焉。终而获之,得其时也。三应其诛焉。纵悖之甚,据非其有,虽欲贪戾,其能终乎。而公以法诛,何所不获。悖解众安无不利也。"

阅典笔记

君子当锄强扶弱。

卦四十一　损

减损之道，以诚为本

山泽损　兑下艮上

卦辞

损[1]：有孚。元吉，无咎，可贞[2]。利有攸往。曷之，用二簋(guǐ)[3]。可用享。

注释

① 损：卦名。本卦为异卦相叠（兑下艮上）。上卦为艮，艮为山；下卦为兑，兑为泽。上山下泽，有大泽浸蚀山根之象。所以卦名曰损。用以警戒社会：剥民则损害国基，损人则伤于德行，损益之间，不得不慎。② 孚：同俘。贞：卜问。可贞：称心的卜问。③ 曷：借为馌，馈食也。簋：盛饭的圆器，如同饭盆。

译文

损卦：占卜时遇此卦，将有所俘获，大吉大利，没有灾难，是称心的卜问。而且所往将获利。将有人送来两盆食物，可享口福。

卦义

损卦兑下艮上，兑为泽，艮为山，泽在山下，泽卑山高，以泽之自损以增山高，为损，损象征减损。

古注

《子夏易传》:“损,损下也。”

阅典笔记

损有余,益不足。

彖

彖曰:损,损下益上[①],其道上行。损而有孚[②],元吉,无咎,可贞[③]。利有攸往。曷之用?二簋可用亨。二簋应有时,损刚益柔有时。损益盈虚,与时偕行。

注释

① 损下益上:本卦上卦为艮,艮为山;下卦为兑,兑为泽。《彖辞》以山比喻统治者,以泽比喻下层群众。它认为剥损人民奉养统治者,是天经地义之事。下文“损刚益柔”其义与此同。② 孚:信,中。这里当指适中而言,即节度,与经意不同。③ 贞:《彖辞》释为中正,犹言稳定。

译文

《彖辞》说:损,征赋于百姓而奉养贵族王公,这是国家法度,由统治者制定而广泛施行。征赋百姓,但能“有孚,元吉,无咎,可贞。利有攸往。曷之用?二簋可用亨”。征赋百姓,奉养王公贵族,虽然是国家法度,但有时也裁抑王公贵族的利益,而赈济民困。总之损上益下,损下益上,应因时制宜,制衡得当。

古注

《子夏易传》:“夫上也者,下之庇也,可无奉乎。故分下之刚,而上益于柔,下不敢多,而奉其上也。损者,益之本,能损而当,则民成矣。大吉而无咎。虽损也,其道存焉,可以正也,有正而能损已,何往而不可哉。损而得于时,虽至约可也。竭刚以奉,其道不存,不可正也已矣,故损益盈虚而与时偕行也。刚者,君子之道也,故处于下以奉其上,居其上以益于下,君子之道也。下者上之本也。不可以失其所也,故损益之辞系焉,为人上者不可不虑下也。”

阅典笔记

自损不善，自损其欲的益于公理，自损其自家的益于天下。

象

象曰：山下有泽，损。君子以惩忿窒欲。

译文

《象辞》说：本卦上卦为艮，艮为山；下卦为兑，兑为泽。可见山下有泽是损卦的卦象。君子观此卦象，以泽水浸蚀山脚为戒，从而制止其忿怒，堵塞其贪欲。

古注

《子夏易传》："山下有泽，山止其上，损泽而上，润也。君子之可损者，忿欲也。纵之而咎生也，故戒之。"

阅典笔记

君子戒贪，戒躁。

爻辞

初九：已事[①]遄（chuán）往，无咎。酌损之[②]。象曰：已事遄往，尚合志也。

注释

① 已事：是说在上爻所当之日有祭祀活动。巳，天干的第六日，为祭祀的吉日。② 酌损之：此当针对祭品而言，祭品过丰，即剥民过甚。

译文

初九：祭祀大事，得赶快去参加，这才不会有灾难。祭品过丰，可以酌情减损。《象辞》说："已事遄往"，这是体现了敬畏鬼神的心意。

古注

《子夏易传》："损贵其合时，初以结之，合其志也。故止其事而遄往，则终无咎矣。酌者，损之薄也。损以奉上，宜乎夙也，初犹遄也，其可后乎。当其时，虽酌之当也。"

阅典笔记

舍己为人，没有什么灾难，但是当量力而行。

九二：利贞，征凶。弗损，益之。象曰：九二利贞，中以为志也。

译文

九二：吉利的卜问，征伐他国则凶。因为这样做对于他国非但不能损伤，反而有利。《象辞》说：九二爻辞讲的“利贞”，（因为九二之爻居下卦中位，）像人行事以处正守贞为心。

古注

《子夏易传》：“初遄往而酌损之，贵其初合其志也。于事中可以守，务利其正也。损非其时，徒失其正，征之凶也。志守中正，而从其事不损己，以奉上，而上来，益已得，其中道者也。”

阅典笔记

兵者，国之凶器也。

六三：三人行则损一人，一人行则得其友。象曰：一人行，三则疑①也。

注释

①疑：主张分歧，不得不实行，意见相对。

译文

六三：三人同行，难免意见分歧，必有一人被孤立。一人独行，孤单无助，则主动邀人作伴。《象辞》说：一人独行，凡事自作主张，事无掣肘；三人同行，遇事各持己见，滋生疑惑。

古注

京房《京氏易传》：“成高之义，在于六三。在臣之道，奉君立诚。”

阅典笔记

三个和尚没水喝。

六四：损其疾，使遄有喜①，无咎。象曰：损其疾，亦可喜也。

注释

①使：使人祭祀。有喜：谓病愈为有喜。

译文

六四：要消除疾病，赶快求巫祭神，病就会有好转，必无灾难。《象辞》说："损其疾"，也是可喜之事。

古注

《子夏易传》："远于阳而处两阴之间，待初之来而为勤，望之初遄，来使已疾，损而有喜也，亦有何咎。"

阅典笔记

"六四"能自损其患，迅速接纳初九阳刚，尚为可喜。

六五：或益之十朋之龟[①]，弗克违，元吉。象曰：六五元吉，自上祐也。

注释

① 朋：朋贝，即钱币。十朋之龟：言价值昂贵。

译文

六五：有人送给他价值十朋的大龟，这不能拒而不收，得龟用于占卜这是大吉之事。《象辞》说：六五爻辞讲的"元吉"，因为上天保佑他，(赐以灵龟，所以大吉。)

古注

《子夏易传》："损而益之，天之道也，人之理也。居尊以柔，能损诸已也，则天佑之。民归之莫不感说以奉益也，或也者非意之而自外至也。虽十朋之龟，莫违其大吉也。"

阅典笔记

其实很多时候收礼的人比送礼的人痛苦。

上九：弗损，益之，无咎，贞吉。利有攸往。得臣无家[①]。象曰：弗损益之，大得志也。

注释

① 臣：这里指奴隶。无家：当为单身奴隶。

译文

上九：不要减损，不要增益，一任其旧，没有灾难，卜问得吉兆。占卜时遇此爻，有所往则必获利，将得到一单身奴隶。《象辞》说："弗损益之"，平生志愿当能实现。

古注

《子夏易传》："损，损下奉其君也。上非受益之地，亦臣于主也。而刚正以处之，五柔以奉之，故不损己以奉主，而为主所益也，复何咎哉。得正之吉也。尚德而往，何不利乎，高而无位，赞五之功，虽应得臣，无自有也。上贤之德得损之终反受其益，大得志者也。"

阅典笔记

平衡，在很大程度上是保守的。

卦四十二　益

助益他人，获得信任

风雷益　震下巽上

卦辞

益[1]：利有攸往，利涉大川。

注释

①益：卦名。本卦为异卦相叠（震下巽上）。上卦为巽，巽为风；下卦为震，震为雷。风雷激荡，其势愈增。所以卦名曰益。与损卦之义，互相对立，构成一个统一的组卦。

译文

益卦：占卜时遇此爻，利于有所往，利于涉水渡河。

卦义

益，为损上益下，益者，增长，象征增益。既行损上益下之道，则会利于有所前往，排难涉险。

古注

京房《京氏易传》："天地不交曰否。六二阴，上柔，刚九四下降积阴，故为益。"

阅典笔记

诚心诚意助益他人，必然也会得到诚心诚意的回报。

彖

彖曰：益，损上益下，民说无疆。自上下下[①]，其道大光[②]。利有攸往，中正有庆[③]；利涉大川，木道乃行。益动而巽[④]，日进无疆；天施地生，其益无方[⑤]。凡益之道，与时偕行。

注释

① 下下：前一“下”为动词，犹言深入；后一“下”用如名词，即下层，犹言民间。② 光：借为广。③ 中正有庆：此以六二、九五爻象、爻位为据。六二阴爻居阴位（第二位为阴位），处下卦中位。九五阳爻居阳位（第五爻为阳位），处上卦中位，是正得其位。《彖辞》又以六二喻臣民，九五喻君王，像君臣百姓各安其位。④ 益动而巽：益指益卦。上卦为震为动，下卦为巽为谦。敢为而谦逊，是益卦的义蕴。⑤ 方：类也。无方：犹言不分种类，不分地域，一视同仁。

译文

《彖辞》说：益，就是指减轻赋役，苏解民困，这样老百姓就会欢喜无边。君上谦卑，深入民间，体察民意，那么他的道义广庇四方。益卦辞说“利有攸关”，因为九五、六二分别居于上卦下卦中位，像君臣百姓，各守其道，所以吉庆安宁。卦辞又说“利涉大川”，因为益的上卦为巽，巽为木，下卦为震，震义为动，这一卦象表示刳木为舟，浮水而行，平安顺利。巽义为谦逊，敢于作为而心怀谦逊，其事业必定与日俱进，不可限量。上天泽润万物，大地生育万物，天地对于万物一视同仁，泽惠无边。天地对于万物，君上对于百姓，施恩布惠的主要原则是：贵在及时，要在应急。

古注

京房《京氏易传》:“雷动风行，男下女上，阳益阴，君益于民，民之仰也。”

阅典笔记

水能载舟亦能覆舟。

象

象曰：风雷，益。君子以见善则迁，有过则改。

译文

《象辞》说：本卦上卦为巽，下卦为震，风雷激荡，是益卦的卦象。君子观此卦象，惊恐于风雷的威力，从而见善则从之，有过则改之。

古注

《子夏易传》："雷行而风从，益，其震也。见善则迁，有过则改，益莫大也。"

阅典笔记

有过则改，无则加勉。

爻辞

初九：利用为大作[①]，元吉，无咎。象曰：元吉无咎，下不厚事也[②]。

注释

① 用：这里用法同于。大作：犹言大兴土木。② 下：这里指庶民。厚：俞樾说："厚读为后。"厚事即后事，犹言拖拉了工程进度。

译文

初九：占卜时遇此爻，利于大兴土木，大吉大利，并无灾祸。《象辞》说：大吉大利，并无灾祸，因为百姓努力工作，加快了工程进度。

古注

《子夏易传》："益，损上益下者也。夫受上之益而岂徒哉，必有大功而可以当之矣。初以刚下为动之主，能堪也大事者。下者难处之地，非专厚之所，得其大吉，乃无咎也。"

阅典笔记

位卑势低，虽难胜任大事，但受益于上，可担大事，但必然是善事，才不会铸错。

六二：或益之十朋之龟，弗克违[①]。永贞吉。王用享于帝，吉。象曰：或益之，自外来也。

注释

①“或益之十朋之龟”二句：与损卦六五爻辞同。但与下文连看，似与文王有关。《书·大诰》：“予不敢闭于天降威，用宁王遗我大宝龟，绍天明。”意即文王送我们大宝龟，命我们继承天命。录此以备考。

译文

六二：有人赐予价值十朋的大龟，不可拒违其命。卜问得长久的吉兆。君王祭祀天帝，吉利。《象辞》说：“或益之”，说明这大宝龟是从外面送来的。

古注

《子夏易传》：“柔以得位，受上之益，得中之道，能精意以奉五，通于人而信于神也，故外来非常之佑也。夫阴之所利，在于永贞，而二能尽之，其于吉也。虽访诸十朋之龟，不能违也，长正之道，岂止于臣下哉。虽王用之而享于上帝吉也。”

阅典笔记

能得贵人，也是以柔顺中正之故。

六三：益之，用凶事[①]**，无咎。有孚，中行告公用圭**[②]**。象曰：益用凶事，固有之也。**

注释

① 凶事：犹言丧事。此处似指武王逝世。用：因。② 中行：似为人名。圭：即珪。祭祀时要执珪，故以“用圭”指代祭祀。

译文

六三：因为武王逝世，增加祭祀鬼神的祭物，没有灾祸。武庚乘国丧作乱，周公发兵征讨，大获胜仗，抓获俘虏。中衍向周公报告，从而举行祭祀。《象辞》说：增益“用凶事”，这是自然之理。

古注

京房《京氏易传》：“六三三公居世。”

阅典笔记

心存诚信，持中慎行，努力施用于救凶平险，才不会有过失。

六四：中行告公从。利用为依迁国[①]**。象曰：告公从，以益志也。**

注释

① 中行：即六三爻辞所讲的仲衍，又称微仲。依，即殷。

译文

六四：中衍向周公报告了处理殷室遗民之事，周公听从了，顺利地将殷商遗民分封给各封国。《象辞》说："告公从"，说明君臣上下团结更加巩固。

古注

《子夏易传》："原本阙传。"

阅典笔记

助益他人，获得信任和支持。

九五：有孚。惠心，勿问[①]，元吉，有孚。惠我德。象曰：有孚惠心，勿问之矣。惠我德，大得志也。

注释

① 惠心：好心。勿问：不必追问。惠心勿问：犹言安抚俘虏，不追究其罪责。

译文

九五：捕获了很多俘虏，安抚他们，不必追究，大吉大利。这些俘虏，将感戴我的恩德。《象辞》说："有孚惠心"，不要追究他们的责任，"惠我德"，说明这样可以笼络人心。

古注

《子夏易传》："有中正之德，当益之尊，信以令人，施以心惠，勿问之矣，乃大吉也。我信惠下，下益报之，上下交孚，治之至也，大得其志矣。"

阅典笔记

以惠心得天下，天下人也必将感恩报答。

上九：莫益之，或击之[①]。立心勿恒，凶。象曰：莫益之，偏[②]辞也，或击之，自外来也。

注释

① 莫：不定代词，犹言没有人。益：帮助。或：不定代词，犹言有人。击：攻击。② 偏：当读为遍，即周遍。

译文

上九：没有人帮助他，还有人攻击他。在这种情况下，立志不坚定，就要坏事。《象辞》说："莫益之"，这是周遍之辞，表示根本没有相助者。"或击之"，说明这攻击来自外部。

古注

京房《京氏易传》："上九宗庙为应。"

阅典笔记

阳刚元盛，贪求不已，故天下无人增益，群起攻之，会有伤害。

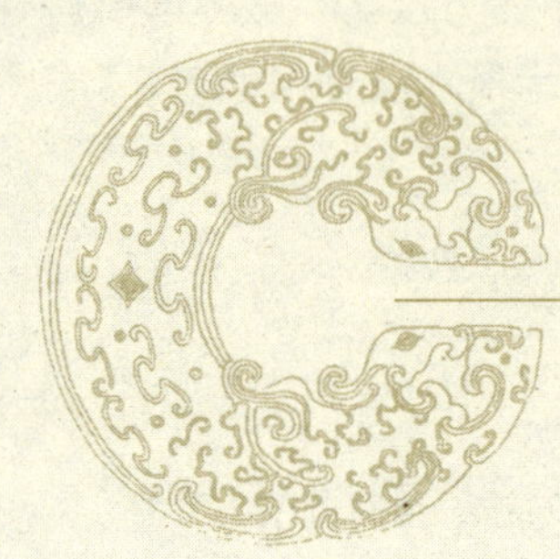

卦四十三　夬

消除小人，刚毅果断

泽天夬　乾下兑上

卦辞

夬(guài)[①]：王庭，孚号[②]。有厉，告自邑。不利即戎[③]，利有攸往。

注释

①夬：卦名。本卦为异卦相叠（乾下兑上）。上卦为兑，兑为泽；下卦为乾，乾为天，兑上乾下，有洪水涨上天之象。洪水滔天，必冲决堤防，所以卦名曰夬。夬，决也。②孚号：即呼。③戎：武装，这里指军事行动。即戎：犹言投入战斗。

译文

夬卦：王庭里正跳舞作乐。有人呼告："有敌人来犯。"邑中传来命令："出击不利，要严阵以待。"占卜时遇此爻，出外旅行则吉利。

卦义

君子制裁小人时，应光明正大公布小人的罪过，以诚信号召群众，合力将小人排除。但小人诡计多端，仍会危险，告诫人们引以为诫，施"仁政"，建章立法，不乱用武施暴，这样进行才会有利。

古注

《子夏易传》："阳长终位而阴微也。"

阅典笔记

本卦从阴阳矛盾激化出发，指明阳刚必须果断制裁阴柔，正气应当压倒邪气，君子当清除小人。

彖

彖曰：夬，决也。刚决柔[①]也。健而说，决而和。扬于王庭，柔乘五刚也[②]。孚号有厉[③]，其危[④]乃光也。告自邑，不利即戎，所尚乃穷也。利有攸往，刚长[⑤]乃终也。

注释

①刚决柔：本卦初、二、三、四、五爻均为阳爻，为刚；仅第六爻为阴爻，为柔。阳刚强盛，阴柔弱小，故曰"刚决柔"。②"扬于王庭"二句：《彖辞》认为本卦上六为阴爻，居于五阳爻之上，是小人凌驾群贤，阴柔凌驾群刚之象。③孚号有厉：《彖辞》解"孚号"为号令。解"厉，为严厉。正缘它所理解的小人"扬于王庭"的意思而来。④危：危险。⑤长：增长。夬卦下五爻皆为阳爻，为刚，再上进一位，则全卦之爻皆阳，阴柔彻底消退。比喻去尽小人，留得满朝君子。

译文

《彖辞》说：夬，就是决断的意思。夬卦刚众柔弱，刚能决胜于柔。上卦为兑，兑义为悦；下卦为乾，乾义为健。刚健而又和悦，敢于决断而又能和睦相处，这是夬卦的品德。"扬于王庭"，这是因为上六阴爻居于全卦阳爻之上。"孚号有厉"，小人得势，蕴藏着危机，而且是普遍的危机。"告自邑，不利即戎"，因为发兵出战，崇尚武力，这是穷困之道。"利有攸往"，是说上六之爻，孤悬独立，阳刚之爻再增进一步，则全卦纯阳，意味着小人消退，君子得势。

古注

《子夏易传》："君子在位，小人在野，健制而能悦之，不隐情也。刚决而能和之，不任力而刚不过中也。故显于王庭而民得治也。夫用九即吉于无首也，刚长即凶于用壮也。道之穷则不富矣，其危矣哉。信有危而思患，呼号终无刑，乃保其光也。告自邑，扬而令之从也。不利即戎，肆刚骋力，道途斯变。利有攸往，柔道外而刚治遂终也。”

阅典笔记

阴阳交替，小人得志只在一时。不以物喜，不以己悲。

象

象曰：泽上于天，夬。君子以施禄及下，居德则忌。

译文

《象辞》说：泽水上涨，浇灌大地，是夬卦的卦象。君子观此卦象，从而泽惠下施，不敢居功自傲，并以此为忌。

古注

《子夏易传》：“泽上于天，上泽以及下也。上以明法，决治致其平也。君子以施禄及下，惠其泽也。选德以居其位，取则以上为禁，尽己而不敢上越也。”

阅典笔记

君子行事，效法天地之道。

爻辞

初九：壮[①]于前趾。往不胜为咎。象曰：不胜而往，咎也。

注释

①壮：借为戕，即伤。

译文

初九：脚趾受伤，仍然继续前进，将因为脚力不胜而遭致灾难。《象辞》说：“不胜”而前往，将遭灾难。

古注

《子夏易传》：“阳处体初，志在乎前，趾将行以，求胜也。壮之用斯穷之矣，下之微也，何可胜哉。知其不可以往之，自为咎也。”

阅典笔记

凡事尽力就好，不要勉为其难，当知难而退。

九二：惕号，莫夜有戎，勿恤[1]。象曰：有戎，勿恤，得中道也。

注释

①惕号：惊碍。莫：古暮字。戎：这里指兵戎之灾。恤：担忧。

译文

九二：恐惧地惊叫，夜间有敌来犯，但不足为患。《象辞》说："有戎，勿恤"，（因为九二之爻居下卦中位，）像人得中正之道。

古注

京房《京氏易传》："九二大夫为应。"

阅典笔记

做好防备，纵使有敌骤至，也无须紧张。

九三：壮于頄（qiú）[1]，有凶。君子夬夬独行，遇雨若濡[2]。有愠[3]无咎。象曰：君子夬夬，终无咎也。

注释

①壮：借为戕。頄：颧骨。②濡：湿。③愠：恼怒。

译文

九三：颧骨受伤，这是凶象。君子匆匆忙忙地独个儿行路，碰上了雨，全身淋湿了，令人很不快，但没有灾难。《象辞》说："君子夬夬"，但最后没有灾难。

古注

《子夏易传》："当位上应，往而为壮，内得其心，外形于色，壮见于頄也。行而与邪凶之道也。夫君子治己，岂系于私哉。虽独行，遇应而润于我，而反恕其邪志，匪其失亦又何咎。"

阅典笔记

磨刀不误砍柴工，做好事先的准备，有备无患。

九四：臀无肤，其行次且[1]。牵羊悔亡，闻言不信。《象》曰：其行次且，位不当也。闻言不信，聪不明也。

注释

①次且：借为趑趄。

译文

九四：臀部受伤，走起路来踉踉跄跄。牵羊上路，悔恨丢失了羊儿，这是由于对别人的告诫不相信。《象辞》说："其行次且"，（因为九四阳爻而居阴位，）像人处境不利。"闻言不信"，说明听觉虽好，但不明事理。

古注

京房《京氏易传》："九四悔也。泽上于天，君道行也。九四柔来文刚，阴道存也。阴之道不可终否，刚柔相济，日月明矣。天地定位，人事通也。"

阅典笔记

君子虚心纳谏，则智明而行无过。

九五：苋陆夬夬，中行[①]无咎。象曰：中行无咎，中未光[②]也。

注释

① 苋：山羊。陆：借为踛，跳而跑。中行：道路中间。② 光：借为广。

译文

九五：细角山羊在道路中间蹦蹦跳跳，占卜时遇此爻无灾难。《象辞》说："中行无咎"，大概是没有将中行之道推广施行。

古注

京房《京氏易传》："九五立世。"

阅典笔记

中正之道关键在于实行，而非看嘴上说得有多好听。

上六：无号[①]，终有凶。象曰：无号之凶，终不可长也。

注释

① 无：当作犬。号：哭号。古人以犬号为凶兆。

译文

上六：狗在哭叫，预兆着终将有凶险之事。《象辞》说："无号"的凶险，说明国运衰微，终不可保。

古注

《子夏易传》："刚长而一柔尚存，亡无日矣。虽号之无及已也。"

阅典笔记

历朝之亡，非人力，在于国运已尽。

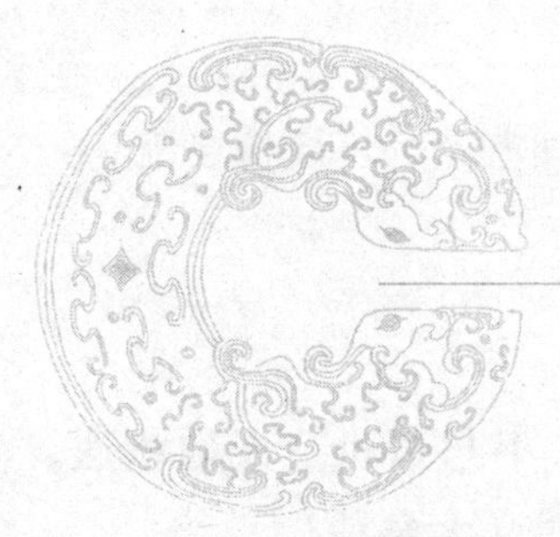

卦四十四 姤

身陷小人，刚柔相济

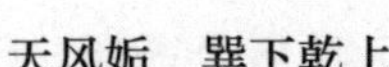

天风姤 巽下乾上

卦辞

姤(gòu)：女壮，勿用取女①。

注释

①姤：卦名。本卦为异卦相叠(巽下乾上)。上卦为乾，乾为天；下卦为巽，巽为风。天下有风，吹拂万物;阴阳交遇，万物盛壮。在《彖》、《象》看来，用喻君王在上，颁教命于下，风行天下，洽合人意，治道大行，所以卦名曰姤。姤，当读为遘，遇也，即交合之意。姤卦与夬卦卦象相对，构成了一个统一的组卦。壮：借为戕，伤。取：借为娶。女壮：当为梦占辞，即求筮的人以梦中之事求占吉凶。

译文

姤卦：梦见女子受伤。占卜时遇此卦，不利于娶女。

卦义

相遇之道当正，不可违礼致乱。本卦阴爻周旋在五阳爻之间，疑此女不守贞节，而且身体强壮，相遇时不可娶其为妻。但也不一定都恶劣。刚遇到中正的柔，刚柔相济，才能使其抱负大行于天下。

古注

《子夏易传》:"阳也,君人之道也,正之恒也。"

阅典笔记

尊者修德求贤,贤者必自天而降,与之合应。非己之物不宜擅自用之。

彖

彖曰:姤,遇也,柔遇刚[①]也。勿用取女,不与长也。天地相遇,品物咸章也[②]。刚遇中正[③],天下大行也。姤之时义大矣哉!

注释

① 柔遇刚:本卦的基本结构是,初六阴爻居于下,其余五阳爻居于上。意为阴爻初生,即所遇者皆为阳爻,故曰"柔遇刚"。② 品:种类。品物:万物。咸:皆。章:犹言茂盛。③ 刚遇中正:本卦九二阳爻,为刚,居下卦中位,九五阳爻,为刚,居上卦中位,均得其位。像君子得位,行贞正之道。

译文

《彖辞》说:姤,就是相遇的意思,即指初六阴爻与其余五阳爻相遇。卦辞所讲的"勿用取女",因姤卦的卦象是一阴爻与五阳爻相遇,像一女遇五男,他们之间是不能长久相处的。卦象又显示:天地相遇,阴阳交汇,万种物类成长壮大。九二阳爻、九五阳爻分别居于下卦、上卦之中位,像君臣分居其位,秉行中正之道,因而正道大行于天下。天地相遇,阴阳交流,合乎时宜,循乎时序,其意义是十分重大的。

阅典笔记

天地阴阳配合,也有其自身的规律,不相符者在一起是不能长久的,做事、为人也是如此。

象

象曰:天下有风,姤。后以施命诰四方[①]。

注释

① 后:君。诰:告。

译文

《象辞》说:天下有风,是姤卦的卦象。君王观此卦象,从而效法于风之吹拂万物，施教化于天下，昭告四方。

古注

《子夏易传》："人之治者，火承上之风，能君天下者，得天下之治也。施命告四方，人承其命，咸得其遇也。"

阅典笔记

教化施于天下，本是好事，但也要昭告四方。做了好事要留名，不求流芳百世，至少让榜样传承下去。

爻辞

初六：系于金柅[①](ní)，贞吉。有攸往，见凶。羸（léi）豕孚蹢(zhí)躅(zhú)[②]。象曰：系于金柅，柔道牵也。

注释

① 金：这里指黄铜。柅，织布帛的一种工具。这是布道者惯用的手法。② 羸：瘦弱。豕：猪。孚：读为桴(fú)，牵引。蹢躅：徘徊不前的样子。

译文

初六：细柔之线牵附于黄铜柅子之上，这是吉利的贞兆。若占问有所往，则必逢凶险，就像瘦弱的猪被不情愿地拖回来。《象辞》说："系于金柅"，是说柔物被牵制于刚物，以像柔弱者依附于刚强者，则获吉利。

古注

京房《京氏易传》："建午起坤宫初六爻。"

阅典笔记

依靠外力，终究是权宜之计，关键还是依靠自己。

九二：包有鱼[①]，无咎，不利宾[②]。象曰：包有鱼，义[③]不及宾也。

注释

① 包：作庖，即厨。包有鱼：梦占之辞。② 宾：这里用如动词，犹言宴请宾客。③ 义：读为宜。

译文

九二：厨中有鱼。占得此爻，没有灾祸，但不利宴请宾客。《象辞》说："包有鱼"，不宜大肆宴请宾客。

古注

《子夏易传》："阴者，身之资也。鱼非食之珍者。初非阴之正者，卦无阴，亦众之所向也。已得之而供其求，众失之，未足深吝，故获之无咎。得其中者也。畜非正之物，惧人之见，其义岂及于宾哉。"

阅典笔记

宴请宾客，要量力而行。生活中也是如此，不要打肿脸充胖子。

九三：臀无肤，其行次且[①]，厉，无大咎。象曰：其行次且，行未牵也。

注释

①肤：肉，臀无肤，犹言臀部负伤。次且：借为趑趄。此句为梦占辞。

译文

九三：臀部负伤，行走困难。占得此爻，有危险，但尚无大的灾难。《象辞》说："其行次且"，因为没有人扶持。

古注

《子夏易传》："求初之，合二已，得矣，胡获焉。坐而不安，行而不正，牵系其柔而未得也。以其不获也。而止于位，故免于争竞之患虽，危而无大咎也。"

阅典笔记

尽量避免陷入孤立无援的境地。

九四：包无鱼，起[①]凶。象曰：无鱼之凶，远民也。

注释

①起：动也。

译文

九四：厨中无鱼。占卜时遇此爻，有所动作必遭凶险。《象辞》说："无鱼"的"凶"，（因为九四阳爻而居阴位，）像君王失其权位，脱离民众。

古注

京房《京氏易传》："九四诸侯，坚刚在上，阴气处下。"

阅典笔记

脱离群众，失去民心。

九五：以杞包瓜，含章，有殒自天[1]。象曰：九五含章，中正也。有殒自天，志不舍命也[2]。

注释

①以：这里通倚，训缠着。包：这里通匏。包瓜：犹言匏瓜。章：训文彩。含章：犹言很有文彩。天：这里声假为颠，训头顶。殒：训掉下。天：《象辞》解如字，与经意不合。此句记梦中之象，但无贞兆之辞。②不：当读为否，闭塞不通也。舍：借为捨。志不舍命：谓其志闭塞不得行，则舍弃生命也。

译文

九五：匏瓜缠着杞树生长，隐印的瓜纹很好看。忽然从头顶上方掉下一个瓜来。《象辞》说：九五爻辞讲的“含章”，（即指九五之爻居上卦中位，）像人秉含中正之德。“有殒自天”，说明高尚的志行不得施行，故舍命而殉志。

古注

《子夏易传》：“无中正之德者，皆无鱼以至于悔也。至五德博而位尊，谋其道不思其欲，故食杞匏瓜而已。夫以刚正之体，含章明之德，志在行道不舍教令，如天降之也。莫不咸赖矣，所谓刚遇中正而天下大行也。”

阅典笔记

屈己谦下，求遇贤方，则必有贤者自天而降，与之应合。

上九：姤其角[1]，吝，无咎。象曰：姤其角，上穷吝也。

注释

①姤：遭遇。“姤其角”也是梦象。

译文

上九：遭遇野兽，处于它的角锋之下，不是好兆头，但没有大的灾难。《象辞》说：“姤其角”，（因为上九阳爻居一卦之尽头，）像人处于穷困之境地。

古注

《子夏易传》：“已过体矣，何所遇乎，姤于角也。以是求遇，可惜者也。不至于争，无吝已矣。”

阅典笔记

人要学会避祸。

卦四十五　萃

荟萃云集，顺利亨通

泽地萃　坤下兑上

卦辞

萃[1]:亨。王假有庙[2]。利见大人,亨,利贞。用大牲[3]吉。利有攸往。

注释

①萃：卦名。本卦为异卦相叠（坤下兑上）。上卦为兑，兑为泽；下卦为坤，坤为地。有泽淹大地，洪水横流之象。用比喻政事丛杂，危机四伏，以警戒君子顺天任贤，防范未然，所以卦名曰萃。萃，聚也。②假：至也。有：犹予也。③大牲：牛。古代以牛为大牲。

译文

萃卦:通泰。王到宗庙举行祭祀。占得此卦，利于会见贵族王公，亨通，这是吉利的贞兆。用牛牲祭祀，也很吉利，并且出行吉利。

卦义

天下会聚之时，预示顺利亨通，德高望重者主持会聚，必能遵循正道，如用大的牺牲祭祀祖先，虽然浪费，也会吉祥，聚集使物资丰富，民心一致，就可积极前进，从事大的事业了。

古注

《子夏易传》:“顺而以说,柔无违也。”

阅典笔记

聚合人心，会通上下，才能亨道畅达。

彖

彖曰:萃,聚也。顺以说,刚中而应,故聚也[①]。王假有庙,致孝享也,利见大人,亨,聚以正也。用大牲吉。利有攸往,顺天命也。观其所聚,而天地万物之情可见矣!

注释

①“顺以说”三句：本卦下卦为坤，坤义为顺，上卦为兑，兑义为悦。所以柔顺而又和悦是萃卦的义蕴。九五阳爻，为刚，居于上卦中位，所以说“刚中”。它与居于下卦中位的六二阴爻，同位相应。这些从不同角度反映出的综合性的卦、爻之象，就组成了萃卦的卦象。聚：聚积，团结。

译文

《彖辞》说：萃，就是聚积的意思。萃卦的下卦为坤，坤义为顺；上坤为兑，兑义为悦，而且九五阳爻居上卦中位，这是萃卦的卦象。它昭示人们：顺应事理，取悦人心，君子各守中正之道，互相和应，这样必能团结大众。“王假有庙”，这是君王致孝先祖的享祭。“利见大人，亨”，这是说君子团结聚集，是本着光明正大的原则，并非以私邪互相交通。“用大牲吉。利有攸往”，这是顺应天命的举动。君子相聚则相励以正道，小人相聚则相推入祸门，综观天地间人类、物类的类聚群分，它们的吉凶祸福就可以知道了。

古注

《子夏易传》:“刚中正而应，保其萃以通也。天下大聚，正者而孝享，聚其昭穆，刚尊而利以见也。萃其正而通也。用大牲吉，聚而丰之，得其称也。夫聚而通之。何往不利。顺于类正而相聚得其通，而保其久也。天地万物之情见于此矣。”

阅典笔记

事物久聚必生变乱，人情久聚必萌异心，故聚会不可不戒备意外。

象

象曰：泽上于地，萃。君子以除戎器，戒不虞①。

注释

①除：修。戎：兵也。不虞：意外之患。

译文

《象辞》说：本卦上卦为兑，兑为泽；下卦为坤，坤为地。泽水淹地，是萃卦的卦象。君子观此卦象，以洪水横流，祸乱丛聚为戒，从而修治兵器，戒备意外的变乱。

古注

《子夏易传》："泽得地以久，地得泽以润相，聚之道也。众之聚也，不可以无防，故君子以除戎器，戒不虞。"

阅典笔记

国不可一日无防。

爻辞

初六：有孚不终①，乃乱乃萃②。若号③，一握为笑。勿恤，往无咎。象曰：乃乱乃萃，其志乱也。

注释

①不终：抓来后又逃跑。②乱：纷乱。萃：当读悴，忧虑，解"萃"如悴，憔悴。③若：而也。号：呼号。

译文

初六：捕获了俘虏，却又逃跑了，引起纷乱和忧虑，大家呼喊着四处追捕。终于追回了，又高兴得嘻嘻哈哈，用不着担忧了。占得此爻，大胆前往，没有灾难。《象辞》说："乃乱乃萃"，其人神志昏乱。

古注

《子夏易传》："四为上应，三近附之，已信不终，失其萃矣。则心惑而志乱矣。何所利哉。若小能号呼，自省度其可否，反而哂之不以为笑，静然保居，终获其应，复何忧哉。往必无咎也。"

阅典笔记

早期缺乏有效的管理机制，后期的混乱几乎就成了必然。

六二：引吉[①]，无咎，孚乃利用禴(yuè)[②]。象曰：引吉无咎，中未变也。

注释

①引：声假作永，训长期。引吉：犹言永吉，即长期吉利。②孚：同俘，这里指用作人牲的俘虏。禴：经传作礿，春祭名。

译文

六二：占得此爻，长时间吉利，没有灾难。占问祭祀，贞兆显示：春祭要用俘虏作人牲才好。《象辞》说："引吉无咎"，（因为六二阴爻居于下卦中位，）像人坚守正道，决不改变。

古注

京房《京氏易传》："六二大夫居世。"

阅典笔记

坚守正道，决不改变！

六三：萃如嗟如[①]，无攸利，往无咎，小吝。象曰：往无咎，上巽[②]也。

注释

①萃：借为悴，忧虑。如：形名词词尾，无义。②巽：通逊，服从。上巽：巽上的倒装，犹言顺从上面的人。

译文

六三：忧愁嗟叹。占得此爻，无所利。出行则无灾难，但有小小的麻烦。《象辞》说："往无咎"，（因为六三阴爻居于九四阳爻之下，）像臣下顺从君上，行为谨慎。

古注

《子夏易传》："下皆上，萃。已无应焉。萃如，嗟如也，何所利哉。奉于四刚，刚巽而与，故往而无咎。不能下已而从人，位之失矣，可小惜也。"

阅典笔记

亲密协调，相聚无祸。

九四：大吉，无咎。象曰：大吉，无咎，位不当也。

译文

九四：大吉大利，没有灾难。《象辞》说："大吉，无咎"，（因为九四阳爻而居阴位，）像人才小德薄而忝高位，（论其官运则谓亨通，论其居官则求无灾祸而已。）

古注

《子夏易传》："承上於地以刚處之，而下據其衆，非其至公奉上之心大吉則咎也。"

阅典笔记

至坚至贞，以德服人。

九五：萃有位[1]，无咎。匪孚[2]，元永贞[3]，悔亡。象曰：萃有位，志未广也。

注释

①萃：借为瘁。有：这里用法同于。②孚：罚也。③元：大。永：长久。

译文

九五：瘁心力于其职守，没有灾祸。不轻易责罚别人，卜问长期的吉凶，贞兆显示：没有大的悔恨。《象辞》说："萃有位"，结果仅仅是没有灾祸，因为才具驽下，不能有所建树。

古注

京房《京氏易传》："九五至尊见应。"

阅典笔记

广聚天下，但尚未完全取信于民，所以守持正固才能感化天下。

上六：赍(jī)咨(zī)涕洟[1]，无咎。象曰：赍咨涕洟，未安上也。

注释

①赍咨：即咨嗟，叹息。涕：眼泪。洟：鼻涕。

译文

上六：叹息流涕，忧心忡忡，但没有灾难。《象辞》说："赍咨涕洟"，（因为上六之爻居于一卦的尽头，）孤悬无据，像人虽居高位，但如履薄冰，惊恐度日。

古注

《子夏易传》："乘刚而不安，违而无萃。赍咨忧叹以至于涕洟，惧而内戒，咎何有焉。"

阅典笔记

高处不胜寒。

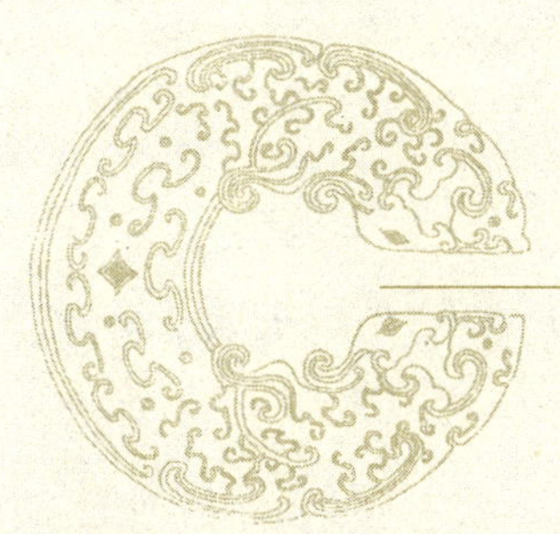

卦四十六　升

顺势升进，积小成大

地风升　巽下坤上

卦辞

升[①]：元亨[②]，用见[③]大人，勿恤。南征吉。

注释

①升：卦名。本卦为异卦相叠（巽下坤上）。外卦为坤，坤为地；内卦为巽，巽为木。木植于地，由小到大，由低到高，年年生长，所以卦名曰升。②元：大。亨：亨通。③用见：利见，当据改。

译文

升卦：非常亨通，有利于会见王公贵族，不用担忧。占得此爻，出征南方吉利。

卦义

事物上升，亨通吉利。但卦中阳爻不当尊位，有所忧虑，故须德高望重者才能长保刚中美德而无须忧虑。朝光明方向前进，必获吉祥。

古注

《子夏易传》："柔，卑道也。巽，木道也。其道升而大也。"

阅典笔记

事物的发展要尊循循序渐进的规律。

彖

彖曰：柔以时升[①]，巽而顺，刚中而应，是以大亨[②]，用见大人，勿恤，有庆也。南征吉，志行也。

注释

①《彖》：今本作象。阮元《校勘记》曰："石经、岳本，宋本、闽本、监本、古本、足利本，象作彖，按象字误也。"今据改。柔以时升，升卦的初爻为阴爻，为柔，第四、第五、第六爻均为阴爻，这种结构有阴爻逐次上升之像。②"巽而顺"三句：本卦上卦为坤，坤义为顺；下卦为巽，巽义为逊，所以谦逊而又和顺是升卦的义蕴。九二阳爻，为刚，居下卦中位，所以说"刚中"。六五阴爻，为柔。居上卦中位，与九二为同位之爻，刚柔相应。象征君臣各守其位，互相和应。这些卦、爻之象综合起来就是升卦的卦象。它的哲理的社会的意义则表现为升。因其象征着不断发展，所以前途远大，功业完满。亨：完美。

译文

《彖辞》说：本卦的初爻为阴，它依时演进，逐次上升，这是升卦的基本结构。升卦的上卦为坤，坤义为顺；下卦为巽，巽义为逊。而且九二阳爻居于下卦的中位，六五阴爻居于上卦的中位，这是升卦的卦像。它向人们显示：内有谦逊的美德，外抱柔顺的态度，君臣各居其位，秉行贞中之道，团结统一，所以国运通泰，功业完满。卦辞所说的"用见大人，勿恤"，是指将有喜庆之事。卦辞又说"南征吉"，表示出征有利，志得意行。

古注

《子夏易传》："见可而升得，其时也。内体巽而外顺于物，刚中而上应之，是以亨也。合大人之德，用见之，而勿恤有庆者也。南征吉，出诸幽而升于明也。志获于此矣。"

阅典笔记

发展是硬道理。如想发展，内部必须先要团结。

象

象曰：地中生木，升。君子顺德，积小以高太。

译文

《象辞》说：本卦外卦为坤，坤为地；内卦为巽，巽为木。可见木植于地中，是升卦的卦象。君子观此卦象，从而遵循德义，加强修养，从细小起步，逐步培育崇高的品德。

古注

《子夏易传》："木生浸而大也。刚中而柔顺也。君子欲其升也。立本以慎德，巽于卑顺于上，则能积小而至于大也。"

阅典笔记

勿以善小而不为，勿以恶小而为之。

爻辞

初六：允升[①]，大吉。象曰：允升，大吉，上[②]合志也。

注释

① 允：进。会意。升：发展。② 上：当读为尚。

译文

初六：前进发展，大吉大利。《象辞》说："允升，大吉"，是说尚能契合心意。

古注

《子夏易传》："巽者刚。巽柔，柔顺刚也。上承于刚，诚信相与，升而合德，其升矣，故大吉。"

阅典笔记

"初六"柔顺在下，虽无应，但上承二阳，阴阳合志，大为吉祥。

九二：孚乃利用禴(yuè)[①]，无咎。象曰：九二之孚，有喜也。

注释

① 孚：即俘。禴：春祭名。《象辞》解"孚"如忠信，与经意不合。

译文

九二：春祭宜用俘虏作为人牲，则无灾祸。《象辞》说：九二爻辞讲的“孚”，有喜庆之事。

古注

《子夏易传》：“刚而能正，中而无私，应上以升之象，岂假丰物而后享焉。上应其诚，下升而大，虽非其位得其道也。故有喜而无咎也。”

阅典笔记

心诚则灵。

九三：升虚邑[①]。象曰：升虚邑，无所疑也。

注释

①虚：大丘也。邑：城邑。

译文

九三：登临于建立在大丘之上的城邑。《象辞》说：“升虚邑”，故无所疑惑。

古注

《子夏易传》：“上体顺也。应而升之，虚邑以待也，升何疑哉。”

阅典笔记

“九三”应于上六，将开至上卦之坤；坤阴为虚，畅道天阻，如入无人之境。

六四：王用亨于岐山[①]。吉，无咎。象曰：王用亨于岐山，顺事也。

注释

①王：周王。亨：即“享”，意思是祭祀。

译文

六四：周王在岐山举行祭祀，吉利，没有灾祸。《象辞》说：“王用亨于岐山”，顺利行事啊。

古注

《子夏易传》：“位辅乎尊，而不待诸升者，通上下，安险阻之任，难之地也。而顺以当位，恭以事上，得其吉矣，亦又何咎。”

阅典笔记

柔顺得正，顺从柔者，必将获得吉祥。

六五：贞吉，升阶[①]。象曰：贞吉，升阶，大得志[②]也。

注释

①升：登上。阶：阶梯。②志：通“帜”，旗帜。

译文

六五：占得吉兆，沿阶而逐步上升。《象辞》说：“贞吉，升阶”，大人获得了飘扬的旗帜。

古注

《子夏易传》：“以柔道而至于中也。升阶而就其位，正之吉也。可谓大志也。”

阅典笔记

思想积极，做事有动力，自然人往高处走。

上六：冥[①]升，利于不息[②]之贞。象曰：冥升在上，消不富也。

注释

①冥：晚上。②不息：不停。

译文

上六：昼夜不停地发展，有利于不停发展的占问。《象辞》说：“冥升在上”，遭遇摧毁不能富有啊。

古注

《子夏易传》：“上而不已，昧于升也。时消也。安所息乎，利以守正，不求孳孳也。”

阅典笔记

用发展的眼光看问题。

卦四十七　困

穷困坚守，变通求变

泽水困　坎下兑上

卦辞

困[①]：亨。贞大人吉，无咎。有言不信[②]。

注释

①困：卦名。本卦为异卦相叠（坎下兑上）。上卦为兑，兑为阴，为泽；下卦为坎，坎为阳，为水，大泽漏水，水草鱼虾，处于穷困之境。阳处阴下，刚为柔掩，像君子才智难展，处于困乏之地。所以卦名曰困。②言：借为愆，罪。信：伸，这里指申述清楚。

译文

困卦：通泰。卜问王公贵族之事吉利，没有灾难。占卜时遇此爻，有罪之人无法申辩清楚。

卦义

君子处困之际，能努力自济必顺利。

古注

《子夏易传》："刚则困，见揜于柔也。"

阅典笔记

穷则思变，困则谋通。变则富，通则活。

彖

彖曰:困，刚掩也[①]。险以说，困而不失其其所。亨，其为君子乎！贞大人吉，以刚中也。有言不信[②]，尚口乃穷也。

注释

① 揜:本作掩，虞作弇。盖。掩:覆。② 有言不信:《彖辞》释“言”如字，释“信”为信任，与经意有别。

译文

《彖辞》说：困卦的上卦为兑，兑为阴；下卦为坎，坎为阳。阳刚掩压于阴柔下，这是困卦的卦象。困卦的上卦为兑，兑义为悦；下卦为坎，坎义为险。处境困苦而内心和平，是困卦的品德。虽然身处困境，但不失其操守，穷中求通，恐怕只有德才兼备的君子才具有这种信念。卦辞说“贞大人吉”，因为九二、九五阳爻居于下卦、上卦的中位，这一爻位显示王公贵族行事中正，自然吉利。卦辞又说“有言不信”，因崇尚空谈，不务实际，无人信任，自致穷困。

古注

《子夏易传》:“险而能说，虽困而通也。君子之行，存乎素也。困而自辨，而不责于人，修齐其德以自济也。五为众之归焉。刚而能干，中而得当，大人之正也。亨困而吉，何咎之有乎。困而尚口，斯穷之矣，何所信乎，故君子饰行以亨困，而不以言也。”

阅典笔记

困境而不失其本心，困中求变。

象

象曰：泽无水，困。君子以致命遂志[①]。

注释

① 致命：犹言献出生命。遂志：犹言实行志愿。

译文

《象辞》说：本卦上卦为兑，兑为泽；下卦为坎，坎为水，水渗泽底，泽中干涸，是困卦的卦象。君子观此卦象，以处境艰难自励，穷且益坚，舍身捐命，以行其夙志。

古注

《子夏易传》："泽无水，涸而无润也。夫积行以成其德，虽致命，终遂其道。君子之志，刚而不可拔也，故能致困而不可失其道也。"

阅典笔记

穷且益坚，艰难自励。

爻辞

初六：臀困于株木[①]，入于幽谷[②]，三岁不觌。象曰：入于幽谷，幽不明也。

注释

① 困：此处犹今语挨打。株木：木棍，这里指官吏所用的刑杖。② 幽谷：这里指牢狱。《象辞》解"幽谷"如字，与经意有别。

译文

初六：臀部被狱吏的刑杖打伤，被投入黑暗的牢房中，三年不见其人。《象辞》说："入于幽谷"，自然幽暗不明。

古注

京房《京氏易传》："初六元士为世。"

阅典笔记

心中明亮即可。

九二：困于酒食，朱绂[①]方来，利用享祀。征凶。无咎[②]。象曰：困于酒食，中有庆也。

注释

① 朱绂：红色的服装，代指穿红色服装的民族。② 无咎：此为另一占之贞兆辞。

译文

九二：酒醉未醒，穿着红色服装的蛮夷前来进犯，忧患猝临，宜急祭神求佑。至于占问出征，则有危险。其他事无大的灾祸。《象辞》说："困于酒食"，(因为九二之爻居下卦中位，)这是将有喜庆之事的兆头。

古注

《子夏易传》："刚而得中，为初三之附，丰于所资，困酒食者矣。酒食困，有位而得其民，则受其命服，而朱绂来矣。夫以位卑而有民利，洁敬以奉上，恃权而凌征之凶也。卑以自守，得无咎矣。"

阅典笔记

功到自然成。

六三：困于石①，据于蒺藜②。入于其宫，不见其妻，凶。象曰：据于蒺藜，乘刚也。入于其宫，不见其妻，不祥也。

注释

① 困：绊倒。困于石：犹言被石头绊倒。② 蒺藜：草名，一种有刺的植物。

译文

六三：被石头绊倒，被蒺藜刺伤，历难归家，妻子又不见了，这是凶险之兆。《象辞》说："据于蒺藜"，(因为六三阴爻居于九二阳爻之上，)像弱者攀附于强暴之人，必受其挟持威凌。"入于其宫，不见其妻"，这是不祥之兆。

古注

《子夏易传》："柔以居困，力不堪也。欲其往而困于四坚于石也。欲其安而据于二难于蒺藜也。进退无可安所存乎，以至于失位而殒身也。位之不当，不足亨，困不祥之至也。"

阅典笔记

人还是应该靠自己，依靠他人，永远无法实现真正的强大。

九四：来徐徐，困于金车①，吝有终。象曰：来徐徐，志在下也。虽不当位，有与也。

注释

① 金：禁也。金车：即指禁车，犹言囚车。

译文

九四：其人被关押在囚车里，慢慢地走来。真不幸，但最后还是被释放。《象辞》说："来徐徐"，志向卑微的表现。（九四之爻居于九五之下，）像人甘居下位，因为态度谦卑，倒能得人帮助。

古注

京房《京氏易传》："九四诸侯在应。"

阅典笔记

礼多人不怪，有求于人，态度要好。

九五：劓（yì）刖（yuè）①，困于赤绂②，乃徐有说③，利用祭祀。象曰：劓刖，志未得也。乃徐有说，以中直也。利用祭祀，受福也。

注释

①劓：割鼻。刖：断腿。②赤绂：参见前注"朱绂"。③说：借为脱。

译文

九五：割了鼻子，断了腿，被身着红色服装的蛮夷虏去。后来慢慢找到脱身的机会，终于逃脱回家。宜急祭神酬谢。《象辞》说："劓刖"，是说其人不得志，身处险境。"乃徐有说"，（因为九五之爻居上卦中位，）像人立身正直，自能化险为夷。（宜祭祀鬼神，因为爻象指示：）"利用祭祀"，承受其福荫。

古注

《子夏易传》："物莫能两大，二之丰则五道减矣。二以刚得众，而五怒其甚也。将欲刑之上，下敌应不能胜也，故困之免矣。夫居尊以忿失其道也。终以中直久而说矣。至诚感神，况赤绂乎。故精意乃受其佑矣。"

阅典笔记

立身正直，不屈服于强权；伺机而动，终能化险为夷。

上六：困于葛藟（lěi）①，于臲（niè）卼（wù）②，曰动悔有悔，征吉③。《象》曰：困于葛藟，未当也。动悔有悔，吉行也。

注释

①葛藟：蔓生植物，有刺，又叫葛针。②臲卼：小木桀。③有：当读为又。征：吉，当属另占附载。《象辞》所释与经意有出入，详见译文。

译文

上六：被葛藟绊倒，被小木桩刺伤，处境如此艰难，不宜有所行动，否则悔上加悔。至于占问出征则吉利。《象辞》说："困于葛藟"，因为行为不得当。"动悔有悔"，必能谦慎行事，逢凶化吉。

古注

《子夏易传》："柔之为物，不能通于困，当困之终然，可征矣。居于上，而果于刚，欲其退也。为葛藟系之，欲其处也。臲卼而难据，皆不离于困也。柔弱质也，不能专断，语其治也。何哉曰动悔有悔，其处也，则征矣，乃吉行也。"

阅典笔记

世上无后悔药，记住每次的教训，多做事前准备，少生事后悔恨。

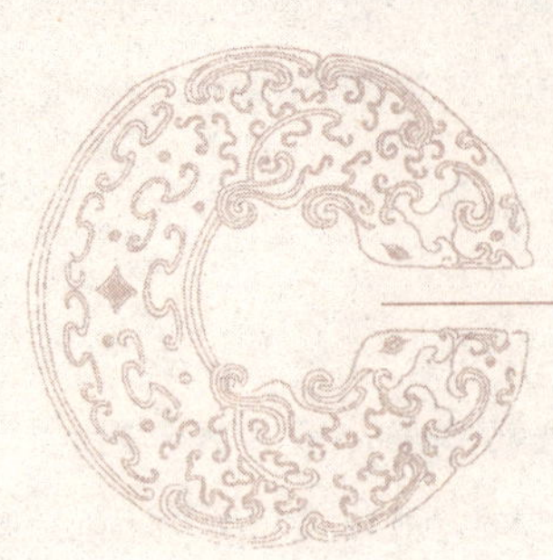

卦四十八　井

修德惠人，大公无私

水风井　巽下坎上

卦辞

井[①]：改邑不改井。无丧无得。往来井井。汔(qì)至[②]，亦未繘(jú)井[③]，羸其瓶[④]，凶。

注释

①井：卦名。本卦为异卦相叠(巽下坎上)。上卦为坎，坎为水；下卦为巽，巽为木。上坎下巽，有树木得水滋润而蓬勃生长之象。水为人类生存的重要条件，水井是居民的重要生活设施。《易卦》以井为卦名，用来集中反映劳动与生活，自然条件与人类生存的依赖关系。这种关系用《易经》的语言，可以概括为“养”。在《彖辞》与《象辞》看来“养”具有着两方面的含义，一方面，指自然对人类提供的生养条件，另一方面指人类对自然生存环境的爱惜养护，形成了“并养”与“养井”这一对特殊的概念。②汔：水涸也。至：借为窒，淤塞。③繘：借为矞，穿。繘井：即挖井，淘井。④羸：当读为儡，败。羸其瓶：犹言将打水的瓶弄破了。

译文

井卦：改建邑落而不改建水井，等于什么也没有干。人们往来井边汲水，水井干涸淤塞，不去加以淘洗，反而将吊水罐打破，这是凶险之象。

卦义

村落可能有变迁，但井不会变动，人们来来往往汲水，但井水依然洁净不变。当汲水的瓦罐快到水面时，吊绳没有伸开，而翻覆破裂，所以凶险。用人事比喻修德惠人者应善始善终，不可功败垂成。

古注

《子夏易传》："水人之资也，德人之保也。"

阅典笔记

穷困中必须起用贤能，方可振弊去衰。

彖

彖曰：巽[①]乎水而上水，井。井养而不穷[②]也。改邑不改井，乃以刚中也。汔至，亦未繘井，未有功也。羸其瓶，是以凶也。

注释

① 巽：木。② 井养而不穷：人们从井中汲水饮用，用之不穷，所以说井养而不穷。

译文

《彖辞》说：本卦下卦为巽，巽为木；上卦为坎，坎为水。水下浸而滋润，树木得水而生长，这是井卦的卦象。井以水养人，经久不竭，这是井卦的品德。卦辞说"改邑不改井"，因为九二、九五阳爻分居下卦、上卦的中位，位象相合，像水井适用，不用改造。"汔至，亦未繘井"，是说长此以往水井将对人们失出功用。"羸其瓶"，自毁坏生活用具，所以是凶险之象。

阅典笔记

君子乐善好施，像水井般不断以清水涤荡人们的心灵。但也要注意自己要不断补充新水，而且要量力而行。

象

象曰：木上有水，井。君子以劳民劝相。

译文

《象辞》说：本卦下卦为巽，巽为木；上卦为坎，坎为水。水下浸而树木生长，这是井卦的卦象。君子观此卦象，取法于井水养人，从而鼓励人民勤劳而互相劝勉。

古注

《子夏易传》："木上有水，上木而出，以润于木，井德之施也。劳也者，勉民之劳也。治之得宜，乐其劳而生财也。上让下，敬父慈子，孝人之性也。君子明之善，而劝也。非抑之制之，善为事者如之也。"

阅典笔记

勤劳方能致富。

爻辞

初六：井泥[①]不食，旧井无禽。象曰：井泥不食，下也。旧井无禽，时舍也。

注释

① 爻辞所言两井字，字同义殊。"井泥"之"井'，为水井。"旧井"之"井"为陷阱。泥：水中含泥。

译文

初六：井水混浊不可食用。墳塌的陷阱已关不住野兽。《象辞》说："井泥不食"，因为泥土落入其中。"旧井无禽"，是说人们已将这陷阱舍弃不用了。

古注

《子夏易传》："居于井下，井泥者也。旧井而无水者也，禽何食哉。穷下而质弱者矣，时何用哉，故舍也。"

阅典笔记

君子若自身知识不再够用，人们也会忘记他之前的博学。

九二：井谷射鲋[①]，瓮敝漏[②]。象曰：井谷射鲋，无与也。

注释

① 井谷：井口。鲋：指小鱼。② 本爻无贞兆辞。

译文

九二：在井口张弓射井中小鱼。瓮瓶又破又漏。《象辞》说："井谷射鲋"，如此谋食求生，可见其人无依无靠。

古注

《子夏易传》："井而与下谷之流也。初微阴也，而注志焉。中之才无施，及以应不能上行，而集其下事也。有质而不得，务德也。器自弊矣，谁不弃之。"

阅典笔记

不能固步自封。

九三：井渫（xiè）[1]不食，为我心恻[2]。可用汲，王明，并受其福。象曰：井渫不食，行恻也。求王明，受福也。

注释

①渫：污也。②恻：痛也，痛心，伤心。

译文

九三：君上看见井水污浊不能食用，为我们感到伤心。淘洗干净，就可汲饮。君上英明呵，众人都获得他们的好处。《象辞》说："井渫不食"，这是触景生情的感叹。"求王明"，是企望获得好处。

古注

《子夏易传》："刚治其位，修已而谋治也。在下之上，有德者也。井以上为井也。未至上出不见食也。忧其行而心恻矣。上应也，可用汲矣。阻于王之疑也。若主明道通矣。得其贤人，王亦赖其治也。并受其福。"

阅典笔记

饮水思源。

六四：井甃（zhòu）[1]，无咎。象曰：井甃，无咎，修井也。

注释

①井甃（昼）：用砖石垒筑井壁。

译文

六四：用砖石垒筑井壁，进行顺利。《象辞》说："井甃，无咎"，这是讲修井之事。

古注

《子夏易传》："体上而下柔，以自处无外以他其德，不弘学而已矣。修井之道，质弱止于无咎，不足以大济也。"

阅典笔记

补过则无灾难。

九五：井冽，寒泉[1]食。象曰：寒泉之食，中正也。

注释

① 冽：冽，水清也。井冽：井水清凉。

译文

九五：水洁泉寒，清凉可口，可以食用。《象辞》说：九五爻辞讲水洁泉寒，清凉可口，因为九五之爻居上卦中位，象征人得中正之道。

古注

京房《京氏易传》："九五处至尊，应用见本象。"

阅典笔记

人得中正之道，定将深得众望。

上六：井收勿幕[1]。有孚[2]，元吉。象曰：元吉在上，大成也。

注释

① 井：当为陷阱。井收：指陷阱下宽上收。幕：覆也。②孚：古俘字，这里指猎获物。

译文

上六：陷阱下宽上窄，十分隐蔽，甚至可以不加伪装。果然捕获了野兽，大吉大利。《象辞》说：上六爻辞讲"元吉"，（因为上六之爻处一卦之首位，）说明其人爵位高登，大有成就。

古注

《子夏易传》："井至上，收井之功也。应于下，引于五，博济而不施，无幕覆之。为众之信，大成而元吉。"

阅典笔记

如井水已汲出井口，此时心怀诚信，广施"井养"之德，必至为吉祥。

卦四十九　革

顺天应民，实行改革

泽火革　离下兑上

卦辞

革[①]：巳日乃孚[②]，元亨，利贞。悔亡。

注释

①革：卦名。本卦为异卦相叠（离下兑上）。上卦为离，离为火；下卦为兑，兑为泽。水下浇而火上腾，水火相克，在水火的斗争中，万物变化，有生有灭。然而生者又复灭，灭者又复生，野火烧不尽，春风吹又生。以社会言，夫妻不睦则家庭变故，君臣不睦则王朝更替，然而，家庭还将延续，王朝还有代兴。都体现了出陈布新的规律，所以卦名曰革。革，去故也。②巳：借作祀，祭祀。孚：古俘字。这里用如动词，意为用俘虏为人牲。

译文

革卦：祭祀之日用俘虏作人牲，亨通，吉利的卜问。没有悔恨。

卦义

面临必须变革的时刻，应果断行动，只要变革的动机纯正，行动正当，群众就会拥护，变革就会成功，一些难以避免的后悔也可以消除。

古注

京房《京氏易传》:"二阴虽交,志不相合,体积阴柔,爻象刚健,可以革变。"

阅典笔记

盛极而衰，当腐败迹象已经显露，就必须采取变革的非常行动。

彖

彖曰：革，水火相息，二女同居，其志不相得，曰革。巳日乃孚[1]，革而信之。文明以说[2]，大亨必正[3]。革而当，其悔乃亡[4]。天地革而四时成。汤武革命，顺乎天而应乎人。革之时大矣哉！

注释

① 巳日乃孚:《彖辞》释"巳日"为祭祀之日。释"孚"为忠信,与经意有异。参见前注。② 文明以说:《彖辞》认为革卦的下卦为离，离义为文明，像侯王施行文明政教，下卦为兑，兑义为悦，像人们喜悦拥戴。以：连词。③ 大：伟大。亨：完美。正：贞正。④ 悔：灾难。亡：消亡，消除。

译文

《彖辞》说:革卦的上卦为兑，兑为泽;下卦为离，离为火。又兑为长女，离为中女。这一卦象昭示的意义是：水火相聚则互相克制，二女共事一夫则互相争妒，矛盾着的双方，都力图克制对方，所以卦名为革。卦辞说“巳日乃孚”，王侯既能施行文明政教，民众自然喜悦拥戴，因而他的道德称得上是伟大、完美、贞正。除旧布新，改革得当，隐伏的灾祸就会消除。天地变革时令而成四季之气候。汤武取代桀纣，这是顺天应命的义举。依时变革，就能使天地常新，显示出伟大的作用。

古注

《子夏易传》:“二女同居，志乖而不可处，故革而制之，后乃成也。巳日而信之，文明而说之刚，则大中元亨以正也。革而当其悔，乃亡物，不久革之而后成。天地革而成四时也。汤武革命，得其时而天下正也。革非习近之所得也，其大矣哉。”

阅典笔记

顺天应民，实行变革。

象

象曰：泽中有火，革。君子以治厉(lì)明时[1]。

注释

①厉：《集解》本作历，即后起之曆字。

译文

《象辞》说：本卦外卦为兑，兑为泽；内卦为离，离为火。内蒸外煏，水涸草枯，如同水泽之中，大火燃烧，这是革卦的卦象。君子观此卦象，了解到泽水涨落，草木枯荣的周期变化，从而修治历法，明确时令。

古注

《子夏易传》："泽中有火，革而后存。君子修其歷数，明其四时之革，而授以民时也。"

阅典笔记

自古君子师法自然。

爻辞

初九：巩用黄牛之革[1]。象曰：巩用黄牛，不可以有为也。

注释

①巩：紧固。用：同以。

译文

初九：用黄牛的皮革束紧加固（战车）。《象辞》说："巩用黄牛"，说明其人被紧紧束缚不能有作为。

古注

《子夏易传》："革者，中格事，顺于人，而后民志坚，而勉其务也。从已之为而为，则莫听也，其能久乎，慎初者也。"

阅典笔记

受到束缚，在所难免。或者换个环境，或者韬光养晦，以求厚积薄发。

六二：巳日乃革之。征吉，无咎[1]。象曰：巳日，革之，行有嘉也。

注释

①巳日：既祭祀之日。

译文

六二：祭祀的日期要改变。随之要重新卜问征战的日期，结果卜得吉兆，没有灾难。《象辞》说："巳日，革之"，大概是因为将有喜庆之事。

古注

《子夏易传》："柔以守位，中以为道，上应于五，有命而行。巳日遂革而从其制也。以斯而行，嘉吉也。"

阅典笔记

变革一定要寻求强有力的支持。

九三：征凶，贞厉，革言三就[①]，有孚。象曰：革言三就[②]，又何之矣。

注释

①言：读为靳。指马胸带。革言：指皮革制成的马胸带。三就：三重。革言三就，喻指整顿装备，振奋精神，重新开战。②就：鞫，审讯。

译文

九三：出征，吃了败仗，卜问得凶兆。但是，只要振奋精神，整顿装备，重新开战，则能转败为胜，生擒强敌。《象辞》说："革言三就"，这说明抵赖无用，只能招出实情。

古注

《子夏易传》："刚得上位，专极其火，性将制，其应不从，其革也。反道背时，征之凶，正之危。自初至三，令已成矣，民已信，又何云也。"

阅典笔记

急于求进必生凶情。

九四：悔亡，有孚改命[①]。吉。象曰：改命之言，信志[②]也。

注释

①改命：改变任命。②信：借为伸。信志：犹言施展抱负。

译文

九四：没有悔恨。至于占问战争，则小有战果，如果改帅易将，则将大吉。《象辞》说：九四爻辞讲"改命"之所以吉利，因为这样能使有才德的人施展抱负。

古注

《子夏易传》："刚能辨志，信而行正，守卑上从，承命而改，得其道矣，何悔之有。"

阅典笔记

水火更革之际，推行变革能顺应潮流。

九五：大人虎变，未占有孚。象曰：大人虎变，其文炳也。

译文

九五：王公大人赫然斯怒，化柔弱为威猛，不用卜占，即知将大获胜仗。《象辞》说："大人虎变"，说明其人仪表威严，光采照人。

古注

京房《京氏易传》："九五、六二为履正位，天地革变，人事随而更也。"

阅典笔记

王者不怒则已，怒则有雷霆之威。

上六：君子豹变，小人革面[①]。征凶，居贞吉。象曰：君子豹变，其文蔚也。小人革面，顺以从君也。

注释

①豹变：与上文"虎变"结构相同，大发威怒的意思。革面：革，改变。犹言变脸，指基层官兵情绪发生了不利于战斗的激剧变化。《象辞》释"革面"，则是站在有利于统治者角度讲话，与经文朴素的记录有别。

译文

上六：君子精神振奋，基层官兵一反常态。占卜时遇此爻，占问征伐，则凶险。卜问居处则吉利。《象辞》说："君子豹变"，说明其仪态清朗雍容。"小人革面"，说明小人去恶从善，服从君上。

古注

《子夏易传》："虎变者，明其理，勇于变也。发而成文，君子之类也，大人之道也。其次勇而变焉，故其文蔚也。内信而外说也。小人无所明也。安于旧俗，乐于纵。故革面而已也。犹思其故行也，则周之三监也。征之凶哉。居而守正，获其吉也。"

阅典笔记

变革并非修饰，而应彻底革新。变革成功后，上下应革面洗心，与民休息。

卦五十　鼎

除旧布新，任人唯贤

火风鼎　巽下离上

卦辞

鼎[①]：元吉，亨。

注释

①鼎：卦名。本卦为异卦相叠（巽下离上）。上卦为离，离为火；下卦为巽，巽为木。木材燃烧，火焰腾腾，是炊煮之象。炊煮用鼎，鼎为古人极为重视的器皿，用于庄重的场合，赋予它丰富的象征性意义。鼎煮食物，有养贤之意。化生为熟，有变革的意思。鼎为三足，又有稳重之象。

译文

鼎卦：大吉大利，亨通。

卦义

鼎象征鼎器，是权力法制的象征，故君子持鼎就意味着执行权力，贤士会被君王赏识，所以此时必获大吉而后亨道顺利。

古注

《子夏易传》："天下者，神器也。鼎者大器也。"

阅典笔记

巽为木，离为火，木上有火，即木上燃烧着火焰，呈烹饪的状态，为鼎。

象

象曰：鼎[①]，象也。以木巽火，亨[②]饪也。圣人亨以享上帝，而大亨以养圣贤。巽而耳目聪明。柔进而上行，得中而应乎刚[③]。是以元亨。

注释

①鼎：大器。不仅仅是一种具有实际用途的器皿，而且是具有某种象征意义的并起着提醒警戒作用的陈设品。②亨、享、烹本一字。亨，训煮，后起字作烹。亨又有祭祀义，字或作享。此文其后的“以享上帝”，即其义。③“巽而耳目聪明”三句：本卦下卦为巽，巽义为谦逊；上卦为离，离义为聪明。用以喻臣下品质谦逊，以其聪明才智服务于君王。本卦初爻为阴为柔，升至第五爻，六五之爻居于上爻中位，所以说“柔进而上升”，像臣下以聪明才干取悦于君，地位不断升进。本卦九二、六五分居下卦、上卦中位，两同位之爻，阴阳相呼应，所以说“得中而应乎刚”，像臣下秉行正道，和应其君。这些卦象、爻象所显示的意义是为臣之道的高度概括。

译文

《象辞》说：鼎，是法象之器。鼎的内卦为巽，巽为木；外卦为离，离为火。木被火笼罩燃烧，这是烹饪食物的基本条件。圣人烹饪食物来祭祀上帝，君王烹饪大量的食物来供养圣贤。臣下则态度谦逊，以其聪明才智服务于君王，因而他的志愿能逐步地舒发，地位不断地升进。臣下秉守贞正之道，和应于君王，其前途必然无限，大吉大利，通泰平安。

阅典笔记

处世贵在有才，有才者天地宽。

象

象曰：木上有火，鼎。君子以正位凝[①]命。

注释

①凝：成也。

译文

《象辞》说：本卦下卦为巽，巽为木；上卦为离，离为火。可见木上有火，以鼎烹物，这是“鼎”卦的卦象。君子观此卦象，取法于鼎足三分，正立不倚，从而持正守位，为君上所倚重，不负使命。

古注

《子夏易传》："木上有火，爨鼎之道。治鼎者也，当圣人养贤使能也。君子正位守职，成圣人之命也。"

阅典笔记

方法得当，既居庙堂之高，也可不失中正之道。

爻辞

初六：鼎颠[1]趾，利出否[2]。得妾以其子，无咎。象曰：鼎颠趾，未悖也。利出否，以从贵也。

注释

①颠：倒。②出：清除。否：指恶人。

译文

初六：将鼎倾覆，鼎足向上，占卜时遇此爻，利于清除恶人。以无子而纳妾。因纳妾而得子，没有灾祸。《象辞》说："鼎颠趾"，这不是悖乱之举。"利出否"，这是听从了上面的旨意。

古注

《子夏易传》："下鼎趾也，上应颠也。治鼎之道，用鼎之始也。应涤覆否，颠之利也。妾本下也，而以孚升士，虽贱而才贵。火上从而致其新也。可无咎矣。夫制者，有位而从权，虽反可也。"

阅典笔记

近君子，远小人。

九二：鼎有实[1]。我仇有疾，不我能即[2]，吉。象曰：鼎有实，慎所之也。我仇有疾，终无尤也。

注释

①实：实物，食物。鼎有食：锅里有饭，比喻吃饭不用发愁。这是梦中之象。②仇：仇家。即：义为靠近，这里指骚扰。

译文

九二：鼎中有食物。占卜时遇此爻，家里有饭吃，仇家有疾病，再没有什么东西困扰我，吉利。《象辞》说："鼎有实"，犹宜重其身家，慎其出处。"我仇有疾"，终于没有灾祸。

古注

京房《京氏易传》："九二立大夫为世。"

阅典笔记

我仇有疾，内实而无外忧。

九三：鼎耳革[①]，其行塞[②]，雉膏不食。方雨亏[③]悔，终吉。象曰：鼎耳革，失其义[④]也。

注释

① 革：脱落。求筮者梦见鼎耳脱落，占其凶吉。② 行：这里指外出打猎。塞：指打猎无获。③ 雉膏：犹言肥野鸡肉。亏：减少。④ 义：借为宜。

译文

九三：鼎耳脱落了。占卜时遇此爻，打猎无所获。野味莫吃光，老天要下雨，不知何日能出猎，坐吃山空，食物将匮乏，节约渡难关，终于得吉利。《象辞》说："鼎耳革"，意在说其人行动失宜。

古注

京房《京氏易传》："火居木上，二气交合，阴阳巽顺，器具形存，金玉坚刚，配象阴阳，升降六位，递相迁次。九三适变，以阳入阴，见乎坎险。"

阅典笔记

不仅要看得见，还是摸得到。

九四：鼎折足，覆公餗(sù)[①]。其形渥[②]，凶。象曰：覆公餗，信如何也。

注释

① 折：断。餗：珍贵的餐具。② 渥：汤汁濡地。形渥：犹言汤汁倾翻遍地狼藉。此三句均为象占之辞，述梦中之象。

译文

九四：鼎足太轻，不堪重负，以致折断，倾覆王公的珍馐美味，弄得汁液满地，形容狼藉。这是凶险之兆。《象辞》说："覆公餗"，（这是喻指其人德薄而位尊，力小而任重，以致败坏军国大事，）其结果如何呢？

古注

《子夏易传》："以不中之才当鼎食之宠，事上与下，力何任焉，折足者矣。

非唯足折，亦亏公任也。公任亏则受凶。渥者，形濡什而不胜也。非所任而任，以至于此，信有凶矣，如之何哉。"

阅典笔记

失正不中，行事不自量力，似鼎器折足，鼎中食物倒出，凶。

六五：鼎黄耳，金铉[①]。利贞。象曰：鼎黄耳，中以为实也。

注释

①黄耳：这里指铜耳。铉：鼎上关盖的横杠。金铉：铜横杠。

译文

六五：豪华之鼎，上面装配有铜耳、铜铉。占卜时遇此爻吉利。《象辞》说："鼎黄耳"，理应盛着佳肴美味。

古注

京房《京氏易传》："六五居尊见应。"

阅典笔记

君子有才，当内外气度相符。

上九：鼎玉铉[①]。大吉，无不利。象曰：玉铉在上，刚柔节[②]也。

注释

①玉铉：以玉石为鼎盖之横杠。②刚柔节：节，节度。此爻以六五、上九爻象、爻位为据。六五阴爻，为柔，居上九之下，上九阳爻，为刚，居六五之上。刚上柔下，喻君臣各安其位。

译文

上九：金属之鼎配以玉石之铉。占得此爻，大吉，无所不利。《象辞》说：上九爻辞讲"玉铉"在上位，表明刚柔相接，上下安分，（没有凌乱侵夺的现象。）

古注

《子夏易传》："刚上而尊，贤助以载鼎也。玉铉者，贵于金而不当用也。刚能聪达，苟柔奉之巽，而以顺得其节矣。器大治矣，故大吉而无不利也。"

阅典笔记

刚柔相济，成事之道。

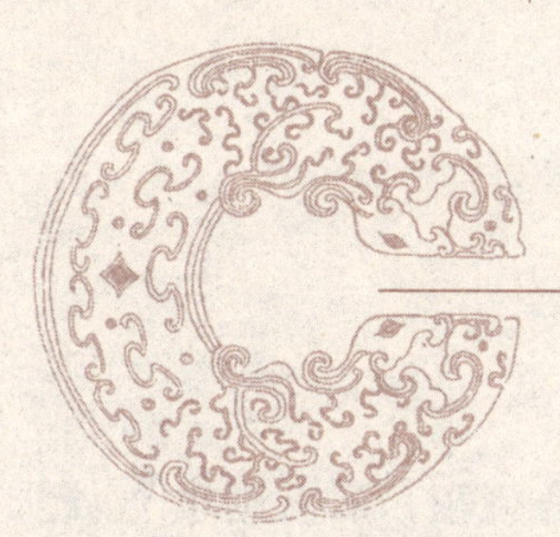

卦五十一　震

灾难来临，从容镇定

震为雷　震下震上

卦辞

震[①]：亨，震来虩(xì)虩[②]，笑言哑哑。震惊百里，不丧匕鬯(chàng)[③]。

注释

①震：卦名。本卦为同卦相叠（震下震上）。震卦为雷，两震相叠，有巨雷连击，震惊百里之象，所以卦名曰震。用以喻天威莫测，灾祸难料，警戒人们敬天修德，省身远恶。②亨：这里作享，祭祀。虩虩：通愬愬，声通，恐惧的样子。③匕：勺子。鬯：用黑黍与香草酿成的酒曰鬯，盛鬯酒的器皿也叫鬯，此用前义。

译文

震卦：临祭之时，雷声传来，有的人吓得浑身发抖，片刻之后，才能谈笑如常。巨雷猝响，震惊百里，有的人却神态自若，手里拿着酒勺子，连一滴酒都没有洒出来。

卦义

震为雷，震者，其义为动。雷声震动，万物皆惧而知戒，因此顺利亨道而致福。这样遇到大事从容镇定，可以出头主持祭祀，担当保家卫国的重任。

古注

《子夏易传》:"震，亨。"

阅典笔记

本卦蕴涵着处"危"而后"安"的辩证哲理。

彖

彖曰：震，亨。震来虩虩，恐致福也；笑言哑哑，后有则也[①]。震惊百里，惊远而惧迩也。出可以守宗庙社稷，以为祭主也。

注释

① 高亨说:"'震来虩虩,恐致福也。笑言哑哑,后有则也'四句,与初九《象》传重复，此处当是衍文。"

译文

《彖辞》说：震卦说，临祭之时，"震，亨。震来虩虩"，是因为相信敬畏重大的天象可以免罪而得福。"笑言哑哑"，是说后来对这类事情有了些经验。"震惊百里"，表明百里之内，远近皆惧。这样的人则可以保宗庙、守社稷，作为祭祀的主人。

古注

京房《京氏易传》:"雷能警于万物，为发生之始，故取东也。为动之主，为生之本。"

阅典笔记

敬畏自然，至少一些人祸可免。

象

象曰：洊(jiàn)[①]雷，震。君子以恐惧修省。

注释

①洊：重也。

译文

《象辞》说：本卦上下卦都为震，震为雷。可见巨雷连击，是震卦的卦象。君子观此卦象，从而戒惧恐惧，修省其身。

古注

《子夏易传》："重雷震而不已也。君子修已而履省之，恐惧之至，患无由及也。"

阅典笔记

若为强力所压而修省自身，岂非可悲？君子当有极高的自觉才可。

爻辞

初九：震来虩虩，后笑言哑哑，吉。象曰：震来虩虩，恐致福也。后笑言哑哑，后有则也。

译文

初九：雷声传来，吓得浑身发抖，后来听到雷声，仍谈笑如常，吉利。《象辞》说"震来虩虩"，是因为相信敬畏重大的天象可以免罪得福。"后笑言哑哑"，是说后来对这类事情有了些经验。

古注

《子夏易传》："刚能制断，辨物也。动之于初，震其始恐惧其初，后有则，得震之义也。"

六二：震来厉。亿丧贝。跻于九陵①，勿逐，七日得。象曰：震来厉，乘刚②也。

注释

①亿：助词，无义。贝：古人以贝为货币。脐：登。②乘刚：此以六二、初九爻象、爻位为据。六二阴爻，为柔，初九阳爻，为刚，六二处于初九之上，是阴柔凌驾阳刚之上。

译文

六二：雷电交加，十分危险，惊慌之中丢失了钱币，翻山越岭，走了很远的路程去寻找也没有找到。筮者告诉他：不必追寻了，七八日内，这损失可得补偿。《象辞》说："震来厉"，爻象显示其人触犯雷电，处境危险。

古注

《子夏易传》："刚初而震之，保其吉也。二而已震，失其义也。乘刚震位，危丧资也。则度其丧而上升矣，两震不相应也。何所来乎，虽惧而不失中，可以自省，终固其所，勿逐之矣。七日而得其所丧也。七日者，极六爻而反下也。刚斯易矣。”

六三：震苏苏[①]，震行无眚。象曰：震苏苏，位不当也。

注释

①苏苏：不安。

译文

六三：出门时遇到电闪雷鸣，感到疑惧不安。继续前进，不会有灾祸。《象辞》说："震苏苏"，因为六三阴爻而居阳位，像人处境不利。

古注

《子夏易传》："弱而无当，苏苏也。居不安矣。行乃无眚也。"

阅典笔记

有疑惑不能决断，不妨沿一条路走到头，经验或教训都是不错的收获。

九四：震遂[①]泥。象曰：震遂泥，未光[②]也。

注释

①遂：借作队，队即古坠字。②光：借为广。

译文

九四：雷电下击，接触到地面。《象辞》说："震遂泥"，说明其人见识不广，胆量不大。

古注

《子夏易传》："光可震也。而屈于柔，安于众阴之中，已泥者也。失其震首，省不能致后之福，虽得所奉，岂足光哉。"

阅典笔记

恐惧往往源于无知。

六五：震往来厉。意[①]，无丧有事！象曰：震往来厉，危行也。其事在中，大无丧也。

注释

①意：《集解》本作亿，亦发语词，犹惟也。

译文

六五：巨雷轰鸣，危险在前。只要小心谨慎，不至于酿成灾祸，亦无损于事。《象辞》说："震往来厉"，喻指人的行动将有危险。但是其事合符义理，故能没有大的损失。

古注

《子夏易传》："其事在中，大无丧也。惧而往也。尊行何安，其反来也。刚以为疾，故皆危也。则以度而居矣，位得大中，事之主也。刚从而依，而不敢遂逼矣，懔惧而已，无所丧也。"

阅典笔记

小心谨慎，可以避祸。

上六：震索索[1]，视矍(jué)矍。征凶[2]，震不于其躬。于其邻，无咎。婚媾有言[3]。象曰：震索索，中未得也[4]。虽凶无咎，畏邻戒也。

注释

① 索索：作缩缩。即脚步很小，像谨慎畏戒有所遵循的样子。② 征：出行。凶：危险。③ 婚媾：闻一多认为犹今言亲戚。言：这里意为愆，罪过。④ 中未得也：此以上六爻象、爻位为据。上六阴爻处于一卦之尽头，位象不佳，像人孤立无依。

译文

上六：雷电交加，其人行动谨慎，警戒四顾，因为行路艰难，危险四伏。但是雷电不会击在他身上，而是落在邻人的头上。因为他本人没有什么过错，而其他邻人却犯有罪责。《象辞》说："震索索"，因为内心虚空，精神紧张。虽然凶险但毕竟没有灾祸，因为对于邻人的遭遇有所警戒，从而能远恶近善。

古注

京房《京氏易传》："宗庙处上六。"

阅典笔记

心虚之人，注意力不集中，常致灾祸。

卦五十二　艮

自我节制，适可而止

艮为山　艮下艮上

卦辞

艮(gèn)①：艮其背，不获②其身。行其庭不见其人，无咎。

注释

①艮(亘)字当重。上艮字系卦名。不能省，据补。艮：卦名。本卦为同卦相叠(艮下艮上)。艮为山，山为退稳之处，又有静止稳重之象，喻人进而思退，明哲保身，所以卦名曰艮。艮，止也。②获：找到，看到。

译文

艮卦：卸掉责任，挂笏隐退，朝列之中已看不到他的身影，在他的庭院中寻找，也没有找到。其人远走高飞，自无灾祸。

卦义

艮者，止也，艮象征抑止，此处的止是当止的时候止，当行的时候行，动静不失时机。抑止人的邪欲，应内心宁静，止得其所，才无过失。

古注

《子夏易传》："艮两止也。"

阅典笔记

适可而止，有行动就有停止。

象

象曰：艮，止也。时止则止，时行则行，动静不失其时，其道光明。艮其止，止其所也[①]。上下敌应，不相与也[②]，是以“不获其身，行其庭不见其人，无咎”也。

注释

①止：止息。止其所：犹言在家休息。②“上下敌应”两句：本卦三同位爻，都是阴与阴对应，阳与阳对应，所以说上下敌对相应，比喻人处于敌对环境之中，无有相助者（初六与六四为两阴爻，六二与六五为两阴爻，九三与上九为两阳爻，都是同位之爻象相对立）。与：助也。

译文

《象辞》说：艮，就是静止如山的意思。时宜止则止，时宜行则行，行止不失其时，则其道光明。卸掉负荷，歇息其背；离官去职，居家休息。因为上下左右相与为敌，无法协同，连自身也无法保全，于是弃官远遁，既不在朝，也不在家，所以卦辞说“不获其身，行其庭不见其人，无咎”。

古注

《子夏易传》：“各止于所，向也。见敌应而咎生也。不获其身，不欲彼见于我也。至近而不可通，虽行其庭不见其人。我无见于彼也。不相见也。何敌之有乎，故无咎也。君子之道，无固也，时可止则止之，时可动则动之，消息以时，而道乃光也。”

阅典笔记

激流勇退，保全自身，寻求机会，东山再起。

象

象曰：兼山，艮。君子以思不出其位。

译文

《象辞》说：本卦为两艮卦相重，艮为山，可见艮卦的卦象是高山重立，渊深稳重。君子观此卦象，以此为戒，不在其位不谋其政，明哲保身。

古注

《子夏易传》："一体而两山，兼山者也。位身之止也，思不出其位，止者也。"

阅典笔记

君子不求闻达招祸，但求明哲保身。

爻辞

初六：艮其趾[1]，无咎。利永贞。象曰：艮其趾，未失正也。

注释

① 艮其趾：犹言歇歇脚。趾：代脚。

译文

初六：歇脚养息，不要轻举妄动，自然无灾难，这是长期吉利的贞兆。《象辞》说："艮其趾"，（远离不义，）不失正道，（自然永远吉利。）

古注

京房《京氏易传》："初六变阳，取其虚中，文明在内，成于贲。"

阅典笔记

不轻举妄动，不为非作歹，君子自然一生平安。

六二：艮其腓。不拯其随[1]，其心不快。象曰：不拯其随，未退听也。

注释

① 腓：腿肚。艮其腓：与初六爻辞艮其趾同义而词异，仍是歇脚之意。拯：拯救，保护。随：借为隋，垂肉。

译文

六二：停立不行，但腿部肌肉还是负伤，心里很不愉快。《象辞》说："不拯其随"，（因为其人固执己见，）没有退回来听取别人的意见。

古注

《子夏易传》："腓随足也，自动则躁妄也，何益于动乎。艮体不动，则腓不得举而随也，性躁而不得往，未退而听命，故其心不快也。"

阅典笔记

广纳人言，方能行无过，行无悔。

九三：艮其限[①]，列其夤（yín）[②]，厉薰心。象曰：艮其限，危薰心也。

注释

①限：要也。艮其限：犹言卸肩护腰。②列：裂本字。夤：夹脊肉即胁部肌肉。

译文

九三：卸掉重担，保护腰部，但是胁间肉却已裂开了，引退不及时，则罹凶险。这是由于为名利所惑，不能迅速引退卸职所招致的灾祸。《象辞》说："艮其限"，危险是由为名利迷惑所致。

古注

京房《京氏易传》："刚极阳反，阴长积气，止于九三。"

阅典笔记

自古英雄难过名利场，急流勇退方能远离灾祸。看似默默无闻，其实大智若愚。

六四：艮其身，无咎。象曰：艮其身，止诸躬也。

译文

六四：引退保身，没有灾祸。《象辞》说："艮其身"，是说其人注意力全部集中在自身的安危上，所以不会招惹灾难。

古注

《子夏易传》："上体兼下，兼两而止，则时止能止，其身当位，而静止得于分，故无咎也。"

六五：艮其辅[①]，言有序，悔亡。象曰：艮其辅，以中正也。

注释

①辅：颊腮，嘴巴。艮其辅：闭口少言。比喻多言。

译文

六五：闭口少言，讲话有分寸，自然没有悔恨。《象辞》说。"艮其辅"，（没有悔恨，因为六五之爻居上卦中位，）像人谨守中正之道。

古注

《子夏易传》:“上体之中，当其辅也。得其中正言也。言而序，悔亡者也。”

阅典笔记

因言论得罪人，自古至今实在太多，所以谨言慎行，实在是安身立命之道。

上九：敦[①]艮，吉。象曰：敦艮之吉，以厚终也。

注释

①敦：借为耑，声通。

译文

上九：注意保护自己的脑袋，首级不失，自然吉利。《象辞》说：“敦艮”的“吉”，(因为上九之爻为一卦之终爻，)像人秉守忠厚，必得善终。

古注

《子夏易传》：“动者，利之求也。动失则害至。止者，正之元也，久守则福来，非敦厚之德不能止其终也。”

阅典笔记

最后的坚持甚为重要，不为贪欲所蔽，人我两忘。

卦五十三　渐

渐进有序，动静自然

风山渐　艮下巽上

卦辞

渐[①]：女归[②]吉。利贞。

注释

① 渐：卦名。本卦为异卦相叠（艮下巽上）。上卦为巽，巽为木；下卦为艮，艮为山。木植于山上，不断生长。喻人立身于道义，培养其德行，进而影响他人，移风易俗。所以卦名曰渐。渐，就是渐进的意思。② 归：古代以女子出嫁为归。

译文

渐卦：女大当嫁，这是好事。这是吉利的贞卜。

卦义

山之本为高大之本，高大之木慢慢成长，徐而不速，为渐。渐渐地前进，如同女子出嫁，循礼渐行可获吉祥，并且渐进需遵循正道，才会吉利。

古注

《子夏易传》：“女也者，嫁于夫也，必有归也。”

阅典笔记

事物发展遵循“循序渐进”的道理。如女子出嫁，循礼渐行，可获吉祥。在事物前进过程中，应把握中庸的原则，脚踏实地，一步步迈进。

彖

彖：渐①，之进也。女归吉也。进得位，往有功也②。进以正，可以正邦也。其位刚得中也③。止而巽④，动而不穷也。

注释

①渐：进。②“进得位”两句：本卦初爻为阴爻，居阳位，升进而至于第二爻、第四爻，皆居阴位，是位像相得，喻女子出嫁夫家，得主妇之位。③其位刚得中也：此以九五爻象、爻位为据。九五阳爻，为刚，居上卦中位，第五位又为阳位，是性相合而位得中。喻君王正其位，治理其邦国。④止而巽：本卦下卦为艮，艮为山，其象为静止；上卦为巽，巽义为逊。沉着谦逊是渐卦的品德。

译文

《彖辞》说：渐，就是渐进的意思。本卦初爻为阴，进而升为第二爻、第四爻，皆以阴爻而居阴位，这种卦象显示，女子出嫁，可得主妇之位，能持家庭之政。推而广之，君王能正其位，治其国。渐的下卦为艮，艮义为止；上卦为巽，巽义为逊。像人沉着而谦逊，无往不利，永不困穷。

古注

《子夏易传》：“臣也者，得位于君，必有进也。皆以进外为位乎，渐而道乃行也。刚下柔巽之，是以柔得正位乎，外而辅刚，故女归吉，而往有功也。使柔进得其位，而正邦者，刚得中也。止于相与，而巽以从，则动而何穷哉。”

阅典笔记

超脱于世俗之外，不为名利所累，则可进退由心，这是进的极致。

象

象曰：山上有木，渐。君子以居贤德善俗①。

注释

①善俗：本作善风俗。善：改善。

译文

《象辞》说：本卦下卦为艮，艮为山；上卦为巽，巽为木。木植山上，不断生长，是渐卦的卦象。君子观此卦象，取法于山之育林，从而以贤德自居，担负起改善风俗的社会责任。

古注

《子夏易传》："山上有木，得其高进也。君子之居，亲其德而外善于俗，而后能渐之进也。"

阅典笔记

渐进中，会有阻碍，但邪不胜正。

爻辞

初六：鸿渐于干[①]，小子厉，有言[②]，无咎。象曰：小子之厉，义无咎也。

注释

①鸿：水鸟。渐：进，走到。干：山涧。鸿渐于干：这是象占之辞。本卦六爻均以鸿雁为占，所占多为日常生活中的事情，《象辞》则附会解释。②小子：指小孩。言：借为育。

译文

初六：鸿雁走进了山涧。占卜时遇此爻，警惕小孩顽皮，遭遇危险，应该加以谴责，则没有灾难。《象辞》说："小子"的"厉"，（因为有家长呵责制止，）理应不会出事故。

古注

《子夏易传》："初至而至于干也。至弱才业未闻，上无应而首于进者，宜为小人之所危也。道不同，故危之矣。我未位也。无害小人，小人何害于我哉。故虽有言，其义不至于咎矣。"

阅典笔记

家长对子女的教育至关重要，往往会影响子女的一生。

六二：鸿渐于磐，饮食衎（kàn）衎[①]，吉。象曰：饮食衎衎，不素饱也。

注释

①磐：本作般。

译文

六二：鸿雁走上水边高地，饱饮饱食，自得喜乐。占卜时遇此爻，吉利。《象辞》说："饮食衎衎"，喻指其人，自食其力，从不白吃白喝。

古注

京房《京氏易传》："六二阴柔得位，应至尊。"

阅典笔记

自食其力。

九三：鸿渐于陆。夫征不复，妇孕不育，凶。利御寇。象曰：夫征不复，离群丑[①]也，妇孕不育，失其道也。利用御寇，顺相保也。

注释

①丑：众也。

译文

九三：鸿雁走到旱地上。占卜时遇此爻，丈夫出征可能不再回返，妇女怀孕可能流产，这是凶险之兆。但有利于抵御敌寇。《象辞》说"夫征不复"，说明其人掉队遇险。"妇孕不育"，说明其人失其保胎之道。"利用御寇"，说明国人能够同心同德，保家卫国。

古注

京房《京氏易传》："与兑为飞伏九三三公居世，宗庙为应。"

阅典笔记

屋漏偏逢连夜雨。

六四：鸿渐于木。或得其桷（jué）[①]，无咎。象曰：或得其桷，顺以巽[②]也。

注释

①桷：圆的叫椽，方的叫桷，房屋顶上承瓦的木条。②顺以巽：此以六四、九五之爻象、爻位为据。顺：顺从。巽：谦逊。

译文

六四：鸿雁飞到树木上，有的停息在河边堆放的桷木上。占卜时遇此爻，没有灾难。《象辞》说："或得其桷"，（因为六四阴爻居于九五阳爻之下，）像人有驯服而又谦逊之德。

古注

《子夏易传》："木非鸿之本，止渐而得位于高，或得于桷，桷上附也。承五而相得焉，亦非其安而安也。五巽已顺，尊而相保，不可倾夺，故无咎。"

阅典笔记

人要谦逊，但无须驯服，而要不卑不亢，有理有德。

九五：鸿渐于陵。妇三岁不孕，终莫之胜[①]，吉。象曰：终莫之胜，吉，得所愿也。

注释

①胜：胜过，取代。莫之胜：是说没有人能取代她。

译文

九五：鸿雁走到山陵上。占卜时遇此爻，妻子多年不能怀孕，但始终不会被人取代，吉利。《象辞》说："终莫之胜，吉"，妻子实现了与其丈夫相携白头的愿望。

古注

京房《京氏易传》："九五传位，得进道明也。"

阅典笔记

顺其自然。

上九：鸿渐于阿[①]，其羽可用为仪[②]，吉。象曰：其羽可用为仪，吉，不可乱也。

注释

①阿：原讹为陆。②仪：古人文舞的道具，用鸟羽编织。

译文

上九：鸿雁走到山头上，它的羽毛可用来编织舞具。这是吉利之兆。《象辞》说："其羽可用为仪，吉"，（编织舞具的羽毛应该纯而不杂，）像人心志不乱。

古注

《子夏易传》:“渐之进也。夫进之为道，求其利也。暴速而取害之至也。渐以相与，虽非其道，不至于悔也。上乃进得高陆，不累于世，不争于利中，心何可乱哉。超然志远，知夫进退之道，故其羽可用为仪也。”

阅典笔记

“上九”其性高洁，似大雁飞行渐进于高山之巅，掉落的羽毛可作典礼中的装饰，吉祥。

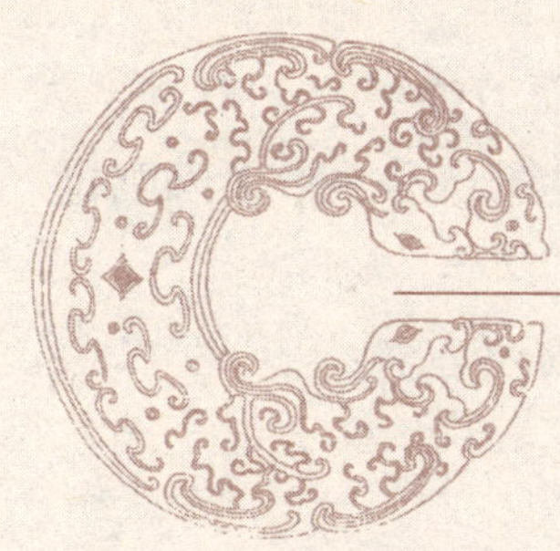

卦五十四　归妹

坚守妇德，男婚女嫁

雷泽归妹　兑下震上

卦辞

归妹[①]：征凶。无攸往。

注释

① 归妹：卦名。本卦为异卦相叠（兑下震上）。上卦为震，震为动；下卦为兑，兑义为悦。上震下兑，则喻男女动心而生爱慕之情，男女爱慕则有婚姻之动，所以卦名曰归妹。归：出嫁。妹：少女的总称。

译文

归妹卦：占卜时遇此爻，出征凶险。无所利。

卦义

本卦下兑为少女，为悦，上震为长男，为动。似女上承男，欣悦而动，故为归妹。婚嫁是天地间最正当的大事，但必须遵循正道，才会吉祥。少妇与长男不相配，行为不当的婚嫁，则会有凶险。

古注

《子夏易传》：“少女之穷也，无所往而归其长阳。”

阅典笔记

男大当婚，女大当嫁，这是天经地义的事情。

彖

彖曰：归妹，天地之大义也。天地不交，而万物不兴。归妹，人之终始也。说以动，所归妹也[①]。征凶，位不当也。无攸利，柔乘刚也。

注释

① 所归妹也：《释文》："所归妹也，本或作所以归妹。"有以字，文意较顺。

译文

《彖辞》说：归妹，即男女婚配，这是天地间的大义。天地不相交，则万物不生育。男女婚配，是人类自身繁衍的起点。归妹之卦，下卦为兑，兑义为悦；上卦为震，震义为动。可见男子悦慕女子，女子人嫁男家，这就是归妹卦的含义。卦辞说"征凶"，因为九二、九四阳爻而居阴位，六三、六五阴爻而居阳位，所处皆不当。卦辞又说"无攸利"，因为下卦六三阴爻处于初九、九二阳爻之上，上卦上六、六五阴爻处于九四阳爻之上，这是阴柔凌驾阳刚之象，像弱者冒犯强者，自然无所利。

古注

《子夏易传》："女说其有归，而往也。男说其有家，而娶也。有生化之义焉，不交则无终也。故少配长说，以与动有终，而自此始也。少阴失位以求合，人斯贼之矣。不足以相久，征其凶哉。柔得中，众之归也。阴虽从阳，阳下其阴，失其位也。柔制其刚也。岂人伦之序哉，不足以独化也。故无攸利至于终，存乎生化之大义焉。"

阅典笔记

男婚女嫁是人类繁衍的根本因素，但应顺其自然，不可过度强求。

象

象曰：泽上有雷，归妹。君子以永终知敝[①]。

注释

① 终：始终，全过程。永终：犹言贯穿全过程。敝：当作弊，弊病。

译文

《象辞》说：归妹之卦，下卦为兑，兑为泽；上卦为震，震为雷。可见泽上雷鸣，雷鸣水动，用以喻男女心动相爱而成眷属。这是归妹卦的卦象。君子观此卦象，从而在长期的婚姻生活中，体察到婚姻的成功与失败。

古注

《子夏易传》：“泽之濡雷，震于其上，雨微而雷震。虽不当于大，亦相归之物也。无归也，斯敝之矣。君子知其敝，无所往，故归而永终也。”

阅典笔记

婚姻的成败常常取决于夫妻的交流。

爻辞

初九：归妹以娣[①]。跛能履。征吉。象曰：归妹以娣，以恒也。跛能履，吉相承[②]也。

注释

① 娣：女弟，俗称妹妹。姊妹同嫁一夫，以妹为陪嫁，谓之媵，是群婚制的遗迹，先秦尚有此风俗。② 承：帮助。

译文

初九：嫁女而将其妹妹一同陪嫁。跛脚而能行走。占卜时遇此爻，出行吉利。《象辞》说：嫁女而将其妹妹一同陪嫁，是说姊妹共嫁一夫，这是古代贵族婚嫁的常规。跛脚而能行走，出行吉利，因为跛者获得别人的帮助。

阅典笔记

能以偏助正，如跛足努力行走，可获吉祥。

九二：眇能视[①]，利幽人[②]之贞。象曰：利幽人之贞[③]，未变常也。

注释

① 眇：目盲，眇能视，此为象占之辞。是求筮者梦中之象。喻其人脱离牢狱，重见天日。② 幽人：囚徒。③ 贞：卜问。《象辞》释贞为正。

译文

九二：一眼镜瞎了还有另一支眼能看，这是有利于囚禁之人的占卜。《象辞》说：“利幽人之贞”，因为身处囚笼尚不失正道，故能重见光明。

古注

《子夏易传》："刚居内而应，柔之制也。道之反，不足以为明也。眇而视者矣。自守其幽，不变其常，虽利也。岂娶之道哉。"

阅典笔记

相配不良，像瞎了一只眼的人，能够看也看不远。

六三：归妹以须[①]，反归以娣。象曰：归妹以须，未当也。

注释

① 须：借为嬃。高亨说："嬃，姊也。"以须：犹言以姊为陪嫁。

译文

六兰：嫁女而用其姊陪嫁，随后又与其妹妹返归父母家。《象》曰："归妹以须"，这件事不妥当。

古注

京房《京氏易传》："六三悦柔，返无其应，凶。"

阅典笔记

由此可见古代姐姐的地位比妹妹的高。

九四：归妹愆期，迟归有时[①]。象曰：愆期之志，有待而行[②]也。

注释

① 愆：过，过期。时：作待。② 行：嫁。古语谓婚曰行，后人谓嫁曰适，均以女嫁是行往夫家也。

译文

九四：出嫁时超过了婚龄，迟迟不嫁是因为有所等待。《象辞》说："愆期"的标志，因为她决意找到合意的郎君。

古注

京房《京氏易传》："适阳从阴，刚从外至，九四至刚。"

阅典笔记

贤女不轻易许嫁。

六五：帝乙归妹[①]，其君之袂[②]，不如其娣之袂良。月几望[③]，吉。象曰：帝乙归妹，不如其娣之袂良也。其位在中[④]，以贵行也。

注释

①帝乙：殷帝名乙，纣王之父。归妹：此处当指帝乙嫁女子周文王。②袂：衣袖，这里代指嫁妆。③望：每月阴历十五日为望。几：接近。月几望：约指每月十三、十四日。④其位在中：此以六五爻象、爻位为据。六五阴爻，女子之象，处上卦中位，是得其位象。喻女子嫁往夫家处尊贵之位。

译文

六五：帝乙嫁女于周文王，以其次女陪嫁。论嫁妆姊的不如妹的好。良辰择在某月十四日，吉利。《象辞》说："帝乙归妹，不如其娣之袂良也"。六五之爻居上卦中位，像女嫁夫家处于尊贵之位。

古注

《子夏易传》："殷王之少，妹归妹之贵也。古者王女下嫁于诸侯，衣服不系其夫。下王后一等，故君之袂，不如娣之袂。妻贵于夫，夫下妻也。故见其妻象焉。月几望，阴盈盛也。阴而得中，无与争者，故吉也。"

阅典笔记

月亮接近圆满而不过盈，吉祥。

上六：女承筐，无实[①]。士刲(kuī)羊[②]，无血。无攸利。象曰：上六无实，承虚筐也。

注释

①承筐：犹言捧着盛祭品的器具。承：捧。实：实物。②士：男未娶称士。刲：宰割，刺杀。古代贵族结婚有献祭家庙之礼。爻辞所讲，"女承筐，士刲羊"即为行献祭之礼。

译文

上六：献祭之时，新娘捧着盛祭品的筐具，但筐中无物；新郎以刀刺羊，但羊不流血。此不祥之兆，无所利。《象辞》说：上六之爻居一卦之尽头，"无实"，正宜其捧着空空的筐具。

古注

京房《京氏易传》："三公归魂之世，上六宗庙见应。"

阅典笔记

夫妇祭祀之礼难成，故得不到配偶，一切都不顺利。

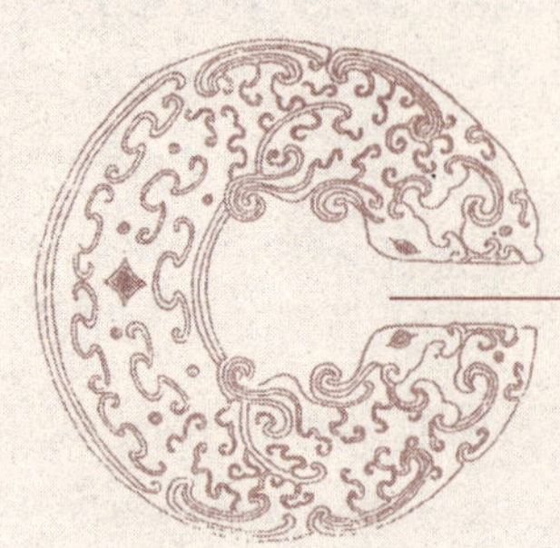

卦五十五　丰

丰盛之际，持盈保泰

雷火丰　离下震上

卦辞

丰[①]：亨[②]。王假之[③]，勿忧，宜日中[④]。

注释

① 丰：卦名。本卦为异卦相叠（离下震上）。上卦为震，震为雷；下卦为离，离为电。电闪雷鸣，是上天垂示的重大天象。人们因雷鸣而敬戒修身，因闪电而明察事理，其成就必巨，所以卦名曰丰。② 亨：当作享，祭祀。③ 假：当读为格，至，到。之：指代祭祀之所。④ 宜日中：君王到庙中祭祀宜在中午时分。

译文

丰卦：举行祭祀，君王将亲临宗庙。不要担心，最佳时刻当在正午时分。

卦义

丰盛之际，自然亨通。但致丰之道，必须有德者才能获得。故有德君王能使天下丰盛，并让盛德之光普照天下。

古注

《子夏易传》："夫明者，内含其照也。"

阅典笔记

本卦显示的虽是盛大的事，但全卦却暗无天日，谆谆告诫，盛极必衰，必须警惕。

彖

彖曰：丰，大也。明以动[①]，故丰。王假之，尚大也[②]。勿忧，宜日中，宜照天下也。日中则昃，月盈则食[③]，天地盈虚，与时消息，而况于人乎！况於鬼神乎！

注释

① 明以动：本卦上卦为震，震为雷；下卦为离，离为电。电闪雷鸣，光满天地是丰卦最突出的卦像。喻人明于事理，依理而行，成就必大。② 尚：尊尚，重视。大：大事，这里指祭祀。③ 食：与昃同，日西斜曰昃。食：作蚀。侵蚀。

译文

《彖》说：丰卦，就是指丰大的意思。人能洞察事物之理，明照一切，则行动成就必大，所以卦名叫丰。“王假之”，说明对祭祀大事的重视。“勿忧，宜日中”，因为正午太阳当头，普照天地，正如君王居天下之首，如日中天。不过，太阳当顶，然后开始偏斜，月亮圆满，然后开始亏缺。天地间万物万事不可能久盈不虚，一切都是随着时序而消长的。何况人，他的事业怎能长盛不衰！何况鬼神，它怎能长享一姓之祭祀呢！

古注

京房《京氏易传》：“臣强君弱，为乱世之始。”

阅典笔记

月盈则缺，水满则溢。

象

象曰：雷电皆至，丰。君子以折狱致刑[①]。

注释

① 折狱：断狱。致刑：施刑。

译文

《象辞》说：本卦上卦为震，震为雷；下卦为离，离为电。电闪雷鸣，是上天垂示的重大天象，这也是丰卦的卦象。君子观此卦象，有感于电光雷鸣的精明和威严，从而裁断讼狱，施行刑罚。

古注

《子夏易传》："雷电皆发，天下文明。盛大之时，明刑以肃民也。君子无所隐避，明以折狱而至用，刑可以勿忧。当日中之宜也。"

阅典笔记

法纪严明才能保证纪律的实施。

爻辞

初九：遇其配主[①]，虽旬[②]无咎。往有尚[③]。象曰：虽旬无咎，过旬灾也[④]。

注释

① 配：作妃。配主：女主人。② 旬：借为姰，男女并也。指男女姘居。③ 尚：助，赞同。④《象辞》以十日释旬，与经意有异。

译文

初九：旅途之中受到一位女主人的接待，与这位寡居的女人结成夫妻。占卜结果显示：不会遭人议论，而且能得到人们的赞同。《象辞》说："虽旬无咎"，意思是超过一旬就有灾了。

古注

《子夏易传》："丰，尚大也。唯其大者至之以阳，遇四务同而相配彼，俟之为己主，相须而待也。明方动进而速有功也。迟而过旬失其动也。灾之道也。"

阅典笔记

有问题时不怕问题，没问题时要防止问题。

六二：丰其蔀[①]，日中见斗[②]。往得疑疾[③]。有孚发若[④]，吉[⑤]。象曰：有孚发若[⑥]，信以发志也。

注释

① 丰：大，这里用如动词，加大。蔀：小席。② 斗：北斗星。日中见斗：

这是幻觉。③ 往：出外，这里指同行之人，旅伴。疑疾：精神病之一种。④ 孚：罚。这里当指刺激。发：借为化，化解，清醒。若：他，指精神错乱者。⑤ 吉：这里当指病愈。⑥ 孚：《象辞》释为诚信。发：释为表达。

译文

六二：将小席拼缀起来，躺下休息。正午时分，有人说看见北斗星。看来旅伴之中有人精神错乱，对他加以刺激，或许可以使他清醒。《象辞》说："有孚发若"，因为这是坦白直率地表达了自己的心愿。

古注

《子夏易传》："柔之为道，静退者也。又以居内，不能大其上也。是障其光而暗其明也。往之为王，虽尊而阴也。盖相发则覆，疑矣，且履正不邪中。考自信于心明，生于内而悟其违时之失，修改其道，无执其，故得其吉也。"

阅典笔记

心存诚信乃是立世之本。

九三：丰其沛[①]，日中见沬[②]。折其右肱（gōng）[③]。无咎。象曰：丰其沛，不可大事也。折其右肱，终不可用也。

注释

① 丰：大，用如动词，增多。沛：作芾，草根。② 沬：借为魅，鬼怪。③ 肱：手臂。

译文

九三：将铺草加厚，躺下休息。正午时分，此人又说看见鬼魅。将他的右臂折断。经此一吓，或许他能清静。《象辞》说："丰其沛"，这起不了什么大的作用。"折其右肱"，那他就终身残废了。

古注

《子夏易传》："居于下体之上，而上应焉。自以为有其位，而应其德也。贵贱之等则三曷足以为德乎。丰沛以为光，应幽阴以为德，岂可大事乎。力小任重者，右肱斯折也。右肱斯折不可用也，自致废矣。谁复加于咎乎。"

阅典笔记

不要等到失去才懂得珍惜。

九四：丰其蔀(bù)[①]，日中见斗。遇其夷主[②]，吉。象曰：丰其蔀，位不当也。日中见斗，幽不明也。遇其夷主，吉行也。

注释

①蔀：小席。②夷主：大概是经常接待这些旅人的老店主。夷，常。

译文

九四：将小席拼缀起来，躺下休息。正午时分，此人还在说看见北斗星，看来还未恢复正常。幸好遇着了他的老店主，把他托付给老店主，这一下可清静平安了。《象辞》说："丰其蔀"，是所处不得当，正如九四阳爻而处于阴位一样。"日中见斗"，也许天空迷暗不明的缘故。"遇其夷主"，这是吉利之行。

古注

《子夏易传》："阳以守卑而不能弘其大，以当于时也。是幽其明而瞑其昼也。初阳之来，为相发之主，事合志终，得其明动之义，故吉也。"

六五：来章[①]，有庆誉。吉。象曰：六五之吉，有庆也。

注释

①来：赚来。章：借为璋，美玉。

译文

六五：赚得美玉，大家都庆贺夸奖他。这是吉利之兆。《象辞》说：六五爻辞所讲的"吉"，是因为有吉庆之事。

古注

《子夏易传》："柔居尊，阳能尚其大，而不以力得，其日中之宜也。天下无所隐讳，无微而不照，则天下归其章明之德矣。故其庆誉之吉哉。"

上六：丰其屋[①]，蔀其家[②]，窥[③]其户，阒(qù)[④]其无人。三岁不觌(dí)[⑤]，凶。象曰：丰[⑥]其屋，天际翔也。窥其户，阒其无人，自藏也。

注释

①丰：大，意为空敞，这里用如动词。丰其屋：这所房子空空荡荡的。②蔀：小席。这里用如动词。蔀其家：屋顶上散乱盖着草席。③窥：探视。④阒(去)：虚空寂静。⑤觌：见。⑥丰：《象辞》释为增修扩建。

译文

上六：房子空荡荡的，屋顶上散乱盖着草席，从门缝里探视，寂无一人。看样子这里多年未住人了。这是不祥之兆。《象辞》说："丰其屋"，看来此人如鸟飞蓝天，志得意满，发财不小。"窥其户，阒其无人"，看来财多害身，横遭灾祸，他逃生去了。

古注

《子夏易传》："极其大过于丰之所也。无道可弘，柔而无鉴也。唯富其室，厚其家，自谓其翔于天际，人莫之见也。自藏也者，虽窥其户，可得见乎。过明之远，而动之极，也不觌，以三年矣。凶其至也。"

阅典笔记

钱多了未必就幸福啊！

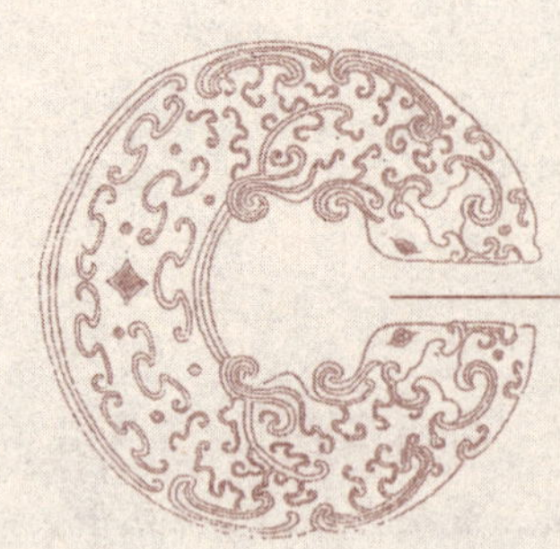

卦五十六　旅

颠沛流浪，安定为先

火山旅　艮下离上

卦辞

旅[1]：小亨。旅贞吉。

注释

①旅：卦名。本卦为异卦相叠（艮下离上）。上卦为离，离为火；下卦为艮，艮为山。山中燃火，是野居途宿之象，所以卦名曰旅。

译文

旅卦：稍见亨通。贞卜旅行，吉利。

卦义

旅是羁旅，在外旅行，只会小有亨通。能遵循正道，才会吉祥。

古注

《子夏易传》："虽柔中得乎外，下而顺于艮刚。"

京房《京氏易传》："阴中见阳，荡入阳中。阴阳二气，交互见本象。火居山上，为旅之义。"

阅典笔记

人生像旅行，是一种不安定的状态。

彖

彖曰：旅小亨，柔得中乎外[①]而顺乎刚[②]，止而丽乎明[③]，是以小亨。旅贞吉也。旅之时义大矣哉！

注 释

① 柔得中乎外：此以六五爻象、爻位为据。六五阴爻，为柔，居外卦中位，是谓“得中乎外”。像旅行在外之人，能依正道行事。② 顺乎刚：此以上九、六五爻像、爻位为据。上九阳爻，为刚，处于六五阴爻之上，是阴柔顺乎阳刚。像羁旅人依托于强者的庇护。③ 止而丽乎明：本卦下卦为艮，艮为山，山有静止之象；上卦为离，离为日，因而说大山静止处于阳光的普照之下。

译 文

《彖辞》说：旅卦所说“小亨”，因为六五阴爻居外卦中位。处于上九阳爻之下，像旅人行中正之道，得到强者的庇护，如高山正直，处在阳光的普照之中，所以卦辞说“小亨”，“旅贞吉”。浪迹四海，萍踪飘泊，本是艰难丛杂，因而依义顺时，是出行的首要原则。

古 注

《子夏易传》：“上不能有其上，而寄旅于下，下不事其上，而不应于上，旅之义也。柔得中附顺于下刚，而刚不距是以小亨。旅之为道，不敢妄动，上丽其明乃可止也。止不妄也。明辨也。不为物疑，故正吉也。旅之为道，贞吉而后极，旅小亨。故再云旅非大人不能安其旅，而获其小亨也。”

阅典笔记

大处着眼，求安定，不斤斤计较于细节。

象

象曰：山上有火，旅。君子以明慎用刑，而不留狱[①]。

注 释

① 留狱：办案拖拉，滞留案件。

译 文

《象辞》说：本卦上卦为离，离为火；下卦为艮，艮为山。山上有火，洞照幽隐，这是旅卦的卦象。君子观此卦象，从而明察刑狱，慎重判决，既不敢滥施刑罚，也不敢延宕滞留。

古注

《子夏易传》:"火寄于山,火非可久刑以正法。刑不可久,故明慎用刑,以寄治之,而不留狱。"

阅典笔记

在不安定的状态中一切都容易不正常。

爻辞

初六:旅琐琐[1],斯其所[2]取灾。象曰:旅琐琐,志穷灾也。

注释

① 旅:商旅。琐琐:多疑之谓。② 斯:分析。所:处所。斯其所:离开住处。

译文

初六:旅人三心二意,进退犹豫,最后还是离开住所,结果自遭灾祸。《象辞》说:旅人三心二意,说明其人四处碰壁,精神疲惫。

古注

京房《京氏易传》:"其居初六元士。"

阅典笔记

三心二意,斤斤计较,会招来灾祸。

六二:旅即次[1],怀其资,得童仆,贞[2]。象曰:得童仆,贞,终无尤也[3]。

注释

① 次:借为肆,市场。旅即次:犹言旅人来到市场。② 贞:卜问。古时买仆买妾常卜问。③《象辞》引爻辞,贞下亦应有吉字。尤:过失。

译文

六二:旅人来到市场,带着钱财,买来一男仆,卜问得吉兆。《象辞》说:"得童仆,贞",看来这笔买卖没有问题。

古注

《子夏易传》:"守位奉上,而三相与得,其次来其资也。奉上而得中,得童仆之贞也。终何尤矣。"

九三:旅焚其次[1],丧其童仆,贞厉。象曰:旅焚其次,亦以伤矣。以旅与下,其义丧也[2]。

注释

①次：市肆，见前注。②下：当指新买之男仆。义：借为宜。

译文

九三：旅人来到着火的市场上，新买的男仆乘乱跑掉。卜问得险兆。《象辞》说："旅焚其次"，岂不遭受损失？因为旅人带着男仆同往，男仆乘乱跑掉是很自然的。

古注

《子夏易传》："原本阙传"。

九四：旅于处[①]，得其资斧[②]，我心不快。象曰：旅于处，未得位也[③]。得其资斧，心未快也。

注释

①处：犹所，住处。②资斧：钱财。资：资财。斧：仿农具的一种钱币，故名。③未得位也：此以九四爻象、爻位为据。九四阳爻而居阴位，像人所处环境不利。

译文

九四：旅人回到客居之处，因为赚了不少钱，心中不踏实。《象辞》说："旅于处"，这不是恰当的住处。"得其资斧"，自然心中不踏实。

古注

京房《京氏易传》："九四诸侯见应。"

阅典笔记

在旅途中有足够的旅资和利斧砍除荆棘，但心情仍然不好。

六五：射雉，一矢亡，终以誉命[①]。象：终以誉命，上逮[②]也。

注释

①誉：赞誉。命：命中，犹言善射。②逮：及。上逮：犹言名声传到上面去了。

译文

六五：射野鸡，一发命中，其人因而博得善时的美名。《象辞》说："终以誉命"，上面的人也知道了。

古注

京房《京氏易传》："六五为卦之主，不系于一，凶其宜也。内象适变，荡阴入阳，巽顺于物，进退意器，外象明，应内为鼎。"

阅典笔记

君子有才，自然美名远播。

上九：鸟焚其巢。旅人先笑后号咷，丧牛于易[①]。凶。象曰：以旅在上，其义焚也[②]。丧牛于易，终莫之闻也[③]。

注释

① 易：通狄。《象辞》释此爻，又是以上九爻象、爻位为据。上九阳爻居一卦之首，像人身居上位，遭人疾恨。义，借为宜。③ 闻：读为问，相恤问也。

译文

上九：鸟儿的巢窠被焚烧，周人的邑落被抢劫，四处流落的周人呵，美好的生活已成往事，悲惨的现实即在眼前，狄人牵着牛羊去，往后的日子怎么过。《象辞》说："以旅在上"，其居室被焚毁是意料之中的事。"丧牛于易"，没有人来体恤安慰也是理所应当。

古注

《子夏易传》："旅于上，极巢之高也。旅得上位，先笑者也。以旅在上，人所嫉也。则焚巢而号咷矣。牛顺物也，旅之为道，全于顺也。刚而亢居，丧其顺也。旅者人之客也，又刚而无顺人，何吉哉，故丧于无难也。固其凶哉。"

阅典笔记

人生遭遇此劫，估计以后的机会不会少，关键是有平和的内心。

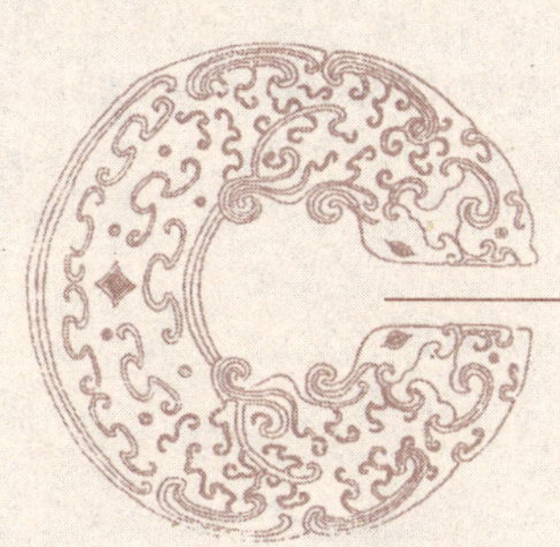

卦五十七　巽

择善而从，柔顺谦逊

巽为风　巽下巽上

卦辞

巽[1]：小亨。利有攸往，利见大人。

注释

① 巽：卦名。卦义：顺、具、入、谦逊等。

译文

巽卦，小亨通。宜于有所行动，见到大人有利。

卦义

行事谦顺，可致顺利亨通，但巽卦是阴卦，以一阴爻顺从二阳爻，只能有亨通。阴顺从阳，合乎自然道理，前进有利。

古注

京房《京氏易传》："阳中积阴而巽顺。"

阅典笔记

坚决执行上级下达的指令，进退有序，统一步调，同时又修身养性，谦虚纳贤，正是本卦要表达的真意。

彖

彖曰：重巽以申命[1]，刚巽乎中正而志行[2]，柔皆顺乎刚[3]，是以小亨。利有攸往，利见大人。

注释

①重巽：本卦为两巽相重。申：申述、表明。命：意旨。②巽：入，这里为入居之意。此种爻象表明，行为合于正道，自然志得意行。③柔皆顺乎刚：本卦初六、六四阴爻，为柔，分别居于二阳爻之下，是阴柔俯顺于阳刚之象。像臣民俯顺于君上，所以为"小亨"之兆。

译文

《彖辞》说：巽义为顺。两个巽卦相重，意在强调申述这个伦理原则。本卦九二、九五阳爻分居于下卦与上卦的中位，像君王行事合于正道，因而志得意行，臣民顺从君王，因而说"小亨。利有攸往，利见大人"。

古注

京房《京氏易传》："风从穴入于物，号令齐，顺天地，明也。内外禀于一阴，顺于天地，道也。声闻于外，远彰柔顺，阴阳升降，柔于刚也。"

阅典笔记

上行下效才会使国家亨通。

象

象曰：随风，巽。君子以申命行事。

译文

《象辞》说：本卦为巽卦相迭而成，巽为风，因而长风相随，吹拂不断，是巽卦的卦象。君子观此卦象，取法于长吹不断的风，从而不断地申明教义，反复地颁行政令，灌输纲常大义。

古注

《子夏易传》："风巽，风相随也。故君子申上之命，而从其事，率民以随上，而民皆随令也。"

阅典笔记

潜移默化，润物细无声。

爻辞

初六：进退，利武人之贞。象曰：进退，志疑也。利武人之贞，志治也[1]。

注释

①贞：卜问。《象辞》释为坚定。志治，犹言意志坚定而不慌乱。

译文

初六：进退听命，这是利于武人的占卜。《象辞》说："进退"，是因为自己没有成见。"利武人之贞"，才能勇敢无畏，临危不乱。

古注

《子夏易传》："巽柔在下，而不能果决，进退者也。巽于始，申命行事之初也。利于勇而行之则正也。非暴也，志行其治者也。"

阅典笔记

卑顺过甚，进退犹豫，应当像武人那样坚决果断。

九二：巽[1]在床下。用史巫纷若。吉，无咎。象曰：纷若之吉，得中[2]也。

注释

①巽：俯顺，俯卧。②得中：此以九二爻象、爻位为据，九二阳爻居下卦中位，是得中其位。在此处喻人病情有好转之兆。

译文

九二：病人卧床不起，祝史巫士降神祭祀，禳灾驱鬼，忙碌不停。病情有好转，灾难消除了。《象辞》说："纷若"的"吉"，（因为九二阳爻居下卦中位，）爻象既得，灾难自退。

古注

《子夏易传》："巽乎下也，而又阴居床下之巽，犹得其中。巽下通上方，于祭祀之用史巫，虽多于散事，达其命不任于己，则吉也。"

阅典笔记

以谦卑恭事神灵，对人对事亦心怀一份谦卑。

九三：频巽，吝[1]。象曰：频巽之吝，志穷也。

注释

① 频：借为颦，皱眉，喻指愁眉不展。巽：顺从。吝：艰吝，心中不顺畅。

译文

九三：勉强顺从，其心必不顺畅。《象辞》说："频巽之吝"，说明这是出于无可奈何。

古注

《子夏易传》："处卦之高，巽于下柔，求其巽而不获，匪其中而莫正，以至于频蹙忧嗟也。刚不能执志，而穷于巽，可惜也已。"

阅典笔记

忍屈顺从，心有不甘，所以有辱。

六四：悔亡，田获三品[①]。象曰：田获三品，有功也。

注释

① 田：同畋，狩猎。三品：犹言多种多类。

译文

六四：没有悔恨，狩猎获得各种猎物。《象辞》说："田获三品"，说明狩猎大有收获。

古注

《子夏易传》："阴巽主也。为阳所巽，而顺于阳，得位上奉而当之矣。臣而行事悔之道也。顺而正之，何悔之有，故建功而田获三品能歆其神人也。"

九五：贞吉悔亡，无不利。无初有终，先庚三日，后庚三日[①]。吉。象曰：九五之吉，位正中也[②]。

注释

① 先庚三日：庚日之前三日，即丁日。后庚三日：庚日之后三日，即癸日。上古历法，每旬十日，以甲、乙、丙、丁、戊、己、庚、辛、壬、癸十字记之。从丁日到癸日共七日，周人占时日，多以七日为度。可参见蛊卦、复卦注。② 位正中也：此以九五爻象、爻位为据。九五阳爻居上卦中位，此位象极佳，故曰"正中"。

译文

九五：贞卜得吉兆，没有悔恨，无所不利。虽没有良好的开端，但有良好的结局。时日定在丁日或癸日，其事一定成功。《象辞》说：九五爻辞之所以讲吉利，（因为九五阳爻居上卦中位，）像人事合于正道，自然吉利。

阅典笔记

“九五”似有不“谦逊”的悔恨，不能服众，但终克服不利因素，其令畅行。

上九：巽在床下，丧其资斧[①]。贞凶。象曰：巽在床下，上[②]穷也。丧其资斧，正乎凶也。

注释

①巽：伏。资斧：资财。此爻似记录失褒的情形。②上：指上九之爻。上九居一卦之尽头，是穷途末路之象。

译文

上九：人隐伏在床底下，钱财则被洗劫一空。卜问得凶兆。《象辞》说：“巽在床下”，正是上九阳爻穷途末路之象。“丧其资斧”，不正是凶险之事吗？

古注

《子夏易传》：“以刚而居重巽之上，以巽于下，巽而极过，巽无甚焉，在床下者也。极巽失据，无刚之用，资器皆亡之矣，身将安守哉，正其凶也。”

阅典笔记

谦卑过度，会丧失果断。

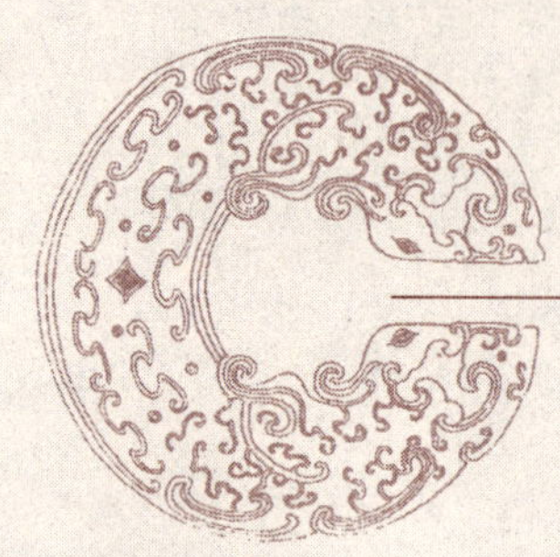

卦五十八　兑

外柔内刚，与人和悦

兑为泽　兑下兑上

卦辞

兑[①]：亨，利贞。

注释

①兑：本卦为同卦相叠（兑下兑上）。兑为泽，两兑相叠，有两泽相连，两水交流之象，喻上下相和，则团结一致，朋友相慕，则切磋讲习，这是一个令人欢欣的场面，所以卦名曰兑。兑，即悦。

译文

兑卦：亨通。吉利的贞卜。

卦义

兑为泽，性悦，上下皆悦，为兑。故兑象征欣悦，又上下皆泽，两泽相附丽，相互浸润，互有滋益，所以欣悦。

古注

《子夏易传》："刚中正而外柔，顺于万物，皆说其泽。"

阅典笔记

喜悦是人之常情。自己喜悦，使人喜悦，可使人际关系和谐。

彖

彖曰：兑，说也。刚中而柔外[①]，说以利贞[②]，是以顺乎天而应乎人。说以先民[③]，民忘其劳；说以犯难，民忘其死。说之大，民劝矣哉！

注释

① 刚中而柔外：本卦九二、九五阳爻，为刚，分居下卦、上卦中位，是为“附中”。六三、上六阴爻，为柔，分居下卦、上卦外位，所以说“柔外”。这种卦象显示，君子内秉刚健之德，外抱柔和之姿。坚行正道。② 说：取悦于民。以：连词。利：与人谋利。贞：贞正，犹言坚持正道。③ 先民：引导大众。

译文

《彖辞》说：兑，就是喜悦的意思。君子内秉刚健之德，外抱柔和之姿，以团结协和为愿望，以利人利物为存心，坚持正道，所以能够顺乎天意而合乎人心。以悦民之道引导大众前进，大众将不顾劳累而追随，以悦民之道引导大众冒险，大众也会不顾生死而赴之。悦民之道的伟大作用就在于大众因此而劝勉奋进，共济时艰。

古注

《子夏易传》：“两说而合，者莫过于朋友讲习也。”

阅典笔记

君子修身，待人谦逊，这样可以上顺天意，下应民心。

象

象曰：丽泽[①]，兑。君子以朋友讲习。

注释

① 丽：王弼说：“丽，犹连也。”

译文

《象辞》说：本卦为两兑相叠，兑为泽．两泽相连，两水交流是兑卦的卦象。君子观此卦象，从而广交朋友，讲习探索，推广见闻。

古注

《子夏易传》：“两说而合，者莫过于朋友讲习也。”

阅典笔记

诤友有三，其一为友多闻。

爻辞

初九：和兑，吉。象曰：和兑之吉，行未疑①也。

注释

①疑：借为碍，止也。

译文

初九：和睦欢喜，吉利。《象辞》说："和兑"的"吉"，因为人际交往无所猜疑。

古注

京房《京氏易传》："阴阳升降，变初九入初六，阳入阴，为坎象。"

九二：孚兑①，吉，悔亡。象曰：孚兑之吉，信志②也。

注释

①孚兑：被俘而不恐惧，犹言优待俘虏。②《象辞》释"孚"为诚信，与经意不合。志：借志为之，用如代词。

译文

九二：优待俘虏，吉利，没有悔恨。《象辞》说："孚兑"的"吉"，因为互相之间有了信任。

古注

《子夏易传》："失位与三，岂无悔也。志在和人，欲其说，信中不失正，故吉也。夫何悔焉。"

阅典笔记

优待俘虏，符合人道主义的原则，同时也利于攻心战。

六三：来①兑，凶。象曰：来兑之凶，位不当②也。

注释

①来：招来，归服。②位不当：此以六三爻象、爻位为据。六三阴爻而居阳位，喻人所行与其地位不相称。

译文

六三：以使人归服为乐，蕴藏着凶险。《象辞》说："来兑"的"凶"，所行必不当。

古注

京房《京氏易传》："六三三公为应。"

阅典笔记

切忌做超出自已能力的事情。

九四：商兑未宁[①]，介疾有喜[②]。象曰：九四之喜，有庆也。

注释

① 商：商谈。商兑：商谈和好，恢复邦交。宁：定。未宁：犹未达成协议。② 介：小。介疾：小毛病。这里喻指两国间的矛盾分歧。喜：犹言病愈，愈合。

译文

九四：商谈恢复邦交之事，尚未达成协议，但两国的矛盾分歧有了愈合的趋势。《象辞》说：九四爻辞所讲的"喜"，即是指将有喜庆之事。

古注

《子夏易传》："干居臣位，商量宜制，祗上使下，不敢自安，皆获所说，必得其庆也。故大速有喜也。"

阅典笔记

战争是政治的延续。既然可以坐到谈判桌上，也就没有打下去的必要了。

九五：孚于剥，有厉。象曰：孚于剥[①]，位正当也[②]。

注释

①《象辞》释"孚"为诚信。剥，剥落，侵削。② 位正当：九五阳爻处上卦中位，是得其位。

译文

九五：被剥国俘虏。剥国无理挑衅，必遭惩罚。（对我方而言，坏事将变为好事。）《象辞》说："孚于剥"，（正如九五阳爻所象，）其人秉行中正之道，（必能逢凶化吉。）

古注

《子夏易传》："阴二君而一民，小人之道也。处尊而孚于上，阴信于小人消君子之道也。得位正当为人之刑，则下化矣。下之消则上危也。可不慎乎。"

阅典笔记

逆境之中坚持本心尤为难能可贵。

上六：引兑[1]。象曰：上六引兑，未光[2]也。

注释

① 引：引导。兑：欢喜，和睦。② 未光：此以上六爻象、爻位为据。上六处一卦尽头，是孤立之象。

译文

上六：引导大家和睦相处。《象辞》说：上六爻辞讲"引兑"，（用意虽佳，但上六阴爻处一卦之尽头，）像其人未必能一呼百应。

古注

京房《京氏易传》："上六宗庙在世。"

阅典笔记

一呼百应固然难，但只要人人竭尽所能，和睦的思想最终将被大家接受。

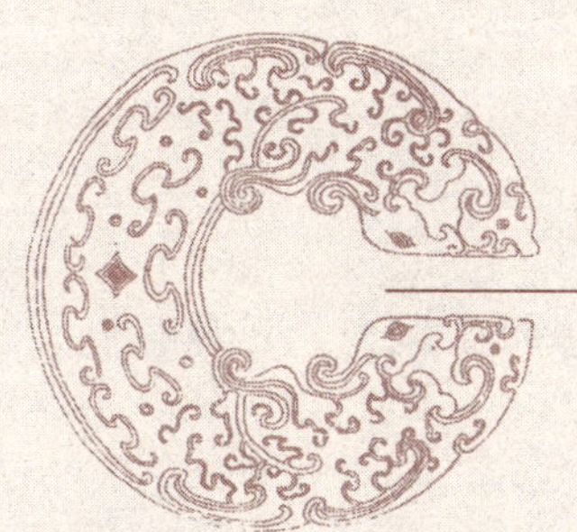

卦五十九　涣

拯救涣散，消除私心

风水涣　坎下巽上

卦辞

涣[1]：亨。王假有庙[2]。利涉大川。利贞。

注释

① 涣：卦名。本卦为异卦相叠（坎下巽上）。下卦为坎，坎为水；上卦为巽，巽为风。风行水上，推波鼓澜，四方横流，所以卦名曰涣。涣，《说文》："水流散也。"用以喻君王乘德教之舟，乘风破浪，宣布四方。② 假：借为格，至。有：汉帛书《周易》作于。此处有亦用同于。

译文

涣卦：亨通，因为君王亲临宗庙，禳灾祈福。并利于涉水过江河。这是吉利的贞卜。

卦义

事物处"涣"之时，形散而神聚，散聚相依，亨道顺利。

古注

京房《京氏易传》："水上见木，涣然而合。内外健而顺，纳实居中正，互见动而上。"

阅典笔记

丰盛安逸，人心容易涣散，以致离心离德，重私利而忘公益，破坏团结。

彖

彖曰：涣，亨，刚来而不穷[①]，柔得位乎外而上同[②]。王假有庙，王乃在中也。利涉大川，乘木有功[③]也。

注释

①刚来而不穷：本卦九二阳爻，为刚，居下卦中位，九五阳爻，为刚，居上卦之中位，分居内外卦之主位，是中正其位而四向可通之象。像君王居位用权，安稳灵便。②柔得位乎外而上同：本卦六四阴爻，为柔，居外卦之阴位（第四位为阴位），是柔得位而处于外。初六、六四阴爻，分别处于九二、九五阳爻之下，有柔刚相应之象，所以说"上同"。像百僚守职，拥戴君上。③乘木有功：本卦上卦为巽，巽为木，下卦为坎，坎为水，乘舟渡水，平安无事。

译文

《彖辞》说：涣卦，有亨通之象。因为九二、九五之爻分别为内外卦之主爻，像君王居位，大权在握，指挥灵通，而且百僚守职，顺从君王。"王假有庙"，说明众星拱卫，君王处于天枢之地。所谓"利涉大川"，比喻君王以德教为舟，破浪穿行，所向有功。

古注

《子夏易传》："五之为主，不以形约，不以武禁，通其志而天下自治，岂人臣之为乎。乃王之命也。当以无为可以至于有庙致亨矣。木之乘则无险矣。不劳而致重于不通，上乘下之能也。施远而济其散，治乎中正，而利贞者也。"

阅典笔记

牺牲小我，完成大我。

象

象曰：风行水上，涣。先王以享于帝，立庙。

译文

《象辞》说：本卦上卦为巽，巽为风；下卦为坎，坎为水。风行水上，是涣卦的卦象。先王观此卦象，从而享祭天帝，建立宗庙，推行尊天孝祖的“德教”。

古注

《子夏易传》:“风行水上，无拥限也。上以发令，不疾而速，远而承治者也。当其无事也。先王享于上帝，配之祖考，用礼乐之道，致享而已。”

阅典笔记

如今尊天已无必要，不过对大自然要始终保持一颗敬畏的心。

爻辞

初六：用拯马壮，吉①。象曰：初六之吉，顺也。

注释

①用：因。拯：声假作乘，乘骑。壮：借为戕，伤。

译文

初六：洪水突来，因而乘马逃避，匆促跌伤，幸免淹亡之祸，吉利。《象辞》说：初六爻辞讲的“吉”，（是因为初六阴爻居九二阳爻之下，）有阴柔顺从阳刚之意。（像马顺从人意。）

古注

《子夏易传》:“涣之初，可以散动也。二能济而已附之，故显而行之无畏忌也。壮马驰骋而得其吉。”

阅典笔记

临危不乱，处变不惊。

九二：涣奔其机①，悔亡。象曰：涣奔其机②，得愿也。

注释

①涣：洪水。奔：借为崩，冲毁。机：当作几，这里指房基。②涣：冲洗，冲散。机：当借为迹，污迹。与经意有别。

译文

九二：洪水奔涌，冲毁房基。性命无虞，不幸中之万幸。《象辞》说：“涣奔其机”，正是心中所愿。

古注

《子夏易传》："刚能治也，来而不穷，据初相与得愿驰骋，何往不至。兼固于三，贪其多，有失涣之道，未之悔也。"

阅典笔记

"九二"失正，但阳刚居中，像由外奔来，坐下来依靠在矮桌上一样安定，使悔恨消除。

六三：涣其躬，无悔。象曰：涣其躬，志在外也。

译文

六三：洪水冲到身上，幸免于难，尚可庆幸。《象辞》说："涣其躬"，说明其人志在教育他人，治理国家。

古注

《子夏易传》："涣者散，而随适可也。虽乘于刚，非其位也。自应于上，可以往而遂其志矣。散志适时，何悔之有。"

阅典笔记

君子心系国事，自然应该，但也不应忽略对其他人的积极影响。

六四：涣其群，元吉，涣有丘，匪夷所思[①]。象曰：涣其群，元吉，光[②]大也。

注释

①群：人群。丘：山丘。匪：读为非。夷：平常。②光：借为广。

译文

六四：洪水冲向人群，然而十分幸运，因为人群聚集在山丘上，洪水只能淹到山脚，否则其后果是平常难以想像的。《象辞》说："涣其群，元吉"，说明君王德教广施，教化大行。

古注

《子夏易传》："以柔顺而上乘至尊，行大人之令者也。羣者，众之务公之事也。涣众之公，大吉而光也。若以私也，则丘墟不移，咎归于巳，巳亦思之不夷矣。可不慎乎。"

阅典笔记

以洪水喻德，略显有些不符，不过气势汹汹，却能反映推行德政的的坚定和德政对心灵的冲刷作用。

九五：涣汗其大号[①]。涣王居[②]，无咎。象曰：王居，无咎，正位也。

注释

① 涣汗：水势盛大貌。大号：国都。② 涣王居：犹言洪水淹及王宫。

译文

九五：洪水横溢，淹没国都，淹及王宫，幸好人员早已撤走，没有大的灾难。《象辞》说："王居，无咎"，位尊且正，自然无灾难。

古注

京房《京氏易传》："九五履正，思顺非逼也。九五居尊，大夫应。"

阅典笔记

取之于民，用之于民。

上九：涣其血，去逖出[①]，无咎。象曰：涣其血，远害也[②]。

注释

① 血：借为恤，忧患。去：清除。逖：通畅，警惕。出：产生。② 涣其血：为血光之灾。释逖为远。

译文

上九：洪水退去，忧患消除，但仍须警惕，加强防范，这样就没有灾难。《象辞》说："涣其血"，（走开，远远地走开，）这样就可远离灾害。

古注

《子夏易传》："应独者多至于争，此易之常情也。上独有应而远于伤害者，当其涣，得行其志，从其道也。故血去害远而无咎也。"

阅典笔记

远离可能受伤的场所，不会有灾难。

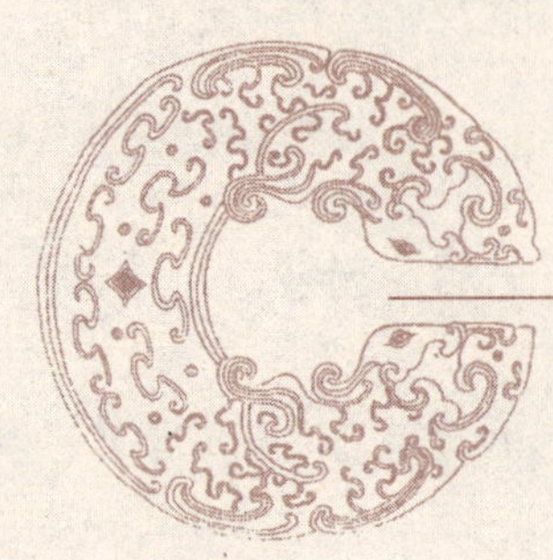

卦六十　节

不逾规范，适度节制

水泽节　兑下坎上

卦辞

节[1]：亨。苦节[2]，不可贞。

注释

①节：卦名。本卦为异卦相叠（兑下坎上）。上卦为坎，坎为水；下卦为兑，兑为泽。水满溢于泽外，务必高筑堤防以约束之，所以卦名曰节。节，节制。用以警惕人们：天地有节度，才能常新，国家有节度，才能安，个人有节度，才能使自己的性命万全。②苦：用作动词。节：节制。苦节：以节制为苦，即所谓以放肆为乐。

译文

节卦：亨通。如果以节制为苦，其凶吉则不可卜问。

卦义

节制是美德，能自觉有所节制，处中守正而行事必然亨通。但过分节制，会使自己吃苦，故要适中。

古注

京房《京氏易传》："水居泽上。泽能积水，阳止于阴，故为节。节者止也。"

阅典笔记

本卦阐释了节制的原则，不应盲目节制。不应当节制时节制，会使人丧失活力失去时机，则会造成伤害。

彖

彖曰：节亨。刚柔分而刚得中[①]。苦节，不可贞，其道穷也。说以行险[②]，当位以节[③]，中正以通。天地节而四时成。节以制度，不伤财，不害民。

注释

① 刚柔分而刚得中：本卦上卦为坎，坎为阳卦，为刚；下卦为兑，兑为阴卦，为柔。上阳下阴，是为“刚柔分”。九二、九五阳爻，为刚，分居于下卦、上卦的中位，是“刚得中”。像君臣王位，各守其分民。② 说以行险：本卦内卦为兑，兑义为悦，外卦为坎，坎义为险。临难不苟，敢行险道是节卦的义蕴。③ 当位以节：本卦上六阴爻居阴位，九五阳爻居阳位，六四阴爻居阴位，刚柔得当，爻象相通，以像君臣各遵节度，有条不紊。

译文

《彖辞》说：节卦，有亨通之象。因为刚柔分别而位象恰当。像君臣各正其位，各守其分。卦辞说：“苦节，不可贞”，因为违反纲常大义，胡作妄为，必然走向穷途末路，节卦具有临难不苟，威武殉道的义蕴，同时又体现了恪守本分，遵礼守义的原则，因而能达到中立不倚通行无阻的境地。天地有节度而寒来暑往，形成四时节气；国家有节度，因而制定了君子教庶民，庶民养君子的社会通则。君子不可以骄奢暴殄天物，不可以残暴伤害人民。

古注

《子夏易传》：“过则苦，苦斯穷，不可正也。险者人之难履也，节者人之难从也。说其险能安其节者也，是大人当位而能节，而当其所而得其通也。故天地节，寒暑而成歲。圣人等贵贱而设制度，则财不枉而民不竭矣。节之为道广矣夫。”

阅典笔记

中国历来被称做“礼仪之邦”，大概便是指的始自周代的尊礼传统。后来孔子推行的就是周礼。他所推行的仁、义、礼、知、信也就成了历代治国者奉行的教条，或叫做“礼教”。

象

象曰：泽上有水，节。君子以制数度[①]，议德行。

注释

①数度：犹言制度。

译文

《象辞》说：本卦下卦为兑，兑为泽；上卦为坎，坎为水。泽中水满，因而须高筑堤防，这是节卦的卦象。君子观此卦象，从而建立政纲制度，确立伦理原则。

古注

《子夏易传》：“泽上有水，止而不泄，下保其润，上得其安，节之象也。君子制度数以位，议德行以守则，无遗之患也。”

阅典笔记

礼多人不怪。

爻辞

初九：不出户庭，无咎。象曰：不出户庭，知通塞[①]也。

注释

①通塞：义在塞。犹好歹、缓急之类偏义复词。塞：阻塞不通。

译文

初九：占卜时遇此爻，杜门不出，没有灾祸。《象辞》说：“不出户庭”，因为其人知道所行必不通。

古注

《子夏易传》：“节者不可以出也。初而慎之，在于密也。不出户庭，则无由祸患及也。言而复悔，出而后治，则无及已。刚能辨制，知时通塞，得初节之义也。”

阅典笔记

节制克俭也没有什么不好，它可以使人保持清醒的头脑，懂得应当珍惜什么。

九二：不出门庭，凶。象曰：不出门庭，凶，失时极也。

译文

九二：占卜时遇此爻，杜门不出，也有凶险。《象辞》说："不出门庭，凶"，因为坐失良机，错误至极。

古注

《子夏易传》："节者当位而节乃通也。刚居下位，自高于内，不听其职，不扬其令位也者，君子之时也。其可忽乎。失时之过，凶咎至矣，不能守节于位也。"

阅典笔记

不应节制时节制就会丧失时机。

六三：不节若，则嗟若①。无咎。象曰：不节之嗟，又谁咎也？

注释

①节：节制，节俭。嗟：悔叹。若：语末助词无义。

译文

六三：不节俭则困穷，处困穷则知悔过，知悔过则可以无灾难。《象辞》说：奢侈带来了悔恨，这是谁之过？

古注

《子夏易传》："不能自节，以弱质而乘刚，居上力小任大，重以至于忧嗟也。此已之自召也，何人之咎哉。"

阅典笔记

俭以养德。

六四：安节①，亨。象曰：安节之亨，承上道也②。

注释

①安节：安于节俭遵礼的生活。②承：遵从。上道：君上之道。

译文

六四：安于节俭遵礼的生活，通泰。《象辞》说："安节"的"亨"，是因为顺从了君上的旨意。

古注

《子夏易传》："以阴守柔，当位安节，承主之命得节之道，故能通也。"

阅典笔记

安于节俭，却并非满足现状。

九五：甘节，吉。往有尚[①]。象曰：甘节之吉，居位中[②]也。

注释

①甘：甜。甘节：犹言以节俭遵礼为乐。尚：帮助。②居位中：此以九五爻象、爻位为据。九五阳爻居上卦中位，像人守中正之道。

译文

九五：以节俭遵礼为乐，吉利。秉此而行，所往必得别人资助。《象辞》说：以节俭遵礼为乐之所以吉利，（因为九五之爻，）所居恰当，（像人居德行义，自然获得人家资助。）

古注

《子夏易传》："刚以居尊，为化之主，甘于节而以令人也。正位以节，德之中也。不过不逼，为天下之式，则天下财不伤，而民不害，皆归德矣。庆其来哉，志尚而得其志也。"

上六：苦节，贞凶。悔亡[①]。象曰：苦节，贞，凶，其道穷也。

注释

①苦节：以节俭遵礼为苦。悔：用如动词。悔亡：为败落而悔恨。

译文

上六：以节俭遵礼为苦，卜问得凶兆，其人将为家道败落而悔恨。《象辞》说："苦节，贞，凶"，像人走入穷困不通的境地。

古注

《子夏易传》："节者以备其穷也。穷犹节之节苦者也。身安资哉，正之凶也。居极乘刚，易之悔也。其在节极则自苦也。凶其深矣，悔小疵也。又何加焉。"

阅典笔记

"上六"固有极端节制而不堪之象，但若知悔改，凶险可以消失。

卦六十一　中孚

诚信之德，促进和谐

风泽中孚　兑下巽上

卦辞

中孚[1]：豚(tún)鱼[2]，吉。利涉大川。利贞。

注释

①中孚：卦名。本卦为异卦相叠（兑下巽上）。下卦为兑，兑为泽；上卦为巽，巽为风。泽上有风，风起波涌，君子居高临下，以诚信为本，施教于下，教化人民，所以卦名曰中孚。中孚，意为诚信。②豚（屯）鱼：庶人之礼。

译文

中孚卦：豚鱼献祭，虽物薄但心诚，吉利。并利于涉水过河。这是吉利的贞卜。

卦义

诚信能感化万物，即使用简单的豚和鱼作为祭品，仍然会被神嘉纳赐福，所以吉祥。诚信之德，利于冒险排难，利于持正。

古注

《子夏易传》："上柔在内，以接于下，而刚得中，柔接而相亲，刚中而实信，就巽以从之，故得下柔奉之而刚中，以信而民，莫不化者也。"

京房《京氏易传》："阴阳变动，六位周匝，反及游魂之卦。"

阅典笔记

虚心为诚信的根本。

彖

彖曰：中孚，柔在内而刚得中[①]，说而巽[②]，孚乃化邦也[③]。豚鱼，吉，信及豚鱼也。利涉大川乘木舟虚[④]也，中孚以利贞[⑤]，乃应乎天也。

注释

① 柔在内而刚得中：本卦内两爻为阴，为柔，外四爻为阳，为刚。所以说："柔在内"。九二、九五阳爻，为刚，分别处于下卦、上卦的中位，所以说"刚得中"。② 说而巽：本卦下卦为兑，兑义为悦；上卦为巽，巽义为逊。和悦而谦逊是中孚之卦的基本品质。③ 孚：诚信。化：教化。邦：国。化邦：犹言改造全国人民的思想行为。④ 乘木舟虚：本卦下卦为兑，兑为泽；上卦为巽，巽为木。刳木为舟，行于水上，也是本卦的卦象。虚：虚空中立。⑤ 中孚：内心诚信。以：连词。利：利人利物。贞：行道中正。

译文

《彖辞》说：中孚之卦的基本结构是阴柔之爻居于内，阳刚之爻居于外；其基本品质是和悦而谦逊。像人具有柔顺、刚健、和悦、谦逊四种美德，秉此而行德教，则可以教化全国。卦辞说"豚鱼，吉"，就是说，豚鱼物虽薄，但表现了他的一片诚心。卦辞又说"利涉大川"，因为本卦下卦为兑，兑为泽；上卦为巽，巽为木。刳木为舟，行于水上，自然平安畅达。好比人内心诚信，利人利物，坚持正道，与天理相符合，又何惧于人间的惊涛骇浪。

古注

《子夏易传》："中发之信，恒而及于豚鱼，虽豚鱼而信，不遗其微小焉，故吉也。利涉大川，乘木而无险也。君子虚其中，而施信于民，故得民之信而可以致重道远也。信自于中利而以正，于天地四时也，而况人乎。"

阅典笔记

粉身碎骨浑不怕，要留清白在人间。

象

象曰：泽上有风，中孚。君子以议狱缓死。

译文

《象辞》说：本卦上卦为巽，巽为风；下卦为兑，兑为泽，泽上有风，风起波涌，这是中孚的卦象。君子观此卦象，有感于风化邦国，唯德教为先，因而审议讼狱，不轻置重典。

古注

《子夏易传》："泽降而风加焉，相得泽行也。君子信行，庶其中，感而变化也。故议留其狱，不即其死。"

阅典笔记

慎用重典，给犯人重新做人的机会。

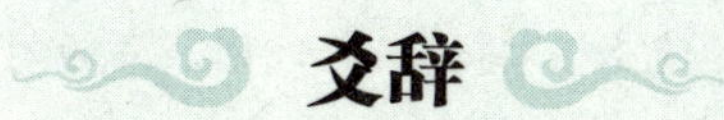

爻辞

初九：虞[①]吉。有它不燕[②]。象曰：初九虞吉，志未变化。

注释

① 虞：安神。即今所谓安葬，安神之礼属丧礼。② 它：意外之事。燕：讌之省文，通宴。讌饮之礼：属吉礼。

译文

初九：行安神之礼，吉利。有这样的变故，自然不行宴饮之礼。《象辞》说："初九虞吉"，因为慕恋先人的心愿未变。

古注

《子夏易传》："中孚之故在乎初也。速而应感其诚也，故度其志未变，而往则信终而吉。志变而有作，不可感也已矣。后之而绝类也。何所安乎。"

京房《京氏易传》："应初九元士。"

九二：鹤鸣在阴，其子和之[①]。我有好爵，吾与尔靡之[②]。象曰：其子和之，中心愿也。

注释

①阴：树荫。和：应和。②爵：古人饮酒之器，形似小雀，即今所得酒杯。靡：共同，这里用如动词，犹言同饮。

译文

九二：老鹤在树荫下鸣叫，小鹤在旁边附和。我有美酒，与你共享用。《象辞》说："其子和之"，这是心灵相通的表现。

古注

京房《京氏易传》："九二反应。"

阅典笔记

有美食，不忘长辈。

六三：得敌，或鼓或罢[①]，或泣或歌。象曰：或鼓或罢，位不当也。

注释

①得：取也。得敌：克敌。或：不定代词，意为有的人。鼓：击鼓进攻。罢：休。班师。

译文

六三：击败了敌人，有的击鼓追击，有的凯旋报捷；消息传来，有的高兴得热泪盈眶，有的放声高歌。《象辞》说："或鼓或罢"，(六三阴爻而处于阳位，)胜利之中，恐怕隐伏着不测之祸。

古注

《子夏易传》："三与四皆为敌，三应于上，四巽于下，对而为敌，鼓以战之。四附上而大不敢当也，或罢之矣。不胜而惧，或泣之矣。四不我争，欢已志获，或歌之矣。柔德之薄，不量其势，不当于位，不正于分也。"

阅典笔记

福兮祸之所伏。

六四：月几望[①]，马匹亡，无咎。象曰：马匹亡，绝类上也[②]。

注释

①几望：每月十三、十四日左右。②绝：杜绝。类上：类似上次的事情。

译文

六四：月中的时候，马匹丢失了，但无大的灾祸。《象辞》说："马匹亡"，(此后要加倍警惕，)防止再发生类似事情。

古注

《子夏易传》："得位上顺而为五巽，阴盛得附，故无咎也。"

京房《京氏易传》："六四诸侯立世。"

阅典笔记

亡羊补牢，为时未晚。

九五：有孚挛如[1]，无咎。象曰：有孚挛如[2]，位正当[3]也。

注释

①挛如：相串连的样子。②《象辞》释"孚"为诚信。挛如：犹言相连一贯。③位正当：此以九五爻象、爻位为据。九五阳爻居上卦中位，是为位正当。

译文

九五：俘虏成群，串连捆绑，没有灾难。《象辞》说："有孚挛如"，其人行事与其地位大合符节。

古注

《子夏易传》："四绝类而孚我，我亦有信。挛如，当其位正，虽得地而无咎。"

京房《京氏易传》："九五履信。"

上九：翰音[1]登于天，贞，凶。象曰：翰音登于天，何可长也！

注释

①翰音：鸡飞上天，这是以异象为占。

译文

上九：鸡飞到天空，卜问得凶兆。《象辞》："翰音登于天"，它怎能长久飞翔啊！

古注

《子夏易传》："翰音为鸡巽之象也，以其阳物巽阴而无力飞，必鸣也，登于天何可久乎。信不由中，而为极上，难终之约，其可乎。信而莫应，有声而已，正之凶也。"

阅典笔记

自信过度而自鸣得意，虽有阳刚之质，动机纯正，也难以不受凶险。

卦六十二　小过

因应时机，小有过越

雷山小过　艮下震上

卦辞

小过[①]：亨，利贞。可小事，不可大事。飞鸟遗之音，不宜上，宜下，大吉。

注释

① 小过：卦名。本卦为异卦相叠（艮下震上）。下卦为艮，艮为山；上卦为震，震为雷。人过山顶，天上鸣雷。危险垂临，不可不惧。所以卦名曰小过。

译文

小过卦：亨通，这是吉利的贞卜。但是只适宜于小事，不适宜大事。飞鸟空中过，叫声耳边留，警惕人们：登高必遇险，下行则吉利。

卦义

小过阴爻过度，本身有亨通的含义，但必须守持正道，且只适用于日常小事，而不适用于天下大事。在行为小有过度时，莫好高骛远，应当务实。

古注

《子夏易传》："刚失正，柔以为主，小人当位，过而得通也。"

阅典笔记

信心十足，必然有所行动，有行动难免有过度之虞。

彖

彖曰：小过，小者过而亨也。过以利贞，与时行也。柔得中[①]，是以小事吉[②]也。刚失位而不中[③]，是以不可大事也。有飞鸟之象焉。飞鸟遗之音，不宜上宜下，大吉，上逆而下顺也。

注释

①柔得中：本卦六二阴爻，为柔，居下卦中位。像人才力虽弱，但能遵守正道。②小事吉：郭京本作“可小事”，与经文合，当从。③刚失位而不中：本卦九四阳爻为刚，居于阴位（第四位为阴位），是为刚失位。九三、九四阳爻，不居下卦、上卦的中位，是所居不中。

译文

《彖辞》说：小过之卦，有“亨”之象，意思是小事错误，无碍大局，仍能亨通。小事错误，但能存利人之心，行中正之道，进退合时，还是可以通行无阻。本卦六二阴爻居下卦中位，“不可大事”，自然吉利。但是九三、九四两阳爻所处不当，像人才力虽大，但不遵循正道，如果图谋大事，必不能成功。本卦上震下艮，有飞鸟过山之象。“飞鸟遗之音，不宜上宜下，大吉”，因为向上钻营攀附，是逆理而行，安分守己则是顺理之举。

古注

《子夏易传》：“小人者，其心小其见狭，其务近君子，过以合时，利不失正乃行，故小事可也。鸟也者，阳升之物也。刚虽上而失位，不中不得行正也，是以有飞鸟之象也。君子忧其失，哀其止，发乎志，形乎声，犯上以匡之逆于其道不行，动无所往，遇于害焉。上顺而止之，以俟其通，故得其大吉焉。是故不可以大事也。”

阅典笔记

成事的条件需要天时、地利以及人和，三方面缺一不可。如果依仗自身实力的强大，而为所欲为甚至作恶多端，是不可能成事的。

象

象曰：山上有雷，小过。君子以行过乎恭，丧过乎哀，用过乎俭。

译文

《象辞》说：本卦下卦为艮，艮为山；上卦为震，震为雷，山上有雷，是小过的卦象。君子观此卦象，惧畏天雷，不敢有过失。因而行事不敢过于恭谦，居丧不敢过度哀伤，用度不敢过于节俭，唯适中而已。

古注

《子夏易传》："山上有雷，其虚声而已，无益下也。行过乎恭，丧过乎哀，用过乎俭救，于治有其声也。小事过而不伤其正者，莫过是也。故君子行之。"

阅典笔记

万事都不可太过或是太少，过犹不及就是这个道理。

爻辞

初六：飞鸟以凶。象曰：飞鸟以凶，不可如何也！

译文

初六：飞鸟经过空中，预兆着凶险。《象辞》说："飞鸟以凶"，这是无可奈何之事。

古注

《子夏易传》："小过不宜上也，其在防之初乎。上应其动，无所止者也。不可往而往，凶灾之及，自致之也，将如之何哉。"

阅典笔记

不由自身所能决定的事情也就不要太过放在心上。与其为之伤神，不如想想如何面对它、解决它。

六二：过其祖，遇其妣①。不及其君，遇其臣。无咎。象曰：不及其君，臣不过也。

注释

①过：错过。祖：祖父。妣：祖母。

译文

六二：错过了他的祖父，但遇着了他的祖母；没有赶上国君，还是遇着了臣僚。虽有差迟，但非徒劳，因而无灾难。《象辞》说："不及其君"，因为臣子固不宜超越国君。

古注

《子夏易传》："小过，刚失位也。二得位，得中能过其刚者也。妣，臣柔也。往与于阴也。非其常而得之，曰过。于其家斯遇妣矣。其于国斯遇臣矣。不及其君人之化也。臣不可过君也。而今过之者，小过之过者也。遇而时，故无咎矣。"

阅典笔记

只要付出就会有结果，虽然有的时候不是自己最希望得到的。因此，只要用心去做事，最终都可以成功，虽然通往成功的路线不一定与预期的一样。

九三：弗过防之，从或戕之[①]。凶。象曰：从或戕之，凶如何也？

注释

① 弗：读为不。过：指责。从：借为纵，放纵，听任。

译文

九三：不要过分指责，但要制止他的错误发展，如果听任放纵，反而害了他，必遭凶险。《象辞》说："从或戕之"，不可言状。

古注

《子夏易传》："阳不得正，不遇者也。小人匪正，忌于君子，可以防之，应而从之，则戕之矣。不能防而自致凶也，如之何哉。"

阅典笔记

不必追求错误后严厉的责骂，重要的是如何防止此类错误再次发生。

九四：无咎。弗过遇之[①]。往厉必戒。勿用永贞[②]。象曰：弗过遇之，位不当也。往厉必戒，终不可长也。

注释

① 咎：错误。无咎：此处不是贞兆辞，指没有过错。遇：犹迎面遏止。
② 厉：危险。往厉：犹言冒险。戒：警戒。永：长，这里指不远的将来。贞：卜问。

译文

九四：没有过错，不要指责他，但要防止发生错误。前去冒险，则必须立即加以警告，无须乎卜问往后的吉凶。《象辞》说："弗过遇之"，（因为九四阳爻处于阴位，）像人处境不利，容易出错。"往厉必戒"，因为明知而故犯，只能加速自己的失败。

古注

京房《京氏易传》："阳入阴，阴入阳，二气降内外象，上下返应，二刚相适。"

阅典笔记

知己知彼方能百战不殆。不能一味的蛮干，需要时时认清形势方能对自己有利。

六五：密云不雨，自我西郊。公弋(yì)取彼在穴[①]。象曰：密云不雨，已上也。

注释

①弋（义）：射鸟。彼：指代野兽。本爻两句似无联系，实则"密云"句讲求占之事已初露端倪。"公弋"句讲，施行之中，成功却出乎意料。

译文

六五：在我西郊的上空，云气密布，降雨在即。王公本是去射鸟，可是在洞穴捉到野兽。《象辞》说："密云不雨"，因为雨云已聚集在空中。

古注

《子夏易传》："柔居尊，小居大也。不应于上，小事而已。密云而不能雨者，阴阳得行其道，故盛而为雨也。小过阴乘阳，而位于阳，已上过矣，安施乎。不足以和，泽天下也。君子之修德，守于中正，俟其时而行也。苟无正矣，虽上过其德也。将何为乎。阴不足以当王，施于公而已矣。弋非狩之大者，穴非路之夷者，皆小人之过也。以柔与于柔也。"

阅典笔记

万事均有先兆。如果时刻认清事物的发展，可以使得自己立于不败之地。

上六：弗遇，过之，飞鸟离之[①]。凶，是谓灾眚(shěng)[②]。象曰：弗遇过之，已亢[③]也。

注释

①遇：遏止。过：过失，这里用如动词。离：遭遇。之：指代罗网。②眚：灾。与灾同义。③亢：穷高也。已亢，此以上六爻象、爻位为据。上六阴爻居一卦之首，凌架一切，喻小人放肆，猖狂已极。

译文

上六：不加制之，因而犯下过失，好比飞鸟钻入罗网，凶险呵，这叫做灾难。《象辞》说："弗遇过之"，（正如上六阴爻位象所示，）其人太猖狂了。

古注

《子夏易传》："小过，阴餂过也。小人之道，极也。应何遇乎，飞鸟之凶，上何止矣。道之穷，离之凶，是谓灾之过也。"

阅典笔记

人不能迷失自我，为所欲为，这样会给自己带来灾祸的。应该时时保证理智的思考。

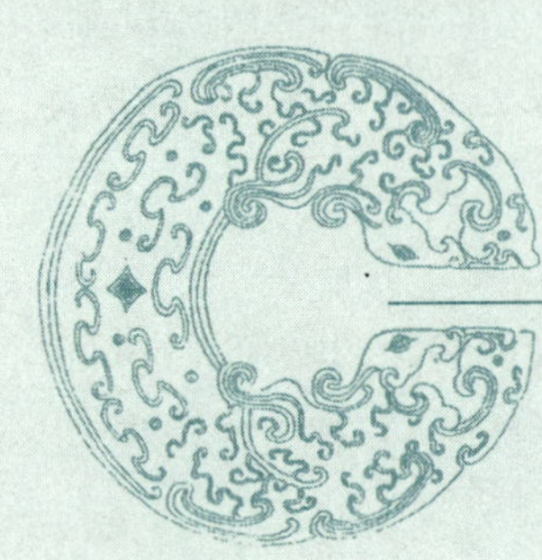

卦六十三　既济

万事皆济，守成不易

水火既济　离下坎上

卦辞

既济[①]：亨小，利贞。初吉终乱[②]。

注释

①既济：卦名。本卦为异卦相叠（离下坎上）。上卦为坎，坎为水；下卦为离，离为火。水处火上，水势压倒火势，救火之事，大告成功。所以卦名曰既济。既：已经。济：成也。既济，犹言事情已经成功。②乱：变故。

译文

既济卦：亨通。这是小见吉利的贞卜。起初吉利，最后将发生变故。

卦义

既济：既者，已也，尽也；济者，万事皆济，有成的意思。象征已成、成功。

古注

《子夏易传》："刚济而得位乎，上柔当而应上，是以亨，偕于小人也。"

阅典笔记

本卦虽称赞事已成时，俱获亨通，更多地是阐发守成艰难的道理。

彖

彖曰：既济亨，小者亨也。利贞，刚柔正而位当也①。初吉，柔得中②也。终止则乱，其道穷③也。

注释

① 刚柔正而位当也：本卦上卦为坎，坎为阳卦，为刚；下卦为离，离为阴卦，为柔，刚上柔下是“刚柔正’。初九、九三、九五均为阳爻，居阳位；六二、六四、上六均为阴爻，居阴位，是刚柔“位当”。利：利人利物。贞：中正。② 柔得中：本卦六二阴爻，为柔，处下卦中位，是“柔得中”。③ 其道穷也：本卦上六阴爻处于一卦之尽头，像臣子权势太盛，终于陷入穷困之地。

译文

《彖辞》说：既济之卦，有亨通之象，意思是小事亨通，大事则未必。卦辞讲本卦具有“利贞”的征兆：上刚下柔，像君臣正位，上下安分，阴阳各爻所处恰当，像君臣各尽其职，遵循君道臣道。所谓“初吉”，因为六二爻象显示，权臣初仕，以媚顺为事，其力尚不能为恶，所谓“最后有变乱”，因为上六爻象显示：权臣窃柄，欺君乱政，最终陷入绝境，归于灭亡。

古注

《子夏易传》：“刚柔得正，其利贞下者，上之阶柔者，强之本。柔当而守中，不敢逸也，故初吉。安于既济，止而无防，穷其道而终乱也。”

阅典笔记

做事需要防微杜渐，居安思危方能长久。

象

象曰：水在火上，既济。君子以思患而豫防之①。

注释

① 患：灾患。豫：借为预。

译文

《象辞》说：水上火下，水浇火熄，是既济之卦的卦象。君子观此卦象，从而有备于无患之时，防范于未然之际。

古注

《子夏易传》:"水在火上，相得而为功也。既济之矣，安之不虑，则覆矣。故思患先防，保其终也。"

阅典笔记

时时谨慎、处处小心方能长久。同时需要观察身边事情的变化趋势，从而对未来做出预期，才能长久处于不败之地。

爻辞

初九：曳其轮，濡其尾[①]，无咎。象曰：曳其轮，义无咎也[②]。

注释

① 曳：拉，拖。濡：沾湿。尾：衣后之假尾，西周人尚以假尾为饰。② 轮：借为纶，腰带之穗。义：读为宜，理应。

译文

初九：提着腰带过河，打湿了衣尾，没有大问题。《象辞》说："曳其轮"，理应无灾难。

古注

《子夏易传》:"刚为既济之初，力微而去险未远也。既济深险而未达于陆，故曳轮濡尾也。初济而不敢怠，其义岂有咎乎。"

阅典笔记

应该有全局意识，小的不顺利只要注意了就不会影响到全局的成败。

六二：妇丧其茀[①]，勿逐，七日得。象曰：七日得，以中道也。

注释

① 丧：丢失。茀：亦作发。茀、发均借为祓，头巾。

译文

六二：妇人丢失了头巾，不用寻找，七日内可以不寻而得。《象辞》说："七日得"，（因为六二阴爻居阴位，）位象既得，失物将还。

古注

《子夏易传》:"得位处内而应于上，妇之道也。而乘于刚，惧其暴也。丧其饰矣。茀之丧，容之减矣，中以奉阳，获其济下不敢凌，勿逐而七日自复。

七日者，复之不远，近取之诸日，极小人位而复，则下刚易也。”

阅典笔记

有的东西拼命去寻找不一定能找到，然而放松心态，顺其自然有时又能够收到奇效。凡事不要给自己太大的压力。

九三:高宗伐鬼方，三年克之[①]。小人勿用。象曰:三年克之，惫也。

注释

① 高宗:名武丁，庙号高宗，盘庚后第三代。鬼方:国名，严允部落之一。

译文

九三:高宗讨伐鬼方，费时三年才打败它。占卜时遇此爻，不可重用小人。《象辞》:费时三年才打败它，因为鬼方这时已疲惫不堪。

古注

《子夏易传》:“为下体之上，已得其位，既济者也。济险以力非易也，与王同功而受任也。高宗鬼方，三年克之，义焉。力以三年，疲而获矣。慎在于典守乎，非其人则恃势也。以天下之功为已之私与主，刚敌至于终乱矣。”

阅典笔记

是否重用小人只是一个简单的判断，但是如何识别小人却是最难的关键。

六四：繻有衣袽(rú)，终日戒[①]。象辞曰：终日戒，有所疑也。

注释

① 袽：作絮。古无棉花，富者以乱丝为絮，贫者以乱麻为絮。戒：小心，警惕。

译文

六四:撑着用败絮塞罅漏的船，整日里提心吊胆。《象辞》说:“终日戒”，说明心中疑虑重重。

古注

《子夏易传》:“有应当位，居刚之上，疑惧侵逼，至其重夜而不少懈也。柔而守正而戒备之，乃可以济，亨小矣。物咸遂焉，虽居乘刚而终无患也。”

阅典笔记

对于未来的恐惧是人之本性，但是整日提心吊胆，弊大于利。

九五：东邻杀牛，不如西邻之禴(yuè)祭[①]，实受其福。象曰：东邻杀牛，不如西邻之时也[②]。实受其福，吉大来也。

注释

①礿(钥)：古代祭名。这里的东邻、西邻当指殷人与周人。②时：善也。

译文

九五：殷人杀牛厚祭鬼神，不如周人薄祭鬼神，周人倒是得到鬼神的福佑。《象辞》说："东邻杀牛"，不如周人薄祭鬼神的用意美善。"实受其福"，将有重大的吉庆降临。

古注

《子夏易传》："人也者，神之主也。时者，人之由也。礼之大也。差其时，则人不和神，弗福矣。既济难夷，非大盛也，故有终止之穷焉。大人者，与时消息也。时之失，何所寄乎。故既济虽盈神弗福也。得时尽顺，吉大来也。唯大人能保其终矣。"

阅典笔记

形式只是外在的，最重要的还是内心的态度。

上六：濡其首，厉。象曰：濡其首，厉，何可久也？

译文

上六：涉水过河，水拍湿其头部，危险。《象辞》说："濡其首，厉"，怎能待很久的时间呢？

古注

《子夏易传》："既济而极于上，志与时穷，上反下矣。首濡矣，身其危哉。"

阅典笔记

审慎处之，才能长久守成。

卦六十四　未济

物不可穷，继续前进

火水未济　坎下离上

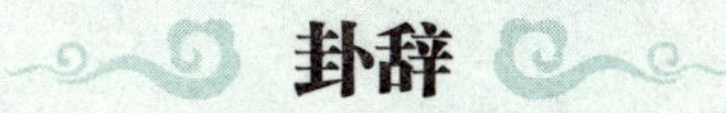

卦辞

未济[1]：亨。小狐汔(qì)济[2]，濡其尾。无攸利。

注释

① 未济：卦名。本卦为异卦相叠(坎下离上)。上卦为离，离为火；下卦为坎，坎为水。火处水上，火势压倒水势，救火之事，大功未成。所以卦名曰未济。此卦与既济卦构成一个相对统一的组卦。《周易》六十四卦，以乾、坤两卦开始，以既济、未济两卦结束。乾坤絪蕴，万物化生，繁衍不已，变化不息。既济、未济，代谢无疆。六十四卦这一编排组合，是《易经》变化发展思想突出的反映。

② 汔(气)：声假作几，将要。济：渡水。

译文

未济卦：亨通。小狐狸快要渡过河，却打湿了尾巴。看来此行无所利。

卦义

坎下离上，坎为水，离为火，火在水上，难以济物，谓之未济。事未成之时，同时未济象征事未成。

古注

《子夏易传》："柔得中，不当位，未济也，而觞其变矣。"

阅典笔记

上一卦讲济与不济的转化，似乎意犹未尽，于是这一卦接着申说。理还是那个理，事多半还是那些事，主题还是那个主题，角度还是那个角度。一正一反，既济中有未济，未济中又有既济，于是，功德圆满了。

彖

彖曰：未济亨，柔得中也①。小狐汔济，未出中②也。"濡其尾。无攸利"，不续终也。虽不当位，刚柔应也③。

注释

①柔得中：本卦六五之爻为阴爻，为柔，居上卦中位，是阴柔得位。②中：中正之道。未出中：犹言所行不合事理。此句针对"小狐汔济"而言，比喻庸材任重事，必至中途颠仆。③虽不当位，刚柔应也：本卦初六、六三、六五均为阴爻，而居阳位，是"不当位"。但是九二、九四、上九均为阳爻、为刚，与三阴爻相互呼应，所以说"刚柔应"。

译文

《彖辞》说：未济卦有亨通之象，因为六五阴爻居于上卦中位，位象相得。但是庸材任重事，必至中途颠仆。好比"小狐汔济"，在水中"濡其尾。无攸利"，没有好结果。不过庸材虽居大位，但能顺从君上，不至为害过深，一切尚可补救。

古注

《子夏易传》："刚近济在于险中，力小形微，濡其尾，无攸利，不续其终。下非所济远也。刚柔而同力，故有终通之道焉。"

阅典笔记

位居人下，没有大错出现，但是也难有惊人之举。

象

象曰：火在水上，未济。君子以慎辨物居方①。

注释

①辨物居方：俞樾说："辨物者，分别其物品也。居方：处置其方位也。"

译文

《象辞》说：本卦上卦为离，离为火；下卦为坎，坎为水。火在水上，水不能克火，是未济卦的卦象。君子观此卦象，有感于水火错位不能相克，从而以谨慎的态度辨别事物的性质，审视其方位。

古注

《子夏易传》："火上水下，各守其所，虽未济而各保其安也。君子明慎辨物，而使各安其所，则致之而得宜用之，而得当也。"

阅典笔记

因势利导方能成事。

爻辞

初六：濡其尾，吝[①]。象曰：濡其尾，亦不知极[②]也。

注释

①濡：沾湿。尾：衣尾，参见前注。吝：艰难。②极：作儆，戒也。

译文

初六：涉水渡河，沾湿了衣尾，前进有困难。《象辞》说："濡其尾"，见微知巨，再冒险前进，是不知儆戒。

古注

《子夏易传》："以柔而济于险，初始涉者也。近浅犹濡尾矣，况其深必不济矣。不知力之极也，可惜也已。"

阅典笔记

知难而退虽然能保全自己，但是知难而进也许有更大的收获，

九二：曳其轮[①]，贞吉。象曰：九二贞吉，中以行正[②]也。

注释

①曳：拉，拖。轮：借为纶。参见前注。②中以行正：此以九二爻象、爻位为据。九二居下卦中位，像人行事，符合中正之道。

译文

九二：提着腰带涉水过河，卜问得吉兆。《象辞》说：九二爻辞讲“贞吉”，因为九二阳爻处下卦中位，像人行事遵循正道。

古注

《子夏易传》：“居得险中，动而应主，刚德不邪而济也，故曳轮。载险而当之矣，故正吉也。”

阅典笔记

行事遵守道德常规可带来平安，即使卦象未说也可作为为人处世的规则。

六三：未济，征凶。利涉大川①。象曰：未济，征凶，位不当也。

注释

① 高亨说：“利上当有不字，转写脱去。(讼云：‘不利涉大川。’此文当与彼文同。)”当据补。

译文

六三：渡不了河，出行有凶险。不利于涉水渡河。《象辞》说：“未济，征凶”，(因为六三阴爻居阳位，)像人处境不利。

古注

京房《京氏易传》：“六三三公为世，应宗庙。”

阅典笔记

渡不了河会有危险，但是若是渡了河呢？应该有一些冒险的精神。

九四：贞吉，悔亡。震用伐鬼方，三年有赏于大国①。象曰：贞吉，悔亡，志行也。

注释

① 震：动。大国：措殷国。

译文

九四：吉利的贞卜，没有悔恨。大动干戈，助殷讨伐鬼方，费时三年，打败了它，获得殷国的奖赏。《象辞》说：“贞吉，悔亡”，说明志得意行。

古注

《子夏易传》：“未济征凶，柔居中，力小不济也。有委任之道焉，未济当位，志在乎济，而奉其上得正之吉也。而遂其志焉。何逼近之悔乎，将尽力以功，震其未济，故伐鬼方，三年乃克，而受国矣。初以勤奉主，终以功获赏，有终济之义也。”

阅典笔记

放眼未来才是最有用的。

六五：贞吉，无悔，君子之光，有孚，吉。象曰：君子之光，其晖[①]吉也。

注释

①晖：意同辉。

译文

六五：吉利的贞卜，没有悔恨。打了胜仗，捕获了俘虏，这是君子的光荣，吉利。《象辞》说："君子之光"，自然吉利。

古注

《子夏易传》："柔得中正之吉，无其悔也。志在乎济，授之以任之，无疑以至于终济，可谓君子之光焕乎辉发矣。信有中正之吉哉。"

阅典笔记

行事光明正大自然能带来吉利。

上九：有孚于饮酒，无咎。濡其首，有孚失是[①]。象曰：饮酒濡首，亦不知节也。

注释

①是：借为题，本义为额，这里指脑袋。

译文

上九：捕获了俘虏，饮酒庆贺，没有灾难。但酗酒闹事，头发都淋湿了。俘虏乘机作乱，将他们杀了。《象辞》说："饮酒濡首"，也太不知节制了。

古注

《子夏易传》："满者自覆，谦者自益，非天之所为也。夫以未济之初志存，而不懈以至于终济，而信有其乐也，亦何咎哉。乐极志满，道斯反矣，故濡其首，信失其乐哉。夫将济者，力之及也。济非大顺而致也，力以取之，顺以守之，乃得其久。既济而盈，将有覆矣。君子可无惧乎。"

阅典笔记

欲望需要有节制，没有或是太多都会带来不利。

系辞

上传

天尊地卑，乾坤定矣。卑高以陈，贵贱位矣。动静有常，刚柔断矣。方以类聚，物以群分，吉凶生矣。在天成象，在地成形，变化见矣。

是故刚柔相摩，八卦相荡。鼓之以雷霆，润之以风雨。日月运行，一寒一暑。乾道成男，坤道成女。乾知大始，坤作成物。乾以易知，坤以简能。易则易知，简则易从。易知则有亲，易从则有功。有亲则可久，有功则可大。可久则贤人之德，可大则贤人之业。易简而天下之理得矣。天下之理得，而成位乎其中矣。

圣人设卦观象，系辞焉而明吉凶，刚柔相推而生变化。是故吉凶者，失得之象也。悔吝者，忧虞之象也。变化者，进退之象也。刚柔者，昼夜之象也。六爻之动，三极之道也。是故，君子所居而安者，《易》之序也。所乐而玩者，爻之辞也。是故，君子居则观其象而玩其辞，动则观其变而玩其占，是以“自天佑之，吉无不利”。

彖者，言乎象者也。爻者，言乎变者也。吉凶者，言乎其失得也。悔吝者，言乎其小疵也。无咎者，善补过者也。是故，列贵贱者存乎位，齐小大者存乎卦，辩吉凶者存乎辞，忧悔吝者存乎介，震无咎者存乎悔。是故卦有小大，辞有险易。辞也者，各指其所之。

《易》与天地准，故能弥纶天地之道。仰以观于天文，俯以察于地理，是故知幽明之故。原始反终，故知死生之说。精气为物，游魂为变，是故知鬼神之情状。与天地相似，故不违。知周乎万物，而道济天下，故不过。旁行而不流，乐天知命，故不忧。安土敦乎仁，故能爱。范围天地之化而不过，曲成万物而不遗，通乎昼夜之道而知，故神无方而《易》无体。

一阴一阳之谓道，继之者善也，成之者性也。仁者见之谓之仁，知者见之谓之知，百姓日用而不知，故君子之道鲜矣！显诸仁，藏诸用，鼓万物而不与圣人同忧，盛德大业至矣哉！富有之谓大业，日新之谓盛德。生生之谓易，成象之谓乾，效法之谓坤，极数知来之谓占，通变之谓事，阴阳不测之谓神。

夫《易》广矣大矣！以言乎远则不御，以言乎迩则静而正，以言乎天地之间则备矣。夫乾，其静也专，其动也直，是以大生焉。夫坤，其静也翕，其动也辟，是以广生焉。广大配天地，变通配四时，阴阳之义配日月，易简之善配至德。

子曰："《易》，其至矣乎！夫《易》，圣人所以崇德而广业也。知崇礼卑，崇效天，卑法地。天地设位，而《易》行乎其中矣。成性存存，道义之门。"圣人有以见天下之赜，而拟诸其形容，象其物宜，是故谓之象。圣人有以见天下之动，而观其会通，以行其典礼，系辞焉以断其吉凶，是故谓之爻。言天下之至赜而不可恶也，言天下之至动而不可乱也。拟之而后言，议之而后动，拟议以成其变化。

"鸣鹤在阴，其子和之。我有好爵，吾与尔靡之。"子曰："君子居其室，出其言，不善，则千里之外应之，况其迩者乎？居其室，出其言不善，则千里之外违之，况其迩者乎？言出乎身，加乎民。行发乎迩，见乎远。言行，君子之枢机。枢机之发，荣辱之主也。言行，君子之所以动天地也，可不慎乎！"

"《同人》：先号咷而后笑。"子曰："君子之道，或出或处，或默或语。二人同心，其利断金；同心之言，其臭如兰。"

"初六，藉用白茅，无咎。"子曰："苟错诸地而可矣，藉之用茅，何咎之有？慎之至也。夫茅之为物薄，而用可重也。慎斯术也以往，其无所失矣。"

"劳谦，君子有终，吉。"子曰："劳而不伐，有功而不德，厚之至也。语以其功下人者也。德言盛，礼言恭。谦也者，致恭以存其位者也。"

"亢龙有悔。"子曰："贵而无位，高而无民，贤人在下位而无辅，是以动而有悔也。"

"不出户庭，无咎。"子曰："乱之所生也，则言语以为阶。君不密则失臣，臣不密则失身，几事不密则害成。是以君子慎密而不出也。"

子曰："作《易》者，其知盗乎？《易》曰：'负且乘，致寇至。'负也者，小人之事也；乘也者，君子之器也。小人而乘君子之器，盗思夺之矣。上慢下暴，盗思伐之矣。慢藏诲盗，冶容诲淫。《易》曰：'负且乘，致寇至。'盗之招也。"

天一、地二，天三、地四，天五、地六，天七、地八，天九、地十。天数五，地数五，五位相得而各有合；天数二十有五，地数三十，凡天地之数，五十有五，此所以成变化而似鬼神也。

大衍之数五十，其用四十有九。分而为二以象两，挂一以象三，揲之以四以象四时，归奇于扐以象闰。五岁再闰，故再扐而后挂。

《乾》之策，二百一十有六，《坤》之策，百四十有四，凡三百六十，当期之日。二篇之策，万有一千五百二十，当万物之数也。是故四营而成《易》，十有八变而成卦，八卦而小成。引而伸之，触类而长之，天下之能事毕矣。显道神德行，是故可与酬酢，可与佑神矣。子曰："知变化之道者，其知神之所为乎！"

《易》有圣人之道四焉：以言者尚其辞，以动者尚其变，以制器者尚其象，以卜筮者尚其占，是以君子将以有为也。将有行也，问焉而以言，其受命也如向。无有远近幽深，遂知来物。非天下之至精，其孰能与于此？参伍以变，错综其数。通其变，遂成天下之文。极其数，遂定天下之象。非天下之至变，其孰能与于此？《易》无思也，无为也，寂然不动，感而遂通天下之故。非天下之至神，其孰能与于此？

夫《易》，圣人之所以极深而研几也。唯深也，故能通天下之志；唯几也，故能成天下之务；唯神也，故不疾而速，不行而至。子曰"《易》有圣人之道四焉"者，此之谓也。

子曰："夫《易》何为者也？夫《易》开物成务，冒天下之道，如斯而已者也。"是故圣人以通天下之志，以定天下之业，以断天下之疑。是故蓍之德圆而神，卦之德方以知，六爻之义易以贡。圣人以此洗心，退藏于密，吉凶与民同患。神以知来，知以藏往，其孰能与于此哉？聪明睿知，神武而不杀者夫？是以明于天之道，而察于民之故，是兴神物以前民用。圣人以此斋戒，以神明其德夫。是故阖户谓之坤，辟户谓之乾，一阖一辟谓之变，往来不穷谓之通。见乃谓之象，形乃谓之器，制而用之谓之法，利用出入、民咸用之谓之神。是故，《易》有大极，是生两仪，两仪生四象，四象生八卦，八卦定吉凶，吉凶生大业。是故，法象莫大乎天地；变通莫大乎四时；悬象着明莫大乎日月；崇高莫大乎富贵；备物致用，立成器以为天下利，莫大乎圣人；探赜索隐，钩深致远，以定天下之吉凶，成天下之亹亹者，莫大乎蓍龟。是故，天生神物，圣人则之；天地变化，圣人效之；天垂象，见吉凶，圣人像之；河出图，洛出书，圣人则之。《易》有四象，所以示也；系辞焉，所以告也；定之以吉凶，所以断也。

《易》曰："自天佑之，吉无不利。"子曰："佑者，助也。天之所助者，顺也；人之所助者，信也。履信思乎顺，又以尚贤也。是以'自天佑之，吉无不利'也。"子曰："书不尽言，言不尽意。"然则圣人之意，其不可见乎？子曰："圣人立象以尽意，设卦以尽情伪，系辞焉以尽其言。变而通之以尽利，鼓之舞之以尽神。"乾坤，其《易》之缊邪？乾坤成列，而《易》立乎其中矣。乾坤毁，则无以见《易》。《易》不可见，则乾坤或几乎息矣。是故形而上者谓之道，形而下者谓之器。化而裁之谓之变，推而行之谓之通，举而错之天下之民谓之事业。是故夫象，圣人有以见天下之赜，而拟诸其形容，象其物宜，是故谓之象。圣人有以见天下之动，而观其会通，以行其典礼，系辞焉以断其吉凶，是故谓之爻。极天下之赜者存乎卦，鼓天下之动者存乎辞，化而裁之存乎变，推而行之存乎通，神而明之存乎其人，默而成之，不言而信，存乎德行。

下传

八卦成列，象在其中矣。因而重之，爻在其中矣；刚柔相推，变在其中焉；系辞焉而命之，动在其中矣。吉凶悔吝者，生乎动者也；刚柔者，立本者也；变通者，趋时者也；吉凶者，贞胜者也；天地之道，贞观者也；日月之道，贞明者也；天下之动，贞夫一者也。夫乾，确然示人易矣；夫坤，隤然示人简矣。爻也者，效此者也。象也者，像此者也。爻象动乎内，吉凶见乎外，功业见乎变，圣人之情见乎辞。天地之大德曰生，圣人之大宝曰位。何以守位？曰仁。何以聚人？曰财。理财正辞、禁民为非曰义。

古者包牺氏之王天下也。仰则观象于天，俯则观法于地，观鸟兽之文与地之宜，近取诸身，远取诸物，于是始作八卦，以通神明之德，以类万物之情。

作结绳而为网罟，以佃以渔，盖取诸《离》。包牺氏没，神农氏作，斫木为耜，揉木为耒，耒耨之利，以教天下，盖取诸《益》。日中为市，致天下之民，聚天下之货，交易而退，各得其所，盖取诸《噬嗑》。神农氏没，黄帝、尧、舜氏作，通其变，使民不倦，神而化之，使民宜之。《易》穷则变，变则通，通则久。是以自天佑之，吉无不利。黄帝、尧、舜，垂衣裳而天下治，盖取诸《乾》《坤》。刳木为舟，剡木为楫，舟楫之利，以济不通，致远以利天下，盖取诸《涣》。服牛乘马，引重致远，以利天下，盖取诸《随》。重门击柝，以待暴客，盖取诸《豫》。断木为杵，掘地为臼，杵臼之利，万民以济，盖取诸《小过》。弦木为弧，剡木为矢，弧矢之利，以威天下，盖取诸《睽》。上古穴居而野处，后世圣人，易之以宫室，上栋下宇，以待风雨，盖取诸《大壮》。古之葬者，厚衣之以薪，葬之中野，不封不树，丧期无数。后世圣人易之以棺椁，盖取诸《大过》。上古结绳而治，后世圣人易之以书契，百官以治，万民以察，盖取诸《夬》。

是故《易》者，象也；象也者，像也；彖者，材也；爻也者，效天下之动者也。是故吉凶生而悔吝著也。

阳卦多阴，阴卦多阳，其故何也？阳卦奇，阴卦偶。其德行何也？阳一君而二民，君子之道也。阴二君而一民，小人之道也。

《易》曰："憧憧往来，朋从尔思。"子曰："天下何思何虑？天下同归而殊途，一致而百虑，天下何思何虑？日往则月来，月往则日来，日月相推而明生焉。寒往则暑来，暑往则寒来，寒暑相推而岁成焉。往者屈也，来者信也，屈信相感而利生焉。"尺蠖之屈，以求信也；龙蛇之蛰，以存身也。精义入神，以致用也；利用安身，以崇德也。过此以往，未之或知也；穷神知化，德之盛也。"

《易》曰："困于石，据于蒺藜，入于其宫，不见其妻，凶。"子曰："非所困而困焉，名必辱。非所据而据焉，身必危。既辱且危，死期将至，妻其可得见耶！"

《易》曰："公用射隼于高墉之上，获之，无不利。"子曰："隼者，禽也；弓矢者，器也；射之者，人也。君子藏器于身，待时而动，何不利之有？动而不括，是以出而有获。语成器而动者也。"

子曰："小人不耻不仁，不畏不义，不见利不劝，不威不惩。小惩而不诫，此小人之福也。《易》曰：'履校灭趾，无咎。'此之谓也。"

“善不积不足以成名，恶不积不足以灭身。小人以小善为无益而弗为也，以小恶为无伤而弗去也。故恶积而不可掩，罪大而不可解。《易》曰：‘何校灭耳，凶。’”

子曰：“危者，安其位者也；亡者，保其存者也；乱者，有其治者也。是故，君子安而不忘危，存而不忘亡，治而不忘乱，是以身安而国家可保也。《易》曰：‘其亡其亡，系于苞桑。’”

子曰：“德薄而位尊，知小而谋大，力少而任重，鲜不及矣。《易》曰：‘鼎折足，覆公餗，其形渥，凶。’言不胜其任也。”

子曰：“知几其神乎！君子上交不谄，下交不渎，其知几乎？几者，动之微，吉之先见者也。君子见几而作，不俟终日。《易》曰：‘介于石，不终日，贞吉。’介如石焉，宁用终日？断可识矣。君子知微知彰，知柔知刚，万夫之望。”

子曰：“颜氏之子，其殆庶几乎？有不善，未尝不知；知之，未尝复行也。《易》曰：‘不远复，无祇悔，元吉。’”“天地絪缊，万物化醇。男女构精，万物化生。《易》曰：‘三人行则损一人，一人行则得其友。’言致一也。”

子曰：“君子安其身而后动，易其心而后语，定其交而后求。君子修此三者，故全也。危以动，则民不与也；惧以语，则民不应也；无交而求，则民不与也；莫之与，则伤之者至矣。《易》曰：‘莫益之，或击之，立心勿恒，凶。’”

子曰：“乾坤，其《易》之门耶？”乾，阳物也。坤，阴物也。阴阳合德，而刚柔有体。以体天地之撰，以通神明之德。其称名也，杂而不越。于稽其类，其衰世之意邪？“夫《易》，彰往而察来，而微显阐幽。开而当名，辨物正言断辞则备矣。其称名也小，其取类也大，其旨远，其辞文，其言曲而中，其事肆而隐。因贰以济民行，以明失得之报。”

《易》之兴也，其于中古乎？作《易》者，其有忧患乎？是故《履》，德之基也；《谦》，德之柄也；《复》，德之本也；《恒》，德之固也；《损》，德之修也；《益》，德之裕也；《困》，德之辨也；《井》，德之地也；《巽》，德之制也。《履》，和而至；《谦》，尊而光；《复》，小而辨于物；《恒》，杂而不厌；《损》，先难而后易；《益》，长裕而不设；《困》，穷而通；《井》，居其所而迁；《巽》，称而隐。《履》以和行，《谦》以制礼，《复》以自知，《恒》以一德，《损》以远害，《益》以兴利，《困》以寡怨，《井》以辨义，《巽》以行权。

《易》之为书也不可远，为道也屡迁，变动不居，周流六虚，上下无常，刚柔相易，不可为典要，唯变所适。其出入以度外内，使知惧。又明于忧患与故，有师保，如临父母。初率其辞，而揆其方，既有典常。苟非其人，道不虚行。

《易》之为书也，原始要终，以为质也。六爻相杂，唯其时物也。其初难知，其上易知，本末也。初辞拟之，卒成之终。若夫杂物撰德，辩是与非，则非其中爻不备。噫！亦要存亡吉凶，则居可知矣。知者观其彖辞，则思过半矣。二与四同功而异位，其善不同。二多誉，四多惧，近也。柔之为道，不利远者，其要无咎，其用柔中也。三与五，同功而异位。三多凶，五多功，贵贱之等也。其柔危，其刚胜耶？

《易》之为书也，广大悉备。有天道焉，有人道焉，有地道焉。兼三才而两之，故六；六者非它也，三材之道也。道有变动，故曰爻；爻有等，故曰物；物相杂，故曰文；文不当，故吉凶生焉。

《易》之兴也，其当殷之末世，周之盛德耶？当文王与纣之事耶？是故其辞危。危者使平，易者使倾。其道甚大，百物不废。惧以终始，其要无咎，此之谓《易》之道也。

夫乾，天下之至健也，德行恒易以知险。夫坤，天下之至顺也，德行恒简以知阻。能说诸心，能研诸侯之虑，定天下之吉凶，成天下之亹亹者。是故变化云为，吉事有祥。象事知器，占事知来。天地设位，圣人成能。人谋鬼谋，百姓与能。

八卦以象告，爻彖以情言，刚柔杂居，而吉凶可见矣。变动以利言，吉凶以情迁。是故爱恶相攻而吉凶生，远近相取而悔吝生，情伪相感而利害生。凡《易》之情，近而不相得则凶，或害之，悔且吝。将叛者其辞惭，中心疑者其辞枝，吉人之辞寡，躁人之辞多，诬善之人其辞游，失其守者其辞屈。

阅典笔记

对《易经》的基本原理，《系辞》进行了创造性的阐述和发挥，他认为“一阴一阳之谓道”，奇偶二数、阴阳二爻、乾坤两卦、八经卦、六十四卦，都由一阴一阳构成，没有阴阳对立，就没有《周易》。它把中国古代早已有之的阴阳观念，发展成为一个系统的世界观，用阴阳、乾坤、刚柔的对立统一来解释宇宙万物和人类社会的一切变化。

它特别强调了宇宙变化生生不已的性质，说“天地之大德曰生”，“生生之谓易”；又提出“穷则变，变则通，通则久”，发挥了“物极必反”的思想，强调提出了“居安思危”的忧患意识。它认为“汤武革命，顺乎天而应乎人”，肯定了变革的重要意义，主张自强不息，通过变革以完成功业。同时，它又以“保合太和”为最高的理想目标，继承了中国传统的重视和谐的思想。

《系辞》肯定了“《易》与天地准”，以为《周易》及其筮法出于对自然现象的模写，其根源在于自然界；同时也含有夸大《周易》筮法功能的成分，认为易卦包罗万象，囊括了一切变化法则。它说“《易》有太极，是生两仪，两仪生四象，四象生八卦，八卦定吉凶，吉凶生大业”，将以蓍求卦的过程理论化，实际涵含着宇宙生成论，对后来的思想家产生了很大的影响。

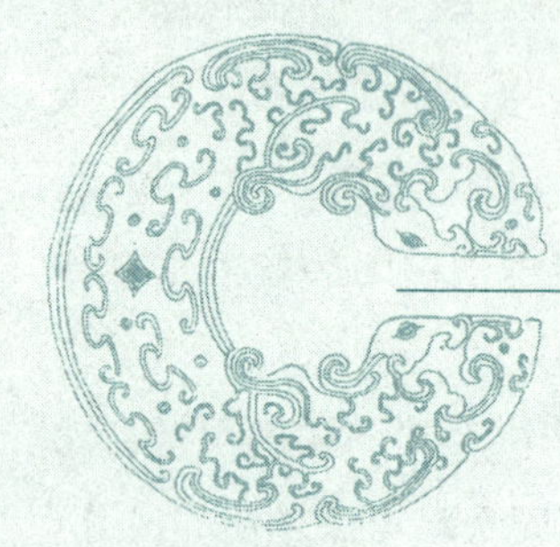

说卦传

昔者圣人之作《易》也，幽赞于神明而生蓍，参天两地而倚数，观变于阴阳而立卦，发挥于刚柔而生爻，和顺于道德而理于义，穷理尽性以至于命。

昔者圣人之作《易》也，将以顺性命之理。是以立天之道曰阴与阳，立地之道曰柔与刚，立人之道曰仁与义。兼三才而两之，故易六画而成卦。分阴分阳，迭用柔刚，故易六位而成章。

天地定位，山泽通气，雷风相薄，水火不相射，八卦相错。数往者顺，知来者逆，是故易逆数也。雷以动之，风以散之，雨以润之，日以烜之，艮以止之，兑以说之，乾以君之，坤以藏之。

帝出乎震，齐乎巽，相见乎离，致役乎坤，说言乎兑，战乎乾，劳乎坎，成言乎艮。万物出乎震，震东方也。齐乎巽，巽东南也；齐也者，言万物之絜齐也。离也者，明也，万物皆相见，南方之卦也，圣人南面而听天下，向明而治，盖取诸此也。坤也者，地也，万物皆致养焉，故曰：致役乎坤。兑，正秋也，万物之所说也，故曰：说言乎兑。战乎乾，乾西北之卦也，言阴阳相薄也。坎者水也，正北方之卦也，劳卦也，万物之所归也，故曰：劳乎坎。艮，东北之卦也。万物之所成终而成始也，故曰：成言乎艮。

神也者，妙万物而为言者也。动万物者莫疾乎雷，挠万物者莫疾乎风，躁万物者莫熯乎火，说万物者莫说乎泽，润万物者莫润乎水，终万物始万物者莫盛乎艮。故水火相逮，雷风不相悖，山泽通气，然后能变化，既成万物也。

乾，健也。坤，顺也。震，动也。巽，入也。坎，陷也。离，丽也。艮，止也。兑，说也。

乾为马，坤为牛，震为龙，巽为鸡，坎为豕，离为雉，艮为狗，兑为羊。乾为首，坤为腹，震为足，巽为股，坎为耳，离为目，艮为手，兑为口。乾，天也，故称乎父。坤，地也，故称乎母。震一索而得男，故谓之长男。巽一索而得女，故谓之长女。坎再索而得男，故谓之中男。离再索而得女，故谓之中女。艮三索而得男，故谓之少男。兑三索而得女，故谓之少女。

乾为天，为圆，为君，为父，为玉，为金，为寒，为冰，为大赤，为良马，为老马，为瘠马，为驳马，为木果。

坤为地，为母，为布，为釜，为吝啬，为均，为子母牛，为大舆，为文，为众，为柄。其于地也，为黑。

震为雷，为龙，为玄黄，为专，为大途，为长子，为决躁，为苍筤竹，为萑苇。其于马也，为善鸣，为馵足，为作足，为的颡。其于稼也，为反生。其究为健，为蕃鲜。

巽为木，为风，为长女，为绳直，为工，为白，为长，为高，为进退，为不果，为臭。其于人也，为寡发，为广颡，为多白眼，为近利市三倍。其究为躁卦。

坎为水，为沟渎，为隐伏，为矫輮，为弓轮。其于人也，为加忧，为心病，为耳痛，为血卦，为赤。其于马也，为美脊，为亟心，为下首，为薄蹄，为曳。其于舆也，为多眚，为通，为月，为盗。其于木也，为坚多心。

离为火，为日，为电，为中女，为甲胄，为戈兵。其于人也，为大腹，为乾卦，为鳖，为蟹，为蠃，为蚌，为龟。其于木也，为科上槁。

艮为山，为径路，为小石，为门阙，为果蓏，为阍寺，为指，为狗，为鼠，为黔喙之属。其于木也，为坚多节。

兑为泽，为少女，为巫，为口舌，为毁折，为附决。其于地也，为刚卤，为妾，为羊。

序卦传

有天地，然后万物生焉。盈天地之间者，唯万物，故受之以屯；屯者盈也，屯者物之始生也。物生必蒙，故受之以蒙；蒙者蒙也，物之稚也。物稚不可不养也，故受之以需；需者饮食之道也。饮食必有讼，故受之以讼。讼必有众起，故受之以师；师者众也。众必有所比，故受之以比；比者比也。比必有所畜也，故受之以小畜。物畜然后有礼，故受之以履。履而泰，然后安，故受之以泰；泰者通也。物不可以终通，故受之以否。物不可以终否，故受之以同人。与人同者，物必归焉，故受之以大有。有大者不可以盈，故受之以谦。有大而能谦，必豫，故受之以豫。豫必有随，故受之以随。以喜随人者，必有事，故受之以蛊；蛊者事也。有事而后可大，故受之以临；临者大也。物大然后可观，故受之以观。可观而后有所合，故受之以噬嗑；嗑者合也。物不可以苟合而已，故受之以贲；贲者饰也。致饰然后亨，则尽矣，故受之以剥；剥者剥也。物不可以终尽，剥穷上反下，故受之以复。复则不妄矣，故受之以无妄。有无妄然后可畜，故受之以大畜。物畜然后可养，故受之以颐；颐者养也。不养则不可动，故受之以大过。物不可以终过，故受之以坎；坎者陷也。陷必有所丽，故受之以离；离者丽也。

译文

有天地，然后有万物；有万物，然后有男女；有男女，然后有夫妇；有夫妇，然后有父子；有父子然后有君臣；有君臣，然后有上下；有上下，然后礼仪有所错。夫妇之道，不可以不久也，故受之以恒；恒者久也。物不可以久居其所，故受之以遯；遯者退也。物不可终遯，故受之以大壮。物不可以终壮，故受之以晋；晋者进也。进必有所伤，故受之以明夷；夷者伤也。伤於外者，必反其家，故受之以家人。家道穷必乖，故受之以睽；睽者乖也。乖必有难，故受之以蹇；蹇者难也。物不可终难，故受之以解；解者缓也。缓必有所失，故受之以损；损而不已，必益，故受之以益。益而不已，必决，故受之以夬；夬者决也。决必有所遇，故受之以姤；姤者遇也。物相遇而后聚，故受之以萃；萃者聚也。聚而上者，谓之升，故受之以升。升而不已，必困，故受之以困。困乎上者，必反下，故受之以井。井道不可不革，故受之以革。革物者莫若鼎，故受之以鼎。主器者莫若长子，故受之以震；震者动也。物不可以终动，止之，故受之以艮；艮者止也。物不可以终止，故受之以渐；渐者进也。进必有所归，故受之以归妹。得其所归者必大，故受之以丰；丰者大也。穷大者必失其居，故受之以旅。旅而无所容，故受之以巽；巽者入也。入而后说之，故受之以兑；兑者说也。说而后散之，故受之以涣；涣者离也。物不可以终离，故受之以节。节而信之，故受之以中孚。有其信者，必行之，故受之以小过。有过物者，必济，故受之既济。物不可穷也，故受之以未济终焉。

图书在版编目（CIP）数据

易经全集：最神秘的处世哲学／刘乔周主编．—苏州：古吴轩出版社，2013．6

（家藏御书房／刘乔周主编）

ISBN 978-7-5546-0115-0

Ⅰ．①易…　Ⅱ．①刘…　Ⅲ．①《周易》—研究　Ⅳ．①B221．5

中国版本图书馆CIP数据核字（2013）第126195号

策　　划：禹成豪
责任编辑：王　琦
见习编辑：陆九渊
封面设计：视觉共振设计工作室

书　　名：**易经全集：最神秘的处世哲学**
主　　编：刘乔周
出版发行：古吴轩出版社
地址：苏州市十梓街458号　　邮编：215006
Http://www.guwuxuancbs.com　E-mail：gwxcbs@126.com
电话：0512-65233679　　传真：0512-65220750
经　　销：新华书店
印　　刷：三河市兴达印务有限公司
开　　本：710×1000　1/16
印　　张：23
版　　次：2013年8月第1版 第1次印刷
书　　号：ISBN 978-7-5546-0115-0
定　　价：38.00元